心の中のブラインド・スポット

善良な人々に潜む非意識のバイアス

M・R・バナージ＋A・G・グリーンワルド 著
Mahzarin R. Banaji & Anthony G. Greenwald
北村英哉＋小林知博 訳
Hideya Kitamura & Chihiro Kobayashi

Blindspot

Hidden Biases of Good People

北大路書房

BLINDSPOT
Hidden Biases of Good People

by Mahzarin R. Banaji and Anthony G. Greenwald

Japanese translation published by arrangement with
Mahzarin R. Banaji and Anthony G. Greenwald
c/o Brockman, Inc.

人は自分で思っているほど、自分の心をわかっていない。

本人も自覚できない潜在的な態度を測定する画期的な方法を中心に、この本は展開する。

差別意識や様々な認知の「盲点」について、読者は目からウロコの経験をするはずだ。


下條信輔（カリフォルニア工科大学生物・生物工学部教授）

日本語版発刊によせて

――『ブラインド・スポット』の読者の皆様へ

私たちはこのたび『*Blindspot*』の日本語版が出版されることをとても喜んでいます。このような本を訳すのはたいへんな仕事であり、日本語版を完成してくださった関西大学教授の北村英哉氏、神戸女学院大学准教授の小林知博氏にはたいへん感謝しています。また、私たちは北村英哉氏と山口勧氏が２００３年の日本社会心理学会にてシンポジウムを開いてくださり、私たちにＩＡＴについての研究紹介をする機会を与えてくださったことにも感謝しています。そして小林知博氏が１９９９年にフルブライト奨学生としてワシントン大学に留学された時に共同研究ができたこともとても喜んでいます。

『ブラインド・スポット』を執筆するにあたり、私たちは本のなかで説明した考えが、日本を含む多くの国で検証され確認されており、人類に普遍的であることをよく把握していました。本書で私たちは、人々が自分自身や他者の価値や能力について判断する際に、人間の心には誤りやバイアスが蔓延していることを指摘しました。私たちが本書で用いた例の多くはアメリカ合衆国のものです（なぜなら私たちが行った研究のほとんどはアメリカで実施されたものだからです）が、本書で説明したような心に潜むバイアスは、どんな人間の心にも存在すると確信しています。

ただ、本書でも紹介している通り、心に潜むバイアスは文化によって異なる点もあります。本書を読まれた読者の皆さんは、本書の基本的なアイデアについて「同じことが日本でも起こるだろうか」と考えながら読んでいただければと思います。また、「本書で説明されている思考によって、日本文化のどういった特徴が説明できるか」についても考えながら読んでいただけるとよいと思います。

どの文化や国においても、人間は善良な意思をもつものです。人々は、自分とは性別、年齢、国籍、民族、社会階層やその他の集団的特徴において異なる他者を平等に扱いたいと望んでいます。この本は、このような善良な人々の意思に反し、それぞれのもつ心的機能の無意識的な側面の影響で、他者の集団の特徴に影響を受けないような判断はとても難しいことを示しています。つまり、私たちの行動は、私たち自身がもつ良い意図を反映しないことが多いということです。本書ではこのような心の解離について、心の「内省的」そして「自動的」な側面の違いから説明していますが、この心の解離について知ること自体が、私たちが自分自身について理解したり、考えたり行動したりする方法を理解するための重要なステップとなるのです。

私たちは、自然科学が物質世界の隠れた側面を明らかにしたことによって私たち人類の生活を改善してきたように、心理学も、人間の心のエラーを明らかにすることによって、人々の自己改善に役立つのではないかと、楽観的に考えています。本書で説明したアイデアの力は、その考えが広く人々に理解された場合にのみ、社会変革を促すことができると思っています。社会は多様性に満ちていますので、私たち人間が他者や自分自身に対処する方法についての難しい問題について、これから効果的な解決法が出てくるものと期待しています。そして私たちは、世界中からの新しいアイデアや研究がこの問題に貢献してくれることを心から待ち望んでいます。

2015年6月

マーザリン・R・バナージ　ケンブリッジ、マサチューセッツ州
アンソニー・G・グリーンワルド　シアトル、ワシントン州

● 目次 ●

【編集部注】

原著では人種について、Black/White, Black/White American, African American と、3種類の言葉で表現されている。そのため本邦訳版でも、Black を黒人、White を白人、Black American を黒人系アメリカ人、White American を白人系アメリカ人、African American をアフリカ系アメリカ人、と訳し分けることとした。

本文中の［　］内数字は、巻末記載の原著注の番号を表す。また、本文中の注1・注2などの注番号は訳注を表す。訳注は各章末に掲載されている。

船乗りは、「北」を見ることはできない
――しかし、羅針盤のみが北を指し示すことができることは知っている――

エミリー・ディッキンソン

指導者T・W・ヒギンソンに、自分の才能を率直に
評価してほしいと依頼した手紙（1862）より

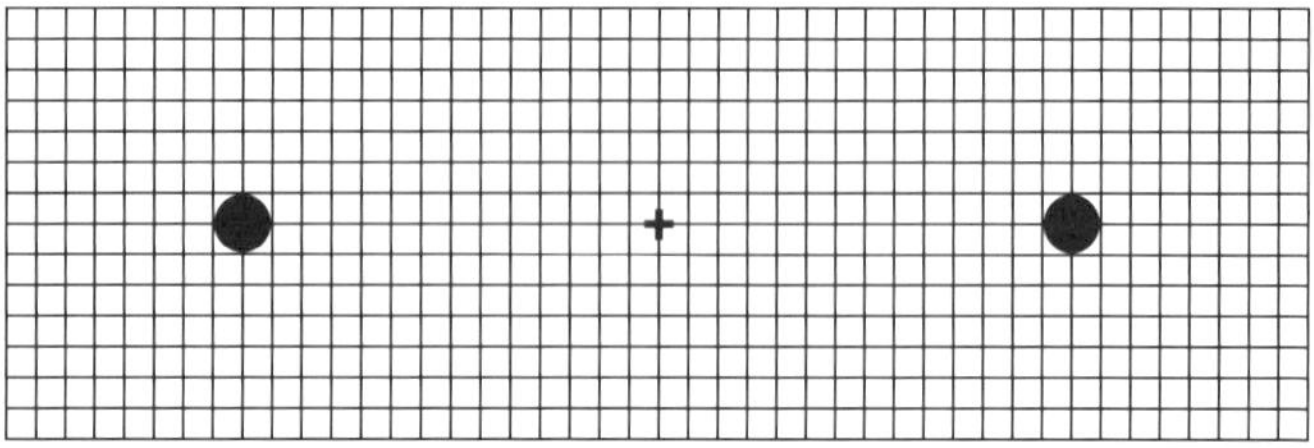

はじめに

すべての脊椎動物がそうであるように、読者も両眼の網膜に盲点がある。暗点（scotoma——ギリシャ語で「暗闇」を意味する）と呼ばれているこの領域には感光性の細胞がなく、そのためここに到達した光は人間の脳の視覚野に届かないのだ。

逆説的ではあるが、私たちは自分自身の盲点を「見る」ことができる。体験するには、右ページの長方形の真ん中にある＋印を片目で見てほしい。一方の目を手で覆い、本書を腕の長さ分、目から離して正面に置き、目の焦点は＋印に維持しながらゆっくりと本を目に近づけてみよう。本が約15㎝ほどの距離に来たとき、見ている目と同じ側の黒点が消えるだろう。本をもっと近づけると、黒点はまた現れる。黒点が消滅したとき、黒点からの光は見ている方の目の盲点にすっぽりと重なったことを示している。さらに興味深いことに、目の焦点を、見えているもう一方の黒点に移すと、今度は＋印が消滅してしまう！

読者は、消滅した黒点の場所について、奇妙なことに気づいたかもしれない。黒点が消滅したとき、その辺りには「何もない」場所はなかった——背景にある格子に、穴のようなものは見えなかっただろう。つまり、欠けた箇所のない完全な格子が見えたのではないだろうか。読者の脳は実に画期的なことを行ったのだ——盲点で見えない箇所を、合理的に意味のあるもので埋め合わせたのだ。

つまり、長方形のなかに存在する格子と同じものを視覚のなかに存在させたのである。

　読者にたった今体験していただいたものよりもさらに印象的な、見えない症状の形態は、脳の視覚野への損傷を含む、病理的な「盲視」にみられる。この損傷をもつ患者は目の前の物体を意識的には見えていないにもかかわらず、それを正確に手でつかむという驚くべき行動を見せる。たとえば、患者の前にハンマーを置き、「目の前に何か見えるか？」と尋ねても、患者は「何も見えない」と答える。しかし、患者に手を伸ばしてハンマーをつかむように伝えると、見えないと言ったにもかかわらず、患者はハンマーをつかむことに成功するのだ！　この一見奇妙な現象は、盲視の状態は、意識的にはハンマーが見えないにもかかわらず、視覚的行動をもたらす皮質下の網膜と脳をつなぐ回路には損傷がないという状況から来るものである。

　本書は、このような視覚的な感覚の効果ではなく、別の種類のブラインド・スポット（盲点）――つまり膨大な数のバイアスを内蔵しており、常に隠されているもの――に焦点を当てている。この非意識のバイアスであるブラインド・スポットは、先ほどの格子と黒点のイメージで体験していただいたものと同じ特徴をもっている。つまり、両眼の網膜上の暗点に私たちが気づかないのと同様に、非意識のバイアスについても私たちは気づかないことが多いのだ。このブラインド・スポットは盲視患者の劇的で病理的な現象とも共通点がある。つまり、患者はハンマーを「見えない」にもかかわらず、見えているかのように行動することができるが、それと同じように、この非意識のバイアスはその役割に私たちが気づかないにもかかわらず、私たちの行動を導いているのだ。

本書の副題にある「非意識のバイアス」とは、何のことだろうか？　それは、社会的な集団に対する私たちの「知識のかけら」とでもいうのが現状では適切であろう。知識のかけらとは、私たちが文化的環境のなかでさまざまな社会集団に頻繁に遭遇するたびに、脳のなかに保存されているものである。そしていったん脳内に保存されると、非意識のバイアスたちは、本人も気づかないうちに、その社会集団のメンバーに対してとる行動に影響を及ぼし得るのだ。私たちは、このような非意識のバイアスについて人々と話をしていくうちに、どうやらほとんどの人は、自分の行動が自分でも気づいていない心的内容に導かれ得るということが信じられないようだ、ということに気がついた。

本書では、この非意識のバイアスであるブラインド・スポットの存在について、著者も含む多くの科学者が、なぜ今では完全に信じられると思うのかについて科学的根拠に基づいて明らかにしていこうと思う。しかし、この点について読者を説得するのは容易なことではないだろう。私たちはどのように、自分でも全く気づかず心のなかに存在するものについて示せばよいのだろうか？

何年か前、私たちは一般の人々に、非意識のバイアスの存在の可能性を示すテストを行ったことがあった。それは、アメリカ文化における2人の有名なタレント——オプラ・ウィンフリー[注1]とマーサ・スチュワート[注2]——について、どちらがより好きかという相対的な選好を測定するテストだった。そのテストを行った後、ある人から次のようなメールを受け取った。「ハーバード大学の方々へ。私が、オプラ・ウィンフリーよりマーサ・スチュワートの方を好んでいるなんてあり得ません。あなたのテストは何か間違っていると思うので修正してください。敬具　フランクより」。このメールは、私たちが、自分の行動がブラインド・スポットの情報によって導かれているかもしれないということを考えることがいかに信じられないものであるかを示す、最適で興味深い例だろう。

もちろん私たちもフランクの考えが理解できる。フランクは、自分がマーサよりもオプラの方を好きだということを「知っている」のだ。そして、彼のメールに書かれているように、フランクは彼の心が、自分の意識が全くないような選好を別にもっているということが単純に信じられないのだ。だから、修正が必要なのはテストだと思うのだ！

フランクが欠陥があると思ったこの自己回答式のテストは、著者および多くの研究者が1995年から研究を続けている潜在連合テスト（Implicit Association Test: IAT）というものである。黒点の背景にあった格子が、見えていないはずの網膜上の盲点について認識させてくれたように、この潜在連合テストは非意識のバイアスであるブラインド・スポットの内容について明らかにしてくれるのだ。網膜上の盲点のデモンストレーションは、私たちに視覚の盲点が存在する以上のことは知らせないのに対し、潜在連合テスト（IAT）は、私たちに非意識のバイアスであるブラインド・スポットのなかを見て、そのなかに何が入っているかを気づかせてくれるのである。

私たち2人の著者は、1980年にオハイオ州コロンバスで出会った。そのときマーザリン（バナージのファーストネーム）は、オハイオ州立大学の教員であったトニー（グリーンワルドのファーストネーム）の指導を受ける、インドから来た博士課程の大学院生だった。1980年代はちょうど社会心理学の領域に重大な変化がもたらされた時期であった。というのは、そのころの心理学は、30年後の現在では次のように認識される方向にまさに進みつつあったのだ。その認識とは「内省的にはアクセス不能であるが、重要な心的な内容やプロセスを明らかにすることのできる、新しい方法の開発によって革命が起きた」というものである。私たち2人は、これらの方法が、人間の社会的行動に目に見えない影響を及ぼすものを十分に明らかにし、説明することができるほどに十分に発展し得るかどうかについて、調べ、学んだ。今から当時を思い返すと、私たちがその革命の渦に巻き込まれていたことがとても幸運であったと思う。

この無意識的な心的機能についての研究は現在もまだ躍進している最中であるが、人間の行動の理解にすでに多大な変化を与えた。四半世紀前、ほとんどの心理学者は、人間行動はおもに意識的な思考と感情に導かれていると考えていた。今では、大多数の研究者は、多くの人間の判断や行動は、意識的思考がほとんどなくても起こるとためらいなく同意するだろう。四半世紀前では、「無意識的(unconscious)」という単語――20世紀前半には科学的心理学の領域ではあまり好まれなかった――は、私たちが読み、研究を報告するような科学雑誌にはほとんどみられなかった。しかし現在では、「無意識的認知(unconscious cognition)」という用語は頻出であり、さらに1990年代には類似用語である「潜在的認知(implicit cognition)」という用語に取って代わられたが、いずれにしてもよく用いられている。四半世紀前には、心理学者が人間の心を理解する方法は、ほとんど人々に自分の心の状態や意図を報告するよう依頼するという方法に頼っていた。今では、研究方法はより多様であり、研究参加者に、自分の心の中身や行動の原因を報告してもらうという方法に全く依存しない研究も増えてきた。

巻末の注を注意深く読む読者は、私たちが過去80年の科学者たちの成果に大きく依存しており、また私たちがその足跡の先に進んでいることに気づくだろう。これらの先達のうちの、特に2人の影響力はたいへん大きく、私たちを含む後進の研究者に必要なものを数多く提供している。そのうちの1人は、長年の共同研究をまとめて1944年に『アメリカのジレンマ』を著したグンナー・ミュルダールである。この本は、今なお残る人種差別の問題をアメリカ合衆国の国家的議題に初めて乗せるきっかけとなった。2人目は1954年に『偏見の心理』を著したゴードン・オルポートである。この本は偏見についての科学的研究の基礎を築き、さまざまな知見を統合させ、21世紀の現在でも新たな科学的研究に刺激を与え続けている。

最近のアメリカ合衆国の上院議員ダニエル・パトリック・モイニハン[注3]が言うように、人々は自分の意見を正確に知ることはできるが、自分自身についての事実を正確に知ることはできないのである。これに納得するのはそれほど簡単ではない。というのは、何をもって事実とするかについては不明確であり、異論の多いものだからである。政治風刺作家のスティーヴン・コルベア[注4]は人の性質について「偽真実性」という言葉をつくり、「人が、事実を無視して、自分が真実だと信じるものを真実のものとして受け入れる傾向」だと定義した。

偽りの保守派[注5]であるコルベアは、「偽真実性」という言葉にある、偽りのない事実よりも真実だと思いたいことを好むという点を茶化して「私は本は嫌いだ。本には事実ばかりで心がない」と皮肉った。[注6] 私たち著者は、自分自身が「偽真実性」に甘んじないように、根拠、特に、結論が専門家によって広く共有され同意されている実験に忠実であるよう気をつけた。言い換えれば、私たち著者は、本書にできるだけ「事実を入れて心を入れない」ことを、一貫して意識的に選択している。

他の科学者と同じく、私たち著者にも、現時点で真実で妥当であると思われることが永遠にそうであるかを見通すことはできない。将来の知見は、必ずや現時点での知識に置き換わり、新たな知見をもって超えていくだろう。しかし、私たちが本書の執筆を多少ともうまく行えたとしたら、本書の複数の結論や「非意識のバイアスであるブラインド・スポットは幅広く受け入れられており、多くの善良な人々でももっている」という見解は、数十年間は置き換わることはないだろう。

本書の副題で「善良な人々（good people）」という言葉を使ったが、この言葉が誤解を生まないか若干の不安がある。私たちは、人間の善悪を判断するような特別な能力や道徳的な権威をもっているわけではない。私たちが「善良な人々」という言葉で示すものは、善良であろうと意図し、自分の行動をその善良な意図に合わせようと努力する、自分たちも含んだ「人々一般」のことである。そして本書の最も重要な目的は、科学的知識について十分に説明することによって、その知識を得た「善良な人々」が、それぞれの行動調節をよりうまくできる手助けとなることである。

訳注

1　アフリカ系アメリカ人のメディア経営者、俳優、テレビ番組の司会者、プロデューサー、慈善家。１９８６年から２０１１年まで25年にわたり司会を務めた長寿番組「オプラ・ウィンフリー・ショー」はアメリカのトーク番組史上最高の番組であると評価され、多数の賞を受賞している。２０１３年にオバマ大統領より自由勲章を受賞し、ハーバード大学より名誉博士号を授与されている。

2　ポーランド系の白人女性で、アメリカ出身の実業家。料理、園芸、手芸、室内装飾など生活全般を提案するライフコーディネーター。テレビやラジオ出演、新聞のコラム記事多数。

3　アメリカの政治家であり社会学者。上院議員以前には駐インド大使および国連大使を務めた。またケネディーやフォードなど４代にわたる大統領の内閣閣僚も務めている。

4　アメリカ出身のコメディアン、俳優、作家。さまざまな事象を皮肉たっぷりに表現することで笑いをとり人気がある。

5　コルベアは、自身がホストを務めるパロディ・ニュース番組にて、保守の論客・政治批評家キャラクターとしての「コルベア」を皮肉たっぷりに演じているため、「偽りの」と形容されている。

6　原書には記載されていないが、コルベアの発言には前の文脈からの流れがある。その流れとは次の通りであった。コルベア自身の造語「偽真実性」についての説明で、「言葉にうるさい人は『そんな単語はない』と怒るかもしれないが、辞書に載っていようがなかろうが、正しかろうが間違っていようが、何だって自分が正しいと思えば正しいのだ。パナマ運河完成が１９１４年であると辞典に載っていようが、そんなことは関係ない。自分が１９４１年だと思えばそれがその本人にとっては正しいのだ。私は本は嫌いだ。本には事実ばかりで心がない」というものであった。つまり人間とは「偽の真実が大切」な生き物で、事実よりも自分の認識や感情を重視するものなので、そういう傾向が強い人は、極端に表現すると、事実が書かれた本は嫌うだろう、と皮肉っている。

第1章 マインド・バグ

大学構内でのありふれた日を想像してほしい。学生たちと実験心理学の教員たちが講堂に集まり、来訪中の著名な科学者が、私たち人間の心がいかに物質世界を知覚するかについて説明するのを聞いているとしよう。彼はツイードジャケットを着、ぼさぼさの髪をしていて、これから驚くべき内容を話そうとしているなどと、聴衆は予測し得るべくもない。講演が始まって数分後、彼はこともなげに「見てわかる通り、あなた方が見ている2つのテーブルの天板は、形・大きさが全く同じです」と言うのだ。

講堂の椅子に座って動けないなかで、聴衆のなかには眉をひそめる者や、困惑の笑みを浮かべる者もいる。なぜなら、誰の目にも明らかに、彼は全く間違っているからである。視点の違いでそう見えるのかを確

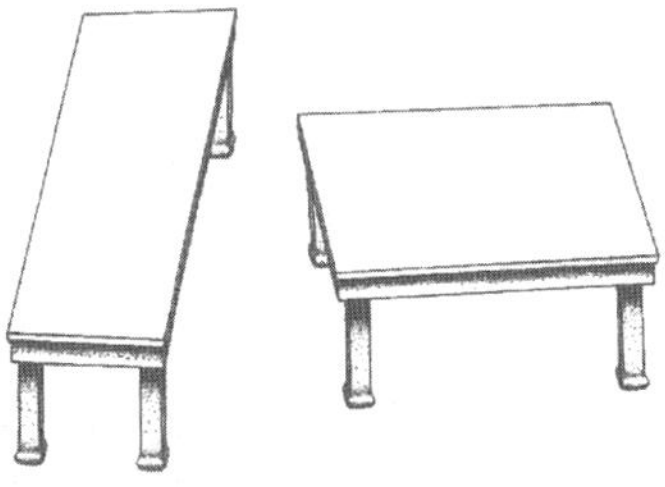

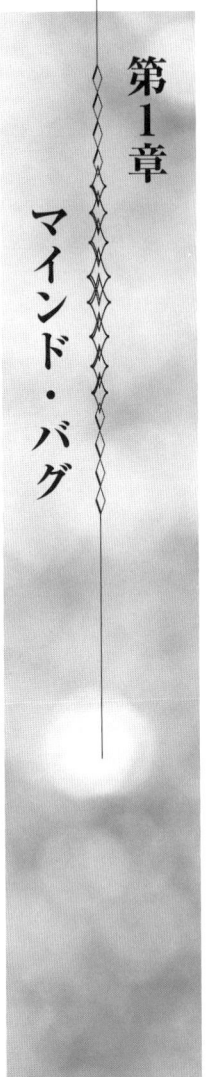

認しようと頭を傾ける者もいれば、こんなばかげた話が続くなら講義を中座しようかと考える者までいる。

しかし、講演者を信じない者たちはすぐに自身の間違いに気づくことになった。講演者が、自分の大胆な主張が正しいことを示したからだ。オーバーヘッド・プロジェクター[注1]を使って、彼は右側の平行四辺形のテーブルの天板に合わせた赤い枠の透明なシートを、左側のテーブルの天板の上に乗せ、それが完全に一致することを示したのだ。彼はさらにその透明のシートを再度、右側のテーブルの上に乗せ、改めて完全に一致することを示した。講演者が赤い枠を左右のテーブルの上を行ったり来たりさせると、聴衆は息をのみ、そして会場は笑いにつつまれた。講演者はわずかな笑みを浮かべて、視覚的情報を目がどう受信し、脳が検知し、心が解釈するのかについての講義を進めていった。

ここまで読み、まだ納得できない読者もいるだろう。ぜひ自分でご確認いただきたい。前ページの図形が見えるくらいの薄い紙を用意し、本書のテーブルのいずれかの天板の形を写し取り、もう一方のテーブル天板の上に乗せてみてほしい。もしも、一方のテーブル天板がもう一方の天板と合致しないと思ったなら、その理由は1つしかない――あなたの写し取りが間違っている、ということだ。なぜなら、テーブルの天板の形は完全に同一だからだ。

しかし、なぜこうも違うように見えるものが同じ形であり得るのだろうか？

視覚的なマインド・バグ

たった今読者は、私たちと同様に、有名な錯視を経験した。この錯視は、2つの物体を現実通りに知覚する能力に誤りをつくり出すものだ。私たちはこのような誤りのことを「マインド・バグ」と呼ぶことにしよう。マインド・バグとは、私たち人間が物事を知覚し、記憶し、推論し、判断する際に誤りを犯すもとになる、私たちに染みついた思考の習慣のことである[1]。

心理学者のロジャー・シェパードは、人を混乱させるようなものをつくるのを楽しむ天才で、この「テーブルの回転」という錯視をつくった。私たちが2つのテーブルの天板の画像を見るとき、網膜は実際に同じ大きさと形を受信している。つまり、網膜はテーブルの天板の形状を正確に「見ている」のだ。しかしながら、目がその情報を脳の視覚野（奥行きを知覚する場所）に送信した時点で、問題が生じる。

2つのテーブル天板の形が全く異なるという誤った知覚は、何の苦もなく行われる。なぜなら、脳は「自動的に」、紙上および網膜上の2次元の画像を、自然界で存在する「はずである」ようにテーブルの天板として3次元に変換して解釈するからだ。言い換えると、このような心の自動的プロセスは、この画像に3次元の奥行き性を強要するのだ。そして、意識的で内省的な心のプロセスはこの錯覚を疑いもなく受け入れてしまう。こういったプロセスがあるために、講演者がテーブル天板の枠の大きさが同じだと主張したとき、聴衆の意識的な心の最初の反応は、実にばかげたことだと思うというものであったのだ。

自然淘汰の影響で、人類や他の大型動物は、3次元界でうまく生活できるような機能を獲得した。3次元の世界以外での経験がないため、私たちがもつ脳は、テーブルの次元を、これまでのような3次元に存在するように把握するという意識的で知覚的な修正をかけ続けているのだ［2］。

そのようなわけで、私たちの直感に反して、この錯覚は不適応を示すのではなく、逆に適応が成功していることを示している。実際、シェパードのテーブル天板は、目のなかの2次元の網膜と外界の3次元の組み合わせをうまく適応させた視覚システムの成功を示している。心によるデータの自動的な理解は、シェパードもいうように「私たちが錯覚の知識や理解を知的なレベルでどんなに把握していようとも、実際にその錯覚の大きさを減少させるための役には立たない」のだ。2つのテーブルを改めて見てみよう。テーブルが同じ形であるという現在のあなたの知識は、この錯覚を減少させるのに何の効果ももっていない（！）ことがおわかりだろう［3］。

2つのテーブル天板が違って見えるという経験と同じぐらい、錯覚が減少されないという事実は私たちを当惑させるが、これは私たちの心の顕著な特徴を鮮やかに描き出している――心は、自動的、無意識的、そして無意図的に、多くの仕事をしているのだ。心の無意識的な働きという言葉は、読者に、ひげをたくわえ葉巻たばこをくわえた、ジークムント・フロイトの顔のイメージを呼び起こすかもしれない。私たちの日常の言語に「無意識」という言葉をもたらした彼の功績は、今でも正しく評価されている。しかしながら、心の無意識的な働きについての理解は、フロイトが先駆的に観察してからの1世紀で大いに変化した。フロイトは無意識を、人間の心と行動――夢、記憶、狂気、そして究極的には文明社会そのものまで――の重要な側面を形成する複雑な動機として、また全知のものとして描いた。しかしながら、フロイトの議論は科学的な検証から一線を画し続けているため、人間の無意識的な心の機能を科学的に理解するにあたり、近年ではその影響力は大幅に減少してしまった。

その概念に代わり、現代的な無意識の概念は、フロイトの概念に比べて知名度ははるかに低いものの、新たな歴史的重要事項として功績があると考えられている。19世紀のドイツ人の物理学者であり生理学者のヘルマン・フォン・ヘルムホルツは、「unbewußter Schluß」または「無意識的推論」という語を提出し、シェパードのテーブル天板のような錯覚がどのようにして起こるのかを説明した[4]。つまりヘルムホルツは、心が、物理的データをもとに意識的な知覚をつくり出す方法を説明しようとしたのだ。意識的な知覚とは、「見る」という私たちの日常的で主観的な経験を説明するものである。私たちの視覚システムが単純な2次元画像にだまされ得るのは、網膜に映った2次元の形のイメージを、それが示唆する形へと意識的に知覚する3次元のイメージへ、無意識的な心的活動が入れ替えるからである。

では次に、これを試してみよう。次の16個の単語を、何ページか後にその単語があったかどうか再認できるよう、よく注意して読んでいただきたい。

アリ
クモ
触覚
クモの巣
ハエ
毒
ぬるぬるした
這う
ハチ
翼
虫
小さい
噛む
逃げる
スズメバチ
はい回る

さて、次は無意識的推論について、チェス盤と円柱を使った、驚くべき別の例をお見せしよう。これも私たちをさらに混乱させるものである。この図でAと記された四角とBと記された四角の色は全く同じだといったら、読者は疑いなく私たちが間違っていると思うだろう。そのような人は、下記の図全体を覆い隠すことができる大きさの不透明な紙を用意し、図でAとBと描かれてある箇所に点で印をつけ、チェス盤の四角よりも小さい程度の丸い穴をあけてみよう。読者は、穴の箇所以外の図は見ず、２つの穴のみを通して図を見たとき、それらの色が全く同一であることを理解するだろう。

ここでも原因は無意識的推論、つまり画像に自動的に働きかけるマインド・バグである。この驚くべき知覚の失敗はなぜ起こるのだろ

AとBの四角にある２つの灰色は、
全く同じ色に見えますよね？

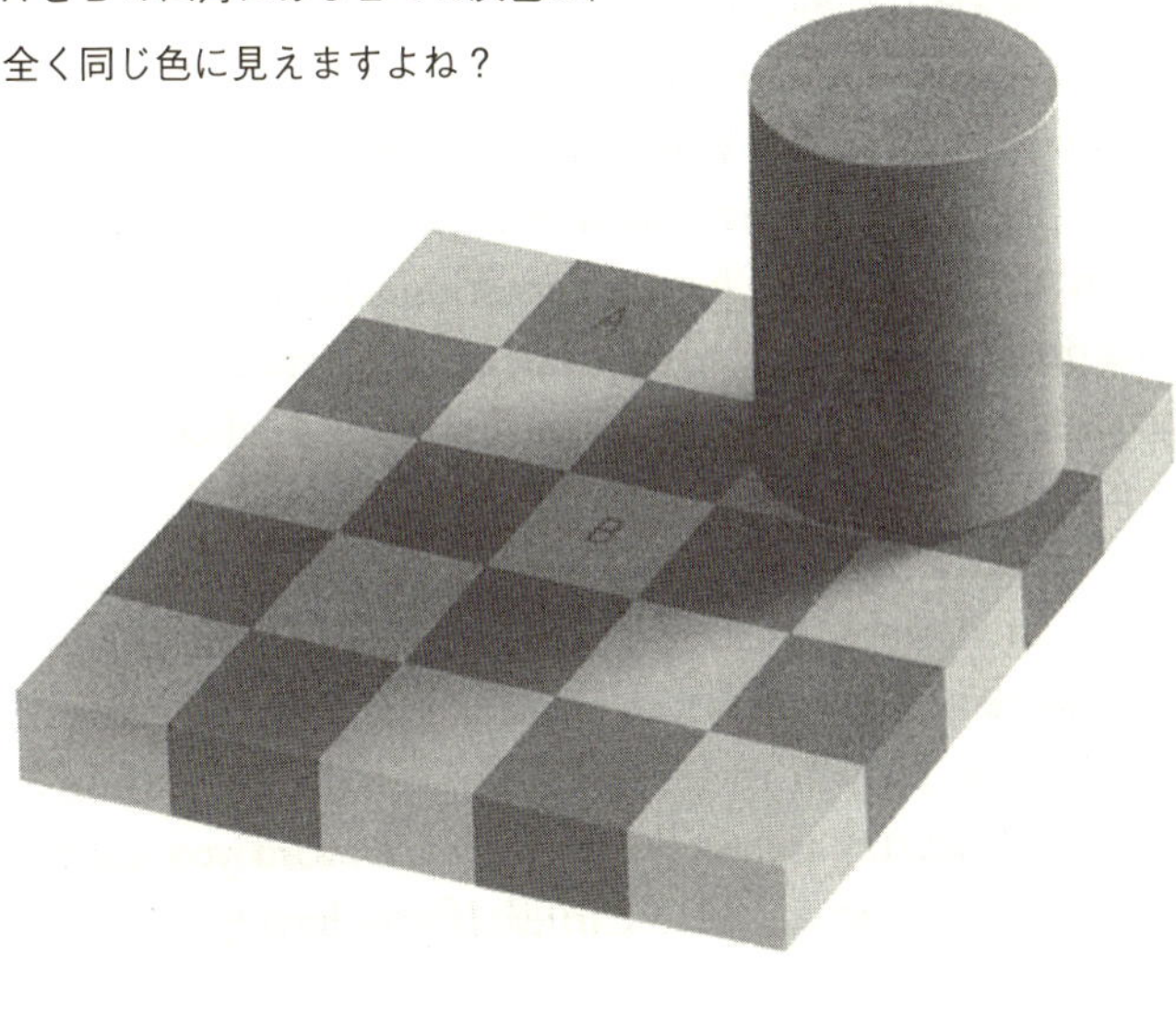

うか？　その原因はこのチェス盤のいくつかの特徴に関係しているのだが、ここでは最も顕著な原因に注目しよう。まず第一に、Ｂはいくつかの濃い色の四角に囲まれているため、単純に色の対比の影響で実際よりも明るい色に見えている。同様に、Ａについては逆のことが起こっている。つまり、Ａは色の薄い四角に囲まれているため、実際よりも濃い色に見える。第二に、円柱によってつくられた影に注目しよう。この影は、影のなかにある四角――Ｂを含め――を暗く見せるが、私たちの心は自動的に影の影響を修正しようと色を明るく知覚しようとするため、Ｂに対する意識的な知覚を明るくするのだ。

テーブルの錯覚と同様に、この錯覚をつくり出すメカニズムも、私たちに世界を正しく知覚し理解させるために存在するのである。マサチューセッツ工科大学の視覚科学者でこのチェス盤と影の画像をつくったテッド・アデルソンは「多くのいわゆる錯覚と同様に、この効果も、私たちの視覚システムが失敗しているのではなく成功していることを実例として示している。視覚システムは、物理的な光度の測定はさほどうまくないのだが、それはシステム本来の目的ではないからだ」と記している[5]。これらの例によって、私たちはより一般的な疑問を抱くようになるだろう。「少し文脈を変えただけでこれほどみじめに失敗するような私たちの心とは、いったいどの程度まで役に立つ正確なものなのだろう？」と。

記憶のマインド・バグ

では、先ほど記憶した単語を、次の単語リストを見ながら思い返してみよう。最初のリストに戻らず、左のリストのおのおのの単語を見て、それぞれが前のリストにあった単語かどうか判断してみよう。もし傍に紙と鉛筆があれば、読者自身の判断をあいまいにしないためにも、前のリストにあったと思う単語を書き出し、前のリストにはなかったとあなたが記憶する単語は、書き出さずにそのままにしておこう。

カエデ　アリ　毒　ハエ　幹　実　触覚　ぬるぬるした　カバノキ　翼
葉　木　根　噛む　クモの巣　虫　小さい　オーク材　這う　ドングリ　スズメバチ
枝　昆虫　ハチ　ヤナギ　逃げる　マツ　はい回る

正解するには、1つにはカエデからマツまで、木に関連する12個すべての単語を選ばないことである。実際、木に関する単語は前のリストには1つも出てきていない。次に、昆虫という単語を除いた、すべての昆虫関連の単語を書き出すことである。昆虫の単語はもともとのリストには記されていなかった。もしも読者が、昆虫を前に見た単語だと判断したならば、それは、偽りの記憶をつくり出す、強力かつ一般的なマインド・バグのせいである。

思い返してみると、昆虫があったという偽りの記憶が植えつけられた理由はごく簡単である。人の心は、自動的な連合の作成機なのだ。単語、写真、複雑な概念など何であっても、新しい情報に触れたときには、関連する情報が自動的に頭に浮かぶ。今回の場合、もともとのリストには昆虫というテーマがあった。頭で考えることなしに、私たちはその共有されたテーマを、過去の記憶を思い出すにあたって使う。そして、それをするにあたり、「昆虫」という単語自身に向き合ったとき、その単語自体があったと簡単に誤ってしまう。このような記憶のエラーは「フォールス・アラーム」と呼ばれる――私たちは、実際には存在していなかったものを誤って思い出してしまうのだ。

ワシントン大学で行われた調査では、82%の学生が、全体のテーマとなるような単語――たとえば、今回のリストでは昆虫――を、もともとのリストにはなかったにもかかわらず、見たと回答した。実際にリストにあった単語を正しく記憶していた率が75%であったことを考えると、82%というエラー率は大きいといわざるを得ない。換言すると、マインド・バグはたいへん強力であり、実際にあった物事よりも、実際にはなかった物事をより思い出すようにし向けるものなのだ[6]。

これまで見てきたエラーは、さほど重大なものではないように思えるかもしれない。ある単語を誤って覚えたからといって、いったいどんな悪い影響があるというのだろうか？　しかし、今、あなたが犯罪を目撃し、容疑者と思われる者について、事情聴取を受けていると想像してほしい。偽りの記憶マインド・バグは、あなたが見たものを正確に報告することを妨害しないだろうか？　もしも容疑者が、真犯人と似た特徴——たとえば、同じようなひげをはやしている——をもっていたとしたら、誤って犯人だと同定してしまわないだろうか？　もし起こるとしたら、その確率はどの程度だろうか？

エリザベス・ロフタスは、心理学のなかで最もクリエイティブな実験者の1人である。現在はカリフォルニア大学アーバイン校で、目撃証言における記憶のマインド・バグについての研究を、自身のライフワークとして行っている。その方法は、実験参加者に、盗難事件や自動車事故やよくあるさまざまな事件の模擬映像を見せた後、その出来事についての記憶をテストするというものである。彼女は、このような目撃記憶のエラーが、あきれるほど頻繁に起こることだけでなく、出来事についての目撃者の記憶を尋ねる際に、ほんの少し表現を変えるだけで、記憶されている内容自体が変容することも示した。

ある有名な研究で、ロフタスは目撃者たちに、2台の車がぶつかったがけが人は出なかったという自動車事故のシーンを見せた。その後、彼女は半数の目撃者たちに「一方の車が他方の車に当たったとき、その車はどれぐらいのスピードで進んでいましたか」と尋ね、残りの半数の目撃者たちには「一方の車が他方の車に激突したとき、その車はどれぐらいのスピードで進んでいましたか」と尋ねた。「激突」したという表現で尋ねられた実験参加者は、「当たった」という表現で尋ねられた参加者よりも、ぶつかった車のスピードを速く推測した。また、実際には窓ガラスが割れる映像はなかったにもかかわらず、「激突」したという表現で尋ねられた参加者は、事故の折に窓ガラスが割れていたという記憶を誤って挿入する率が高かったのだ［7］。

心理学者はこのマインド・バグを「逆向干渉」と呼ぶ。これは、ある事件の経験後の情報が記憶に影響することを指す。ロフタスはこの現象についてさらに印象的な名前をつけた。それは、「誤情報効果」という。彼女の主張は、出来事を目撃した後に聞いた言語上の小さな違いが、目撃者の記憶内容にとても大きな変化をもたらすというものである。そして、その現象のおかげで、目撃者は誤った記憶に基づいて誤った証言をしてしまう、ということがしばしば起こるのである。

近年では、目撃者による誤った証言がもたらした、不当な有罪判決の数は相当数にのぼることが明らかになっている［8］。無罪プロジェクトという、不当に有罪判決を受けた者の容疑をＤＮＡ鑑定によって晴らすために活動している組織の努力により、これまで２５０人が最終的な鑑定により無罪が確定し、潔白が証明されている。このうち１９０人が、誤った目撃者の説明によって有罪と判断されていた。言い換えると、不当に有罪を宣告された者のうちの75％近くが、誤った目撃の記憶（目撃者が悪意をもって誤った有罪判決を下させようとしたことはないと仮定して）のせいで悲劇に巻き込まれてしまったのだ。このような事態は、多くの社会においてとうてい容認し得ないことであるため、法律でも推定無罪の原則が採用されているほどである。

2つの有名なマインド・バグ――利用可能性と係留

下記の3つのペアのうち正しい方を選んでもらいたい。毎年アメリカでは、原因（a）と（b）のどちらで死亡する人の数が多いか？

1　（a）殺人　　　（b）糖尿病
2　（a）殺人　　　（b）自殺
3　（a）自動車事故　（b）腹部のがん

多くの人が、1については（b）を選び、2と3については、（a）を選ぶが、正解はすべて（b）である。つまり、多くの人は1は正解するが次の2つは不正解になりやすい。ダニエル・カーネマンとエイモス・トヴァースキーは、この一般的マインド・バグを「利用可能性ヒューリスティック」と命名した。一方の出来事（たとえば、自殺よりも殺人による死亡）が他方よりもより簡単に意識にのぼってきたら、私たちは最初に意識にのぼってきた方をより頻繁に起こると推測する傾向にある。殺人は自殺よりもメディアの注目を集めやすいし、言うまでもなく、自殺の話などは自分の家族以外で話されることはほとんどない。自動車事故は、殺人と同様に衝撃的な事柄であるので他者との間で話されやすいが、腹部がんというのは、他種類あるがんのうちの1つであるし、よくある死因の1つである。このように、殺人や自動車事故は、腹部のがんや自殺よりも意識にのぼりやすいため、より頻繁に起こると誤って推測されやすいのである。この推測は一見合理的で正しいように思えるが、実際は誤りで、自動車事故による死亡者数を私たちは過大推測している。つまり、意識によりのぼりやすいということは、世界でより頻繁に生起することを意味しない。この種の誤りは日常的に起こっており、大きな誤った判断につながることも多いのだ[9]。

行動経済学者のダン・アリエリーは、マサチューセッツ工科大学の学生に自分の社会保障番号[注2]の下2桁を紙に書くよう指示した。そしてその後、キーボード、トラックボール、デザインの本など、学生にとってありふれたものを見せ、その価格を推測するよう伝えた。アリエリーは、社会保障番号の2桁の数字と価格推測の間に関連性があるのではないかと考え、各人からこれらの数字を集めそれらの相関を算出した。論理的に考えれば、当然ながら、それら2つの番号の間に関連性などなく、相関係数も0近くになるはずである。

しかしながら、アリエリーはそれら2つの番号の間にかなりの相関関係があることを見出した。下2桁が00〜19である学生はトラックボールに対し、平均で8・62ドルを支払うと答え、下2桁が20〜39である学生は、より高額の11・82ドルを支払うと答え、40〜59の学生はさらに高額の13・45ドルを、そして社会保障番号の下2桁がたまたま60〜79と80〜99であった気の毒な学生たちは、それぞれ21・18ドルと26・18ドルを支払うと回答した。すべて同じものに対しての回答である![10]

次に紹介する2つめの有名なマインド・バグは、カーネマンとトヴァースキーによって発見されたもので、「係留」と呼ばれている。これは、人の心は情報探索の際、手がかりなしに真空のなかを探すのではなく、むしろその場ですぐに利用可能な情報であれば何でも利用し、それを参照点もしくは「係留地点（アンカー）」として使い、その地点から最終的な調整を行うということを意味している[11]。ランダムな2桁の係留の実験では、学生たちは自ら多く払うという、自分にとって損害になる可能性のある判断を行うこととなった。

利用可能性および係留ヒューリスティックの餌食となった者は、けっして他の者と比べて意志が弱かったりだまされやすい者ではなかった。私たち一人一人は、いついかなるときでもこのヒューリスティックの餌食なのである。ものの価格というのは、実際の価格よりも上げ下げされ操作された価格のアンカーによって簡単に変えられる。株の評価額は実際の価格よりも市場で提案される額により影響されるが、これは金融バブルが持続することをある程度説明するかもしれない[12]。

社会的マインド・バグ

何よりもまず重要なことは、人類は社会的動物であることだ。私たちにとって、地球上の何よりも、他者は重要である。おそらくその理由により、霊長類の脳は同じ種の他者に特別な注意を払うよう進化してきた。その1つの方法として、私たちは他者がどう考えるか、何を考えるかを常に予測しようとする。

近年の研究により、私たちは、他者がどう考えているかを（たとえば、「彼女はキリストについてどう思っているだろうか」と）推測したり、他者の行動を予想しようとする（たとえば「彼は私たちの集団を守ってくれるだろうか」と考える）とき、脳のある部位が賦活することがわかってきた[13]。これらの脳の部位は、私たちが他者の身長、体重、目の色など物理的な側面について考えるときには賦活しないため、脳はある特定の部位を、社会的な思考や感情にかかわる仕事をするためだけに進化させてきたと考えることができる。つまり、他者の心は私たちにとってたいへん重要であるために、脳の領域割り当てが行われる際に、貴重な脳の特定の部位が、社会的な思考という目的のために与えられたのだ。

スタンフォード大学の認知心理学者、ゴードン・バウワーは、他者に対する重要な決定の際に記憶がとても重要な役割を果たすことに興味をもった。彼は、模擬裁判実験の陪審員メンバーとして、何人もの人々を実験参加者として集めた[14]。事件は、被告人のサンダース氏が、車を運転中に一時停止の標識で止まらなかったため、ゴミ収集車と衝突してしまったという内容であった。被告人の血中アルコール濃度は事故当時に検査されなかったが、彼は運転中に酒に酔っていたのではないかという点で裁判にかけられている。模擬裁判では供述書が提出されたが、実験参加者は２つのグループに分けられて、サンダース氏の事故前のパーティーでの行動について、下記の２種類の説明のうちの１つを読むことになった。

（１）サンダース氏は帰りにドアから出たとき、ふらついて料理テーブルにぶつかり、ボウルを床に落とした。
（２）サンダース氏は帰りにドアから出たとき、ふらついて料理テーブルにぶつかり、グアカモーレ・ディップ[注3]の入ったボウルを床に落とし、毛足の長い白いカーペットにグアカモーレをまき散らした。

これら2つの供述情報の断片は、サンダース氏が有罪か無罪かの判断に少しでも関係があるだろうか？　もちろん、全くない。食べ物の色や白いカーペット上にまき散らされた様子は、当時彼が酔っぱらっていたかとは論理的には無関係である。しかし、グアカモーレについての詳細な情報が含まれた供述書を聞いた者は、サンダース氏が有罪だとより信じる傾向にあったのである。この問題の原因は、出来事の情報の鮮やかさなのだ。情報の鮮やかさは、記憶により定着しやすいことがある（利用可能性バイアスを思い出してほしい）。そして、バウワーの実験が示すことは、鮮やかさから来る利用可能性の高さが、陪審員の判断を歪ませる役割を果たすということである。そして陪審員は、それが起こっていることにおそらく気づかないのだ。

これらの例は、マイノリティ（少数者）集団に属する人々が起こす事件は印象に残るという理由で、とても弱い立場の人々を苦しめることにつながるのだが、驚くべきことにこのようなことは全く珍しくない出来事である。むしろ、あまりに普通の出来事だからこそ、私たちは理解しなくてはいけないのだ。

私たちが、サンダース氏の例のように他者を不利な立場に追いやるような判断の誤りについてあまり修正しようとしない理由は簡単に推測できるが、自分自身に大きく影響するような判断についてはどうだろうか。私たちは、自分自身の利益が危険にさらされるような状況では、マインド・バグを避けるようにより気をつけるだろうか？　一例として、6名の友人と読者が実験に参加していると想像してほしい。6名からランダムに選んだ3名の友人に、それぞれの恋愛相手を好きな理由を3つあげるよう尋ねてみる。また別の3名には、同じ事について9つの理由をあげるよう尋ねてみる。その後、両方の友人にこの1つの質問をする。「あなたは、あなたの恋愛関係についてどの程度満足していますか？」。驚くことに、3つの理由のみを書いたグループは、9つの理由を書くよう言われたグループよりも、彼らの恋愛相手について、またその相手との関係についてより幸福感を報告したのだ。

このバイアスの説明は、直感に反したものではあるが単純である。自分の恋愛相手の良いところについて「9つも」挙げることができる人はいるだろうか。カトリックの列聖[注4]でさえ、奇跡は2つでよいのだ！　9つも良いところをあげるよう言われた人たちは、3つと言われた人たちよりも苦労するため、「やれやれ、良いところをあげるのはかなり難しかった。もしかして、自分の相手は思っていたほどにはすばらしい相手ではないのかもしれない」という考えに行き着くのだ。これは利用可能性バイアスと呼ぶが、ミシガン大学のノーバート・シュワルツは、このように重要で親しい間柄の愛情でさえも、このバイアスの現象が起こることを示した[15]。

このように、他者の性格について判断するとき、私たちはその判断が正しいかどうか、ほとんど考えない――その判断がほんの少数の情報によるものだったとしても、である。誰でもよいので2人の知らない人が写った写真を見て、考えてみよう。

どちらがより信頼できるだろうか？
どちらがより仕事ができる有能な人だろうか？
どちらがより他者を支配する人だろうか？

研究によると、私たちはたんなる静止画像のみの情報で、上のような判断をいとも簡単に（正確に、ではない）行うことがわかっている。実際に、そのような判断を「行わない」よう努めることは、行うことよりもよっぽどたいへんである。そしてもちろん、ここで問題となるのは、この判断が少しだけ間違っているのではなく、大幅に間違っていることなのだ。私たちは、就職志望者のなかから雇う者を選んだり選挙で投票する候補者を選んだりする際に、自分と似た特徴をもつ顔には信頼性を感じる傾向がある。その他に、たとえばベビーフェイスの特徴をもった顔など、すべての人が信頼できると思ってしまう顔もある。

プリンストン大学のアレックス・トドロフは、他者の顔の目の位置が顔の中央に近づくと、私たちはその人の有能性を低く判断することを示した[16]。このようなデモンストレーションが示唆することは、私たちが他者について判断をするときに、いかに単純な手がかりに左右されるかということである。このような研究結果を知ると、誰しも、他者について重要な判断を下す際に自分がどのような方法をとっているかについて、一度立ち止まって考えてみる必要があると思うだろう。他者との相互作用をする際、私たちはその他者について日常的な判断を行うだけではなく、不完全な知識のなかで行わなければいけない。飲み屋で起こったけんかについて、シャキールとスタンレーのどちらにより責任があるのかなどについて明確になることはまずない。同様に、ジョアンとジョーのどちらが、自分たちのグループが市場でうまく対処できるよう導いてくれるかを判断するのは簡単ではない。また、運輸保安局の検問所警備員として、マニュエルかモハメッドのどちらがより有能な技能をもっているかを判断するのは簡単ではない。このような難しい判断をするにあたり、私たちは、その人の成功を予測する基準として、その人が属している社会集団の情報にしばしば頼る。しかし、私たちはそれを認識することなく、自動的にじっくり考え、次のような質問に答える。「彼のような人は信頼がおけるかどうか」や「彼女の出身集団は有能だろうか、有能でないだろうか」や「彼のような人は暴力的だろうか、それとも平和好きだろうか」というように[17]。

実は全く同じ形の2つのテーブルが違って見えるのと同じ心が、ここでも働いているのだ。つまり、無意識的な社会的推論を行わせる文脈的手がかりとして、私たちはテーブルの脚ではなく、社会集団への所属という情報を用いてしまう。私たちは複数の実験を行い、実験参加者に顔写真だけを見せて、マークはスキーと読書のどちらを好むか、サリーは休みに実家に帰るかどうか、ヘザーは靴を買うのを面倒だと思うかどうか、など何十個もの質問をした[18]。驚くことに、誰一人として「わからない」と答えた者はいなかった。人々は最も些細な情報からでも何らかの情報を取り出し、数秒あるいは1秒以下で、表だって不快さを見せることなく、判断を行うのだ。このように、2次元上の顔といった、直接的な情報が何もない状態でも、私たちはその人の信頼性や有能性について容易に判断してしまうのだが、この点はよく調べてみる必要があるだろう。

社会的なマインド・バグのせいで、私たちは他者について誤った2つの感情をもつことがある。それらは、信頼すべきでない相手を信頼してしまう、という信頼と、本来であれば信頼すべき相手を信頼しない、という不信の2つである。前者の例として、バーナード・マドフという、アメリカ史上最大の詐欺事件の犯人を例に考えてみよう。マドフの被害者たちの人種は多岐にわたっていたが、なかでもマドフと同じ宗教という集団アイデンティティを共有していたユダヤ系の慈善団体の被害者数は突出していた。この点から考えると、彼らはよく考えずにマドフを信頼していたと考えられる[19]。後者の例として、誤った不適切な不信の喚起が、逆の結果を引き起こした事件を紹介しよう。オーマー・エドワーズは2009年5月28日の朝、二度と帰宅することはないなどと想像もすることなしに家を出た。彼はアフリカ系アメリカ人の警察官であったが、同僚の警察官がハーレム地区[注5]にいた彼を容疑者と誤解して発砲し、死亡した[20]。このような悲劇的な事件は、私たちがある人間を一人の人間として知覚することに失敗することがあることを教えてくれる。個々の人間は、多くの場合、社会集団の代表者として見られるのである[21]。不適切な信頼と不適切な不信からくる悲劇は両方とも、ある集団の一員であるということに基づいて行われた自動的な判断の枠組みを有している。

経済学者、社会学者、心理学者たちの研究で、ある人が他者から受ける待遇についての原因として、その人がどの社会集団に属しているかが決定的に重要だということが何度も確認されている。たとえば、他者から笑顔を向けられるか疑わしい表情を向けられるか、銀行からの融資が認められるか断られるか、何か紛失したときに立ち止まって探してもらえるか、昇進できるかどうか、医学的により詳しい精密検査を受けさせてもらえるかどうかの判断など、私たちはこのような日常的な例を用いて、実験参加者がある他者にどのような行動をとるかを研究している。どの事例でも、人がある他者について行う判断にかかわるものであり、ここに、私たちがマインド・バグと呼ぶものが隠れているのである。

社会的マインド・バグは、ある人の人種や民族に基づいた判断に制限されるものではない。このマインド・バグは、人にとって心理的・社会的に意味のある集団であればすべての種類に関係するものである。たとえば、年齢、ジェンダー、宗教、社会階層、性的関心、障害、身体的魅力、職業、パーソナリティなどは、数多あるなかでもほんの一部である。それらのなかには、私たちが行動を説明するにあたり大きな影響力をもつものもある。ジャン・ポール・サルトルは、著作のなかで次のように書いている。ある女性が、ある毛皮職人とトラブルになった場合、彼女は彼とのトラブルについて説明する際に、彼がユダヤ人であることをつけ加えるだろう。サルトルは尋ねる。なぜ彼女は彼に対する嫌悪感を、毛皮職人の特徴だと考えなかったのだろうか？　なぜユダヤ人の特徴だと考えたのだろうか？　マインド・バグは、このような好意や嫌悪、特に強い感情の根底に存在するものである。

ある人が属する集団というのは、どうやら、その人の人となり、行動、将来的にどういう行動をすると思うかというような予測についてまで、抗いがたい説明を提供するようである。その結果、私たちは、自分たちが彼らに対してとる行動を正当化してしまうのだ。

興味深いことに、社会的マインド・バグは、他者への判断だけでなく、自分についての判断にも影響を及ぼすのだ。イェール大学公衆衛生学科のベッカ・レヴィーは驚くべき相関を発表した。高齢者を対象とした調査で、彼らが若かりしときに高齢者に対してもっていたネガティブな信念が、実際に自分が高齢になったときの心臓病への罹患しやすさを予測していたのだ[22]。この結果は、抑うつ、喫煙、家族歴などの変数を統制しても変わらなかった。私たちはこの結果は示唆に富むと考えている。つまり、ステレオタイプは私たちが評価する他者についてのみならず、自分自身についても有害となり得るのだ。マインド・バグを理解するにあたり重要なのは、それが自分の利益や不利益に関係すると考えることである。つまり、ステレオタイプは「自分」に対する自分の行動をもネガティブな方向に変えかねないのである。

最後に

人の心の容量について研究した先駆者であるハーバート・サイモンは、「人は、自分の目の前にある複数の選択肢間の実際の価値を正確に判断できる」という仮定について、次のように皮肉っている。サイモンは、人間は「事実を判断することも、ものの価値を矛盾せず評価することも、論理的に思考することのいずれをも、自在に行うことができない」ため、主観的期待効用に合致するような判断ができない、と述べた。彼によると、主観的期待効用に基づく判断とは「プラトンのイデアの世界のなかでも中心位置を占めるもので、探求されるべき美の極致である。……しかし現実の人間の判断では達成不能なものである」と述べている[23]。[注6]

人々に、10ドル札と20ドル札のいずれかを無料で獲得できる機会を与えた場合、合理的に考えると、人々は後者を選ぶだろう。しかし、その状況が少しでも複雑や不確実になると、人々は経済学者の予期する「効用最大化」から離れた判断をするようになる。私たちは日常的な選択において、たとえばペパロニかキノコのどちらを食べるか、バリ島とバルセロナのどちらに旅行するか、投資銀行と木工業界のどちらに就職するか、など、どんな選択であっても、必ずしも自分自身の幸福と満足を最大化するような選択を行っていないことが近年ではわかってきている。

20世紀後半に得られた証拠から、人間の合理性は非常に限定的であることがわかってきた。本書における著者の目標は、私たち人間が、自分自身、他者、他者や自分自身が所属する社会集団をどう判断するかという問題について、合理性の境界線を明らかにするというものである。

私たちの分析の背景に、人間性には長い進化的な過去があり、その歴史の結果として現状があるということは気に留めておかなければいけない。私たちの祖先は、比較的少人数の似通った人同士の集団で生活し、また常に身の危険と隣り合わせの生活を送っていた。そのような環境からの圧力に対し、彼らは単純に生き残るために、社会的選択が最重要であるような心のメカニズムを進化させたのだ。本書で著者らが説明しているマインド・バグも、このような昔からの進化的な達成の結果である。

しかしながら、私たちの祖先の視点からすると、私たちが住んでいる現代の社会は理解不能であろうことも、私たちは承知している。自分とはかなり異なる他者を巻き込んだ状況で善悪の判断をする際に私たちがどう考えるかというような、私たちの心にある社会的な内容については、昔の人には理解不能だろう。過去のほんの数世代前と比べても、人間の価値や願望は大幅にそして急速に変化してきた。すべての現代の民主的政治システムの本質的要素である平等の権利や公正な待遇の原則は、この世に出現してからまだ数百年である。過去の世界で私たちが生き残るために必要だったものは、現代社会で必要なものとは異なるのだ。1つ明らかな例をあげると、自分と異なる人や風変わりな人から離れておくことは、過去には身の安全を守るための1つの方略であった。しかし今では、そのように自分と異なる人や会社を避けることは、ある会社にとって、離れた国や場所のビジネスに投資する機会を遠ざけるだろうし、また言葉の違う人たちが住む場所での労働市場に参入することができないという意味で、経済的なコストが高くなるのだ。

少し前まで著者は、自分の行動を監視し規制をかけなければならないなどと、考えたこともなかった。たとえば、私たちの研究に資金をつけるかどうか判断する地位にいる可能性のある連邦政府の職員[注7]にコーヒー一杯をおごることすら私たちは自制しなくてはいけないのだ。過去に比べて現代では権力の概念が大幅に変化してきたことは読者もご存じの通りである。身近なところでは親から子への、一見したところ「自然な」権力の概念も変化してきたし、軍兵士による敵兵士への拷問や敵兵士の権利などといった権力概念の変化があることは言うまでもない。このような概念の変化は、私たちの意識的で内省的な心が変化したことに原因があり、またその変化は、公正とは何か、社会の一員として生きるための正しい方法とは何か、についての私たちの感覚をも変化させてきた。

このような私たちの意識の変化は、私たちがものを見、記憶し、推論し、判断するのを歪めるマインド・バグの影響で、私たちの意図や理想と、行動や振る舞いとの間に特異な不一致が存在することが露呈してきたために、起こってきたのだ。心の科学は、これらの不一致が自己知覚を弱め、意識的に行動をコントロールする能力をおびやかし、自己決定という重要な理想を混乱させることを示してきた。このように、マインド・バグが合理的思考の海岸線を浸食し、究極的には公正で生産的な社会を築く可能性を浸食していくという実態を理解するには、私たちの内的な心と外的な行動との不一致の根源であるマインド・バグを理解しなければならない。

訳注

1　現物投影プロジェクター。
2　アメリカの市民、永住者、外国人就労者に対して発行される9桁の国民識別番号。日本でいうマイナンバーのようなもの。
3　アボカドをつぶしてつくるメキシコ料理のディップ。
4　カトリック教会では、奇跡を起こした人を聖人として認めるが、これを列聖という。
5　米国ニューヨークのマンハッタンにあるスラム街。
6　経済学では一般に、人は主観的な満足度（効用）を最大にするような合理的な行動をとると仮定する。そして、ある条件のもとで得られる満足度の期待値を期待効用という。
7　日本でいう公務員。

第2章　真実の裏の顔——日常生活にはびこる様々な嘘

読者が他者から何か質問を受けたとき、「真実ではないとわかっている」回答をすることが、どれくらい頻繁にあるだろうか？　もしその答えが「ほとんどない」または「全くない」であるなら、その回答自体が真実ではないということを、これから納得してもらおうと思う。

あなたの誠実さを疑っているのではない。あなたが、真実ではない回答をすることなどほとんどない、と信じる気持ちはとてもよく理解できる。あなたが自分のことを正直な人間だと思っていることはほぼ間違いない——事実、ほとんどの人はそう思っている。そしてあなたは、私たちの質問が、意識的また意図的に嘘をついたときについて尋ねた、それもおそらく他者を出し抜いて自分が得をするように嘘をついたときについて尋ねたと思ったのではないだろうか。実は私たちは、もっと単純な嘘について知りたいのであり、悪意のある嘘は全く想定していないのだ。私たちが知りたいのは、「無意識的」から「意識的」に至るスペクトラム（範囲）のなかで「完全に無意識的」から「部分的に意識的」という部分の話なのだ。また嘘といっても、他者につく嘘のみならず、時には自分自身につく嘘も含んでいる。

読者は自分の回答を嘘の方向に歪ませる力の方向に、まだ気づいていないだろう。そういった力はさまざまな種類の動機づけが関連しており、皮肉なことに正確で正直でありたいという動機づけも関係しているのだ。本章では、読者に、自分が気づいていない嘘が多くあること、そしてそれらの嘘の原因について気づいてもらいたいと思う。

読者がおそらく最も頻繁に尋ねられ、後でよく考えると、真実でない回答をしたと最も頻繁に気づくような、次の質問を考えてみてほしい。

Q１　調子はどう?

この質問をされたとき、とても腰が痛いことを考えていたり、友人から言われたばかりの批判についていらだっていたり、最近睡眠不足が続いていることを考えているにもかかわらず「元気だよ」と答えたことがどれくらいあるだろうか。

次に、太り気味の人からこう尋ねられたときはどうだろうか。

Q２　このジーンズをはくと太って見えるかな?

Q1とQ2について、必ずしも真実でない答えをよくするかと尋ねるのは、あなたが人間かと尋ねるのとほとんど違わない。しかしあなたは、これらの質問に対して真実を言わないのは、質問した相手を退屈させたり、がっかりさせたり、傷つけたりしないようにしたいという、高尚な動機のためだと反論するかもしれない。さらにあなたは、これらの質問に対して「必ずしも真実ではない」回答をしても誰も傷つけないじゃないか、と弁護するかもしれない。たしかに、実際にこの回答は、行うことによって相手を傷つけないようになっている。そしてこれらの質問をした人々も真実の回答を受け取りたいとはほとんど思っていないのだ。しかし、もう一度よく考えてほしい。先ほど私たちが読者に問うたのは、真実ではないと知っている回答を「したことがあるか」であって、それらの回答を正当化できるかどうかは関係がないのだ。

Q1やQ2のような質問に対する真実でない回答は、「白い嘘（ホワイト・ライ）」[注1]という。この名前は、これらの嘘の無害さが、白という色の純粋無垢さと合致することから由来するようだ。同様に、本書で私たちも、真実でないことを示す複数のカテゴリーを、さまざまな色の象徴的な意味に合わせて、色を使った名称をつけた。それらの名称は、読者にとっては「白い嘘」のように親しみやすいものではないだろうが、一度解説を読むとそのカテゴリーを容易に思い出すことができるはずだ。

灰色の嘘（グレイ・ライ）

Ｑ１とＱ２への回答であなたが嘘を答えるという事実に直面した際、あなたは「まぁ、たしかに嘘をついたかもしれない。たしかに自分はたまに白い嘘を言うが、言ったとしてもそこまでだ。それ以外では自分は非常に正直なんだ」と考えたかもしれない。では次に進もう。次の質問に対しても、嘘をつかないかどうか考えてみてほしい。

Ｑ３　寝ながらうめいていたけれど、何の夢を見ていたの？
（実際にこれが起こったとき、昔の交際相手との情熱的なデートの夢を見ていたことをはっきりと覚えていたとしても、あなたは意識がもうろうとしたなかで自分のパートナーに「覚えていない」と言うだろう。）

Ｑ４　１ドル恵んでもらえませんか[注2]？
（あなたは、たとえたくさんの現金を持っていて、１ドルを渡すぐらい何ら問題がなかったとしても、「すみません、今現金がないので」と、路上のホームレスの人に答えるだろう。）

Q5　Xさん（電話に出た人）はご在宅ですか？
（Xさんは不用意にも「いいえ」と答えるだろう。）

これらの嘘は、白い嘘に比べると少々ダークであると思われるので、私たちはこれを灰色と呼ぼう。白い嘘と同様、灰色の嘘は他者の気持ちを傷つけたくないという欲求に動機づけられている。しかしながら、これらの回答は、他者の気持ちを傷つけたくないという意図以上に、自分の気持ちを傷つけたくないという気持ちが大きく影響している。たとえばQ3（寝ながらうめいていたけれど、何の夢を見ていたの？）では、あなたのパートナーを傷つけないようにと考えたかもしれないが、第一の動機は自分自身を気恥ずかしい状態にするのを避けたいということかもしれない。Q4（1ドル恵んでもらえませんか？）では、最も重要な目的は懇願者に少しのお金も渡したくないというものだが、あなたはそれを、敵意を見せることなしに行いたいのだ。Q5（Xさん（電話に出た人）はご在宅ですか？）では、Xさんにとって望まない電話によって自分の時間を邪魔されなくないというのが一番重要な動機だが、電話をかけてきた相手も雇われてやっているとわかっているため、Xさんはけんか腰の返事をするのを避けるのである。

透明な嘘（カラーレス・ライ）

フョードル・ドストエフスキーは次のように書いた。

人には誰にでも、友人にしか言わないようなことがあるものだ。しかしさらに、友人にも言わず、自分だけの秘密にするような別の出来事も存在するだろう。さらにまた、人には、自分自身にすら伝えたくないようなこともあるのだ。どんなに品行正しい人であっても、大人なら誰でも、そのように頭の片隅に押しやっていることがいくつかあるものだ[1]。

人々が自分の意識から追いやっている物事というのが、本書でいう「透明な嘘」である。この名称は、その嘘を言う本人にすら見えない、という点からきている。ドストエフスキーの詩的な洞察を現代的に表現するため、下記のような場面を想像してほしい。医者が健康診断の際に尋ねる一般的な2つの質問に、喫煙者や飲酒者はどう答えるだろうか。

Q6　あなたは1日に何本のタバコを吸いますか？
Q7　あなたは1日にどのくらいアルコールを飲みますか？

Q6やQ7への答えは、たとえ回答者本人が完全に真実だと考えていたとしても、真実を大幅に下回ることになるかもしれない。ある喫煙者が、毎日1箱がなくなっているのを十分に知りながら、「1/2箱です」と回答したとしよう。この回答の背後にある考えは「私は毎日1箱買うが、タバコ1本あたり半分強しか吸っていないので、最終的には1/2箱という計算になる」というものかもしれない。ある飲酒者は、自分の飲酒量について、医学会では4杯とカウントするところを、「2杯です」と答えるかもしれない。ここでの問題は、数える際のミスではないのだ。飲酒者は、自宅で2回つくるアルコールそれぞれに、標準的な1杯のアルコール量の2倍ついでいるということを、都合よく忘れてしまうのだ〔2〕。

これら透明な嘘は、それを言う本人自身も嘘だということに気づかない可能性があるという点で、他の種類の虚偽とは異なる。この嘘は、虚偽者本人をも聞き手としてそのターゲットにしてしまう点に特徴がある。心理学ではこれらの虚偽を「自己欺瞞」と呼ぶが、この言葉は読者も聞いたことがあるかもしれない。

赤い嘘(レッド・ライ)

アルフレッド・ロード・テニスン[注3]は、1850年に長詩「イン・メモリアム」[注4]のなかで、自然界について「赤い歯や顎[注5]」と表現した。この一節はそれ以来、自然淘汰で機能するプロセスについて言及する際によく用いられている。そこで本書では、虚偽者にとって生存や繁殖の潜在的利益になるような嘘を「赤い嘘」と呼ぶことにする。これらの虚偽は進化的な基盤をもち、人間性の一部として進化してきた可能性がある。

進化生物学者のなかには、嘘を言う能力はホモ・サピエンスの時代から生まれつき備わっていたと主張する者もいる。彼らの理論は、人々が日常生活のなかで実際にどの程度嘘をついているかを調べた観察に一部基づいている。しかし、嘘が生得的であるという、より強力な科学的根拠は、他の多くの動物種が、自己の生存を高めるような欺瞞を表すことからきている。非人類の欺瞞が自然淘汰によって進化的に発達したものであり、そのため遺伝的基盤をもつという考え方は、広く受け入れられている。カムフラージュ蛾、ブリムストーン蝶、クレセント蛾は、カムフラージュによって自分の姿を葉や枝の背景と見分けがつかないように隠すよう進化してきた、たくさんの種のうちの数例である。他にも、昆虫のなかには、擬態によって捕食者の行動を阻止しようとするものもいる。つまり、色や形や動きによって、自分の姿を毒性があったり嫌な味のする種と似せることにより、捕食される確率を下げ、回避されるように仕向けるというものである。

多様な動物種における欺瞞がダーウィンのいう自然淘汰によって進化してきたという説は、これまでのところ反論されてはいないが、その結論を、我ら人類における言語的な嘘にまで適用するのは少々飛躍的であるかもしれないので、ここで考えてみよう。進化の時間スケールでは、人類の言語が現れてきたのはごく最近のことで、おそらく十万年ほど前のことである。したがって私たちは、地球上のヒト科動物のタイムスパン（およそ二百万年から千二百万年の間だと推定されている）から考えて非常に最近起こったことが、進化的な適応によって起こり得たのかについて考えなければいけない。言い換えると、十万年というのは、言語のみならず欺瞞的言語を発達させる自然淘汰が生起するのに十分長いといえるだろうか、ということである。

進化論者は、淘汰圧は、早ければ三十世代――私たち人類では千年以下――で非常に大きな遺伝子変化を引き起こし得ると考えている。もしも、虚偽者が非虚偽者に比べて長寿であり、かつ、より多くの子孫を残せるというように、嘘が淘汰上の優位性をもつならば、十万年というのは、私たちに嘘をつかせようとする遺伝子を増やす自然淘汰にとっては十分な時間であっただろう[3]。

このスキルが行動に現れる明白な例は、たとえば潜在的な性的パートナーに「愛している」と嘘をついて自分の遺伝子を後世に残すことに成功する者と、「セックスがしたい」とだけ主張する者との違いであろう。自身の裕福さについての虚偽的主張や、潜在的な性的パートナーに対して偽りのお世辞を惜しみなく出すことは、両方とも、繁殖的利益につながる嘘になるだろう。

青い嘘（ブルー・ライ）

時に私たちは、真実ではないと知っていながら虚偽回答をすることがある。矛盾した、またたいへん奇妙な理由により、私たちは、虚偽の回答が実際の現実よりも「本質的に真実に近い」と信じるのだ。この虚偽カテゴリーの色は「真実の青」というフレーズからきている。いくつか例をあげよう。

Q8　先週火曜の選挙では投票しましたか？

（調査者が一般的な有権者に尋ねる質問の例。先週火曜の投票には行かなかった者でも、自分自身は一般的な有権者であると思っている人は、一般的な有権者の「真実を伝えるため」に、「はい」と答えるのだ。）[4]

Q9　前回のテストのためにすべての読書課題をやり終えましたか？

（前回のテストで低い成績をとった学生に対する教授からの質問の例。学生はすべての課題を読んでいないにもかかわらず「はい」と答える。）

Q10　あなたはどのラジオ局をよく聞きますか？

（上流階級が集まる夕食会において、ある客に尋ねられる質問の例。その人の車のラジオには実際にはトーク中心の局とポピュラー音楽を流す局の2つしか登録されていないにもかかわらず、「公共ラジオ局です」[注6]と答える。）

これらの3つの質問に、よく知られた虚偽の回答をする人は、自分の回答によって事実よりも深い真実を伝達しようとして回答しているのかもしれない。たとえば、「私は（先週の火曜は忙しくて投票に行けなかったが）いつもは投票に行くような人間だ」「私は（先週は他のクラスの宿題が多すぎて読書課題ができなかったが）いつもは課題をする人間だ」「私は公共ラジオで放送されるような文化的・政治的価値観を共有している人間だ（が、その放送は他局の内容がつまらないときにだけ聞いている）」というように。

私たちはこれらの青い嘘を、自分について自分が（心から）思っているように「正しいイメージで」他者に見てもらいたいから行うのだ、と正当化することができる。しかしこれは寛大な方向からの見方である。より寛大性を落とすと、これは、他者からより好意的に見られたいがために人々が行う策略である。社会心理学ではこの策略はよく知られており、「印象操作」と呼ばれている[5]。

印象操作は、回答の幅がそれほどないような質問への回答に対しても行われる。もしある人があなたの年齢、身長、体重を尋ねてきたとき、あなたはなんと答えるだろうか？　多くの人は完全に正確な回答をするだろうが、研究によると、質問紙でこれらの基本的事項を尋ねられたとき、誤った回答をする一部の少数派は確実に存在することがわかっている。そしてその誤答にはルールがあるのだ。非常に若い、非常にやせた、非常に背の高い人からの回答でない限り、それらの誤りはすべて、身分証明書や体重計や身長計で確認された実際の値よりも、より若く、より軽く、より高い方向に向けられている[6]。

印象操作は、調査研究を行うにあたって問題となることが、今では広く知られている。調査の回答者は、自分たちの回答がそのままコンピュータに入力され、研究者は誰一人としてその結果を見聞きしないということを知っていて、また、たとえ自分の回答が入力された後は、その内容と自分を結びつけることは誰にもできないということをさらに保証されても、真実ではない回答を頻繁に行うのだ。

調査データが印象操作によって歪むという問題はとても重大であるため、調査を行う研究者たちは、好意的な印象をつくり上げたいという欲求によって回答を歪める傾向が強いと思われる回答者を見つけ出し、削除できるような方略を考え出した。その方略とは、調査のなかに、下記のような質問を入れておくことである。

Q11　私は不愉快な人に対しても常に礼儀正しい。
Q12　私は自分が犯した過ちについて常に他者に謝る。
Q13　税関で、まずバレないだろうと思う物品についてでもすべて申告する。

これらの質問に対し「はい」と回答する人の多くは、印象操作者だと研究者は推測する。なぜなら、ほとんどの人にとって、完全に正直に回答すれば3つの質問いずれに対しても「いいえ」と回答せざるを得ないからだ。結局のところ、「常に」礼儀正しい人や、自分が犯したミスについて「常に」

謝る人はほとんどおらず、また、まず見つからないような小さなごまかしをするだけで、本来であれば支払わなければいけない金銭的な罰金から逃れられるのであれば、それを几帳面に正直に報告する人などほとんどいない。こういった自己報告式の調査方法を通じて、社会科学者たちは、たいへん皮肉なことに税関でごまかすことを認める人を、ごまかさないと主張する人よりも、大いに信用するのだ。

もしも読者がQ11、Q12、Q13のすべてに心の底から「はい」と答えられると思う場合、あなたは地球上でたいへん少ない完全なる正直者の1人であるかもしれない。しかし当然ながら、正直であればあるほど良いということはない。もしも読者が自分の欠点をすべて友人に報告し、この完全なる誠実さの基準を他者の欠点についても適用するなら、あなたはすぐに友人を失うだろう。もしこの点に疑問を感じるなら、Q２（このジーンズをはくと太って見えるかな？）を思い出してもらいたい。Q２への反応として典型的に使われるのは白い嘘であるが、これは反映された青い嘘としても見ることができる。つまり、この質問に「いや、かっこよく見えるよ」と答えることは、質問者が自分自身にもつ「あり得ないほどすばらしい」知覚（つまり「その服がとても似合っている」）とうまく合うような鏡を提供することになるのだ。その高すぎる自己評価はいずれ変更されることになるが、そこは自己責任に任せるということだ。

私たちの日常的な社会生活は、ある程度の虚偽を交えた潤滑油の注入の繰り返しなしではやっていけず、またそれらを受け取ることで成り立っている。それによって、社会的な相互作用の歯車のかみ合わせがスムーズになるのだ。残念ながら、日常生活で非常に有効であるこれらの行動は、科学的な関心（真実の追求）とは相容れないのだ。

研究で質問を行うということ

ここまで、真実性の低い回答を人々にさせるさまざまな社会的圧力に焦点をあてる一方で、科学を置き去りにしてきた。しかしながら、科学的な研究への参加者が回答する際に、この同じ力が働いて影響した場合、研究結果の正確性は著しくダメージを受けることになる。私たちが問題にしたいのはこの点である。もしも、年齢や身長や体重のような事務的な質問に対する回答でさえ不正確になり得るのであれば、人々の人種に対する態度や他の種類のバイアスなど、非常に感情的なトピックに関する質問－回答形式の研究から得られるものには大きな限界が想定されるが、これについて、私たちはどう考えていけばよいのだろうか。

体重や身長を尋ねるとき、体重計や身長計などという信頼の置ける正確性チェック機器がない場合、ある人が調査用紙の質問に正直に回答しているかどうかを検討するのは非常に困難である。そのため、国家機密にかかわる情報を取り扱う仕事への応募者の誠実性を評価するため、政府系機関は応募者自身への直接の質問だけでなく、本人の友人、親類、教師、同僚、過去の雇用者等にも面接をする。しかしながらこれらの方法も完全とはいえない。なぜなら、これら多種の情報提供者は、尋ねられている本人について完全で正確な知識をもっていないというだけでなく、本人の自己報告を信頼できないものにするのと同じ影響力に、彼らも屈するかもしれないからである。つまり、彼らの評価は過度に寛大なもの（もしくはその逆）になる可能性があるのだ。そしてもちろん、他者に尋ねるというこの方法でさえも、バイアスという「非常に個人的であり、かつ通常は隠されているもの」を正確に評価するという要望にはほとんど応えられないのだ[7]。

人種や民族集団への態度にかかわる最初の科学的研究は１９２０年代から１９３０年代に行われた。そのときに使われた測定方法は、当時利用できた唯一の方法、つまり、人に質問し、自己報告の回答を集めることであった。そのような質問を基にした研究が40年間続いて初めて、心理学者は、本書で指摘したような正確性からの逸脱に気づき、文書に記述するようになった。

人種的偏見を測定するために長きにわたって使われてきた多くの質問に対する人々の回答は、印象操作の影響で欠陥があり不正確なものであるということは、今では疑う余地がない。この影響はこれまでに十分に実証されてきているが、そのうち１つの例として、本書では１９８１年に行われた研究を紹介しよう。この研究では、白人の大学生に、Q14とQ15の質問に対し、どの程度賛成するか（「強く反対する」から「強く賛成する」まで）答えるよう依頼した。

Q14　黒人と白人が結婚するのは良くない。
Q15　黒人の人々は一般的に、白人と同じくらいには賢くない。

研究参加者の半数は、これらの質問を黒人研究者から受け、残りの半数は白人研究者から受けた。すべての回答者は、彼らの回答はどの研究者からも見られないし、完全に機密情報として扱われると念を押して説明された。それにもかかわらず、質問者が黒人であった場合は、白人であった場合と比べ、回答者の反応は顕著に黒人に好意的なものになっていた。この印象操作効果は、質問紙を渡した人の人種が回答に影響していることに、回答者もほぼ確実に気づかずに起こったものだった[8]。

そして、本書でこれまで説明してきた通り、印象操作は私たちの虚偽性に影響する多種多様な力のうちの1つにすぎない。そしてその対象は、自分の体重がどれだけ重いかということから自分がどれだけ飲酒するかまで、また自分の愛する者が太っているかどうかから黒人の人々に対する好意的な評価に至るまで、ありとあらゆるものに対して向けられるのだ。

真実性の再来

さて、ここで本章のはじめにした質問に戻ろう。「他者から何らかの質問を受けたとき、『真実ではないとわかっている』回答をすることが、どれくらい頻繁にあるだろうか？」。最初に「ほとんどない」あるいは「全くない」と回答した人は、今では「それよりももっと頻繁であるかもしれない」と認めるのにやぶさかではないだろう。そういうあなたに対し、著者から次の質問をしよう。

「人種や民族が異なる人々に対して、あなたは非好意的なバイアスをもっているだろうか?」。本書でこれまで、誠実性には限界があることを学んだ読者は、この質問への回答を考えるにあたり、「人種的な信念や態度についての質問に回答する際、自分はどの程度真実に迫れるだろうか?」と自分自身に尋ねてみたくなるだろう。しかし、自分の考えが歪むという事実とその原因についての現在の知識をもってしても、まだあなたは真実を隠してしまうかもしれない。

訳注

1 罪のない嘘。
2 米国の路上で、ホームレスが少額の施しを求める際に人々にかける言葉。
3 19世紀のイギリスの詩人。
4 英題：*In Memoriam A.H.H.* 学友のArthur Henry Hallamが1832年に脳出血で急死したことに衝撃を受け、17年間かけて魂の救済について書いた詩で、キリスト教の根本である愛と、自然の無慈悲さ（友人の死や進化論）の間で揺れ動くキリスト教への信仰をうたっている。
5 肉食動物が獲物を食べるにあたり、獲物の血で歯や顎を真っ赤にしながらも全く非感傷的である様から、自然界の残忍さについて表現したもの。
6 日本におけるNHKのようなもの。

第3章 ブラインド・スポットの中へ

人種に対する態度の心理学的研究は比較的最近始まったもので、まだ百年も経っていない。その先駆者である、1920年代から1930年代の心理学者や社会学者たちは、まず民族や人種集団に対するアメリカ人の態度を調べる研究からとりかかった。彼らが用いた方法は、当時使用可能であった唯一のもの——質問すること——であった。この「自己報告による質問」法では、人々は自分自身の人種的態度がどのようなものか自分で考えて回答するため、回答内容には全面的な権限をもっているといえる。そしてこの質問法には第2章で説明したような問題があるにもかかわらず、偏見についての初期の研究ではたいへん有用であった。それは1つには、現代のアメリカ人と異なり、20世紀初頭のアメリカ人は、人種や民族に対する態度をオープンに表現することに、何らの良心の呵責もなかったという理由があった。

初期の研究者たちが、多数の異なる集団に対する偏見についての有力な証拠をどのようにつかんでいったかの歴史は、付録1「アメリカ人は人種差別主義者か?」に記載している。この付録には、

20世紀の間に研究方法がどのように洗練されて、質問法に頼らない方法に向かっていったかについても説明している。

本章では、著者の1人トニーが1994年に作成した方法に焦点を当てる。その方法とは、質問法ではアクセスできないような、隠れた心の領域に対する窓を開けるものであった。

新しいテスト

この新しい方法がどのようなものか知ってもらうため、読者には次の体験デモンストレーションをしてみてもらいたい。まず、可能であれば、52枚のトランプ1組と、秒単位で測定可能な時計かストップウォッチを準備してほしい。

トランプとストップウォッチが準備できたら、トランプを何度かシャッフルして表を上に向けて持ってほしい。これから行う課題は、2種類の異なる仕分け作業を行って、その時間を測定するというものだ。

まず1つめの課題として、ハートとダイヤモンドのマークのカードを左に、スペードとクラブのカードを右に、2つの山に分けてみよう。2つめの課題では、ダイヤモンドとスペードを左に、クラブとハートを右に分けてみよう。始める前に、どちらの分類課題の方が速くできるか推測してみよう。

どちらかが速くできると思った人も思わなかった人も、トランプとストップウォッチが準備できたら、実際にやってみよう。できるだけ速く、まずはハートとダイヤモンドを左側、スペードとクラブを右側の山に分けよう。そして、それにかかった時間をメモをしておこう。次に、トランプを再度1つの山にしてシャッフルし、今度はダイヤモンドとスペードを左側に、クラブとハートを右側の山に分類してみよう。

一方の課題が他方よりも数秒以上速かったなら、どちらが速かったかを頭にとめた上で次のページに進もう。次のページでそのメカニズムについて理解できるだろう。

ほぼ間違いなく、読者は最初の課題の方が速かっただろう。この課題では分類のルールが単純だったのだ。つまり、赤色のマークは左、黒いマークは右、というものである。2つめの課題ではそのような単純なルールは適用できなかった。マーザリンとトニーはこのテストを2度行って、その平均を出してみたところ、1つめの課題（赤色vs黒色の分類）では24秒、2つめの課題（スペードとダイヤモンドvsハートとクラブ）では37秒かかっていた。2つめの課題を行うのに1つめの課題の1・5倍の時間がかかったというのは大きい差であり、分類課題をしている本人にもそれがわかるほどであった。

潜在連合テスト（IAT）

次に、また別の体験デモンストレーションをしてみてもらいたい。ここでも、秒が表示される時計かストップウォッチと、今度はそれに加えてペンか鉛筆が必要である。もしも本書のページに印をつけたくなければ、数ページ先にある「花と虫」IAT課題をコピーして使ってもよい。

花と虫テストの2ページを見ると、縦2列に渡って、真ん中に単語が並んでいるのがわかるだろう。それらの単語の左右には小さな円がある。この課題は、それぞれの単語の右か左の円に、できるだけ速く印を入れていくというものだ。

単語には4種類がある。

花の名前：ラン、スイセン、ライラック、バラ、チューリップ、デイジー、ユリ
虫の名前：ノミ、ムカデ、ブヨ、ハチ、ゴキブリ、ガ、ゾウムシ
快語：優しい、天国、陽気、愛、楽しむ、幸福、友だち
不快語：損害、吐く、苦痛、毒、悪魔、陰気、醜い

次の2ページに、花－虫テストの最初のページを行うにあたっての説明と例が載っている。これ

らの説明とルールを読んだら、すぐにでも始められる。

まずAと書かれたページ（本書の73ページ）を最初に行う。左列の一番上から始め、できるだけ速くマークをつけていく。左列の最後まで進んだら、すぐに右列上から同様に印をつけていこう。1つ1つの単語について、左か右の円に印をつけるのだ。次にルールを載せる。

1. 次ページの例のように、印は短い線をつけるとよい。それが最も速い。
2. どの単語も飛ばさず、上から順番に行う。
3. 止まったり、間違いに気づいても修正しようと絶対にもとに戻らないこと。結果の正確性が余計に落ちることになる。
4. 時計を使う場合、秒針が0（分の始まり）に来たところからスタートすると測定しやすいのでお勧めである。
5. Aのページが終わったら、かかった秒数をページ右下に書いておく。
6. 次にBのページを行う。ただし2つの列の上にある説明とラベルは、Aのページとは異なるので注意が必要だ。Bのページを行う際は、新たな説明をよく頭に入れてから行ってほしい。
7. Bのページが終わったら、かかった秒数をページ右下に書き記す。

本書にはいくつかの体験課題が載せてあるが、この花－虫課題は、本書で紹介している課題のうちでも、本書の本質をつかむために最も重要な課題となる。そのため、次の2ページに記載されている花－虫テストを、今、行ってほしい。この課題をオンライン上、もしくはモバイル機器上で行いたい読者は、bit.ly/T8h6uD でも行うことができる。[注1]

◆花ー虫テスト記入例

虫または良い意味の単語には、左の○に印をつけてください。それ以外の単語（花または悪い意味の単語）には右の○に印をつけてください。左上から始め、上から下にすべての項目に順番に回答してください。その後、右の列に移ってください。すべて回答できたら、かかった秒数を右下に書いてください。

虫または良い意味の単語		花または悪い意味の単語	虫または良い意味の単語		花または悪い意味の単語
⊘	ハチ	○	○	バラ	○
○	毒	⊘	○	天国	○
○	チューリップ	⊘	○	ラン	○
⊘	楽しむ	○	○	優しい	○

A

虫または良い意味の単語には、左の○に印をつけてください。それ以外の単語（花または悪い意味の単語）には右の○に印をつけてください。左上から始め、上から下にすべての項目に順番に回答してください。その後、右の列に移ってください。すべて回答できたら、かかった秒数を右下に書いてください。

虫または 良い意味の単語		花または 悪い意味の単語	虫または 良い意味の単語		花または 悪い意味の単語
○	ラン	○	○	チューリップ	○
○	優しい	○	○	楽しむ	○
○	バラ	○	○	ハチ	○
○	天国	○	○	毒	○
○	ノミ	○	○	ゴキブリ	○
○	損害	○	○	悪魔	○
○	スイセン	○	○	デイジー	○
○	陽気	○	○	陰気	○
○	ムカデ	○	○	ガ	○
○	吐く	○	○	醜い	○
○	ブヨ	○	○	ゾウムシ	○
○	苦痛	○	○	幸福	○
○	ライラック	○	○	ユリ	○
○	愛	○	○	友だち	○

かかった秒数：＿＿＿＿＿＿

間違いの数：＿＿＿＿＿＿

B

花または良い意味の単語には、左の○に印をつけてください。それ以外の単語（虫または悪い意味の単語）には右の○に印をつけてください。左上から始め、上から下にすべての項目に順番に回答してください。その後、右の列に移ってください。すべて回答できたら、かかった秒数を右下に書いてください。

花または 良い意味の単語		虫または 悪い意味の単語	花または 良い意味の単語		虫または 悪い意味の単語
○	ノミ	○	○	ブヨ	○
○	優しい	○	○	楽しむ	○
○	ラン	○	○	ハチ	○
○	悪魔	○	○	毒	○
○	バラ	○	○	ゴキブリ	○
○	損害	○	○	天国	○
○	スイセン	○	○	デイジー	○
○	陽気	○	○	陰気	○
○	ムカデ	○	○	ユリ	○
○	吐く	○	○	醜い	○
○	ライラック	○	○	ガ	○
○	苦痛	○	○	幸福	○
○	チューリップ	○	○	ゾウムシ	○
○	愛	○	○	友だち	○

かかった秒数：＿＿＿＿＿＿

間違いの数：＿＿＿＿＿＿

もし読者が、花‐虫テストをせずにこの文章を読んでいるなら、ぜひとも73ページに戻って、先を読む前にテストを行ってもらいたい。もうこれ以上本書では言わないが、このテストを受けるという経験から得られる驚きと疑念は、本書を読むにあたってたいへん意義があると自信をもって言おう。

花‐虫テストを体験して、読者は、どちらの課題が簡単だったかということの意味がよくわかっただろう。ここで、さらに計算を行ってこのテストの厳密な得点を出してみよう。AとBのページそれぞれで、かかった秒数（s）と間違った数（e）を足し、Bページのs＋eの合計からAページのs＋eの合計を引いてみよう。

もし読者がAページの方がBページよりも速くでき、間違いが少なかったなら、それはあなたが花よりも虫の方に自動的な選好があることを示している。しかし、多くの人は、Bページの方が簡単だと思うのだが、それは、虫と比べて花の方に自動的な選好があることを示している。このs＋eの得点法で、2つのページの差が18以上であるなら、あなたは、一方に他方よりも「強い」自動的な選好があることを示している。差が12から17であるなら、あなたの自動的な選好は「中程度」であり、差が6から11であるなら、あなたの選好は「弱い」ことを示している。差が6以下であった場合は、差が小さすぎるためどちらかへの選好があると明確には言えないと考えられる。

何年か前、私たちはさまざまな領域の博士号取得者38名に、この花‐虫テストを行った。彼らはページBよりもAを行うのに平均して16秒長くかかった。通常の陸上競技者が１００mを走るのにかかる時間はこの程度であることを考えると、博士号取得者がAページをするのに余分にかかった時間がどれほど長いか、わかっていただけるだろう。

IAT（潜在連合テスト）のしくみ

読者はたった今、潜在連合テスト（Implicit Association Test: IAT）の最初のバージョンを行った。IATの効果は、私たちの脳が何年にもわたる過去の経験から蓄積したことを反映していて、IATの分類課題を行う際に、私たちはその蓄積から逃れられないのだ。花と虫を分類する場合、脳に蓄積された内容は、花と快語をペアにすることを助ける一方で、花と不快語をペアにすることを妨げる可能性が高い。同様に、あなたは虫と不快語とを関連づけるのが簡単で、快語と関連づけるのは難しかっただろう。そのため、Bページの課題は、Aのページの課題よりも簡単だったのだ――あなたが昆虫学者や10歳の男の子でない限り。

Bページを行うにあたり、花の名前と快語は、2つの異なるカテゴリーではなく「良いもの」というⅠつのカテゴリーであるかのように感じた読者もいるのではないだろうか。昆虫の名前と不快語も同様に「悪いもの」というⅠつのカテゴリーだと感じたかもしれない。このように考えると、トランプの分類課題を思い出すだろう。同じ色を同じ山に分類する課題と、異なる色を同じ山に分類する課題だ［1］。

カテゴリーが、良いものや悪いもの、というような共通の特徴で関連づけられる場合、それらの共有された特徴のことを、心理学者はベイレンスもしくは感情価と呼ぶ。人はポジティブなベイレンスには魅力を感じ、ネガティブなベイレンスには嫌悪を感じる。花の名前や快語に共有されているポジティブなベイレンスは、これら２つのカテゴリーを１つに結びつけるような心的な接着剤の役割を果たす。しかし、花の名前と不快語を１つのカテゴリーに分類しようとするときに多くの人が感じるように、共有されたベイレンスがないときには、２つのカテゴリーの間に関連性を見出すのは難しい。Ａページのように心的な接着剤がないときには、ＩＡＴ分類課題を行うのが難しくなるのだ。

２つのカテゴリーを１つに結びつけるという心的接着剤は、心理学の古い概念「心的連合」という言葉に対応する。ハートとダイヤモンドは、同じ赤という色を共有しているので心的連合があるといえる。多くの人にとって、花の名前と快を意味する単語は、ポジティブなベイレンスという、より抽象的だが同じ性質を共有するので、心的連合があるといえる［2］。

１９９４年６月、トニーはＩＡＴを行う最初のコンピュータ・プログラムを書いた。そのときのカテゴリーは、つい先ほど読者が行った花－虫テストと同じ、花、虫、快語、不快語であった。そのプログラムがうまく走るのを確認しがてら、彼は最初の実験参加者となった。トニーは初めてＩＡＴを受けたときの経験を思い出して、後に下記のように記述している。

最初の課題は簡単なものになるように――つまり花の名前と快語が同じ反応になるように――プログラムしていた。一つ一つの単語が画面に出て来て、私は虫の名前か不快語が出てきたときに左のキーを押すことになっていた。そして、花の名前か快語が出てきたときには右のキーを押した。4つの異なるカテゴリーの説明を頭に入れておかなくてはならなかったが、25個の単語の分類課題は簡単で、私は難なくやり遂げた。

2つめの課題では、花の名前と不快語に対し左のキーを押し、虫の名前と快語に対し右のキーを押した。課題を始めて数秒で、私はこの課題が難しいことに気がついた。この課題のキー押しを（ゆっくりと）50回行った後、これを何度か繰り返せばこの難しさは乗り越えられるのではないかと思った。しかし、それは誤りだった！　私は課題を何度か繰り返したが、全く簡単にはならなかったのだ。

次に私は、おのおのの単語について無理矢理にでもすばやく反応するようにしてみた。しかしその結果感じたのはフラストレーションだった。私は何度も間違ったキーを押してエラーを犯した。正確に反応できる唯一の方法は、ゆっくりと行うことだとすぐに結論した。これは、私が見出した有効な最初の方法だった。

その後数日にわたり、私はワシントン大学で心理学を専攻する大学院生に課題をやってみるよう依頼した。彼らも2つめの課題が難しいと言った。次に、私は大学の心理学入門コースを受講する学生ボランティアを対象にこの課題を実施した。彼らのパフォーマンスを見たところ、ほとんど全員が、花の名前と不快語に同じキー押しを行う課題について、反応が遅かった。この傾向は、彼らがその課題を最初にやっても2回目にやってもほとんど変わらなかった[3]。

このように、新しい方法の初期の試験試行は非常にエキサイティングであった。なぜなら、（その当時はまだ名前がついていなかったが）ＩＡＴが、態度という心理学で長い歴史をもつ概念の1つを測定する有効な方法であることが確認できたからだ。心理学者にとって、「態度」は日常の言葉の意味と同じような意味をもっている。[注2] 態度とは、たとえば花が好き（「ポジティブ」な態度）や虫が嫌い（「ネガティブ」な態度）というように、ある人の好意や非好意を表すものである。より専門的には、態度とは、もの（この例では、花や虫）とポジティブあるいはネガティブなベイレンスとをつなげる連合のことである。

態度はさまざまな方法で表現され得る。たとえば詩では「子どもだった　わたしの　2つの手をいっぱいにした　あの　はじめての　みずみずしい　ジャスミンのはな[注3]」とか「虫はあなたの木を食べてしまう　虫はあなたの芝生を掘り起こしてしまう　見つけたら踏みつぶしてもいいが、虫は絶対にいなくならない」というように。ＩＡＴは、2種類の分類課題を行うスピードを比較することによって、花と虫に対する態度を、より率直にとらえるのだ[4]。

人種IAT

2つめのタイプのIATはすぐにつくられた——それは最初の人種IATだった。手続き的な変更は小さく、花や虫の名前を、著名なアフリカ系アメリカ人やヨーロッパ系アメリカ人の名前に変更するだけでよかった。この新しいIATは、人種集団への態度という、私たちの社会のなかでも最も重要で感情を含んだ種類の態度を測定できるかどうかを確かめられるものと期待された。もしも、このIATを行ったうちの多くの人々が黒人集団よりも白人集団への選好を示したなら、このテストは印象操作という現象を回避できることになる。印象操作の現象は、第2章で説明した通り、自己報告式の測定方法を使用した場合、人種的態度を測定するのに非常に大きな障害となるのだ。もしもIATが印象操作を回避できるとすれば、研究において非常に大きな価値をもつことになる。さらに重要なのは、私たちや当時の社会心理学者が徐々に理解し始めていた、非意識のバイアスという種の心的内容を、IATが明らかにできるようになるかもしれないということだった。この非意識のバイアスというのは、それを保持している本人でさえもその事実に気づいていないため、直接質問をしても絶対に明らかにできないのである。

人種IATがどういうものかについて読み進めていく前に、読者も一度試してみたいだろう。もしパソコンやモバイル機器をお持ちなら、人種IATをインターネット上で行うこともできる（bit.

ly/TtkoCZ[注4]〔5〕）。もしそうでなければ、次の２ページで人種ＩＡＴの紙筆版を体験できる。ここでも、鉛筆かペンと、秒を測定できる時計かストップウォッチがあればよい。ただし体験版を行う前に、まず自身のパフォーマンスを予測してみてほしい。あなたは、自分が次のどれになると予測するだろうか。

- 黒人の顔と快語を連合させる（同じ側に印をつける）スピードが速い
- 白人の顔と快語を連合させるスピードが速い
- これら両方のスピードは同じぐらい速い

次の２ページに記載している人種ＩＡＴも、前の花-虫ＩＡＴテストと同様に、できるだけ速く行ってほしい。各々のページを終えた後、ページ右下にかかった時間を書いて、２ページともに終わった後、先ほどと同じｓ＋ｅの計算をしてみよう。

注意：もしも読者が上記で予想したものと異なる結果が出るのが嫌なら、このＩＡＴは飛ばした方がよいかもしれない。このテストを受けた約半数（トニーとマーザリンも含む）が、最初に自分で予想したものとは異なる結果を得ているのだ。

A

良い意味の単語とアフリカ系アメリカ人の子どもの顔には、左の○に印をつけてください。それ以外のもの（悪い意味の単語とヨーロッパ系アメリカ人の子どもの顔）には右の○に印をつけてください。左上から始め、上から下にすべての項目に順番に回答してください。その後、右の列に移ってください。すべて回答できたら、かかった秒数を右下に書いてください。

良い意味の単語またはアフリカ系アメリカ人の顔		悪い意味の単語またはヨーロッパ系アメリカ人の顔	良い意味の単語またはアフリカ系アメリカ人の顔		悪い意味の単語またはヨーロッパ系アメリカ人の顔
○	災害	○	○	苦痛	○
○		○	○		○
○	嫌悪	○	○	笑顔	○
○		○	○		○
○	誠実	○	○	正直	○
○		○	○		○
○	苦悩	○	○	崩壊	○
○		○	○		○
○	幸運	○	○	宝石	○
○		○	○		○
○	平和	○	○	親切な	○
○		○	○		○
○	不快な	○	○	悲劇	○
○		○	○		○

かかった秒数：＿＿＿＿＿＿

間違いの数：＿＿＿＿＿＿

B

悪い意味の単語とアフリカ系アメリカ人の子どもの顔には、左の○に印をつけてください。それ以外のもの（良い意味の単語とヨーロッパ系アメリカ人の子どもの顔）には右の○に印をつけてください。左上から始め、上から下にすべての項目に順番に回答してください。その後、右の列に移ってください。すべて回答できたら、かかった秒数を右下に書いてください。

悪い意味の単語またはアフリカ系アメリカ人の顔		良い意味の単語またはヨーロッパ系アメリカ人の顔	悪い意味の単語またはアフリカ系アメリカ人の顔		良い意味の単語またはヨーロッパ系アメリカ人の顔
○	災害	○	○	苦痛	○
○		○	○		○
○	嫌悪	○	○	笑顔	○
○		○	○		○
○	誠実	○	○	正直	○
○		○	○		○
○	苦悩	○	○	崩壊	○
○		○	○	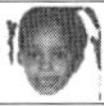	○
○	幸運	○	○	宝石	○
○		○	○		○
○	平和	○	○	親切な	○
○		○	○		○
○	不快な	○	○	悲劇	○
○		○	○		○

かかった秒数：＿＿＿＿＿＿

間違いの数：＿＿＿＿＿＿

次は、トニーが人種IATを初めて行ったときの経験談である。

人種IATのプログラムは、花―虫IATを作成した数か月後に作成した。このIATでは、著名なアフリカ系アメリカ人の名前と著名なヨーロッパ系アメリカ人の名前を、花と虫の名前に代えて使用した。プログラムを書き換えた後、すぐにやってみた。私自身は特に人種集団による好みはないと(少なくとも当時は)思っていたので、黒人の名前と快語の分類は、白人の名前と快語の分類と同じくらい速くできると予想していた。

しかし、課題の途中で、私はこの新しい方法が重要であることに気がついた。そのときは、科学的に新たな発見をした喜びはあったが、自己洞察を揺さぶられる奇妙な体験をした。つまり、私はすぐに著名な白人の名前と快語を同じ方向に分類する方が、著名な黒人の名前と快語を同じ方向に分類するよりも格段に速いことに気づいたのだ。そのとき、私自身がこれまで全く気づいていなかったが頭のなかにあったものを発見できて科学的な意味で嬉しかったか、個人的にがっかりしたかは、はっきりと記憶していない。しかし、はっきりわかったことは、数か月前に虫の名前と快語を結びつけるのが難しいと感じたのと同じくらい、黒人の名前と快語を結びつけるのは私にとって難しいということだった。

この最初の人種IATの後、私はそのテストを何度か行い、同じ結果が出るかどうかを確認したところ、実際に同じ結果が繰り返された。そして、その結果を見て、どう考えても、私は虫よりも花に対して強い自動的な選好をもつのと同様に、黒人よりも白人に対して強い自動的な選好をもつのだという結論を避けることはできないのだと悟った。

そして、社会心理学者としてこの結果はどうなのだろうと考えた。この結果は、たとえば授業で教える学生たちなど、日常的に会うアフリカ系アメリカ人に対して私自身がとっている行動に影響を及ぼすものなのだろうか？　私は、白人の学生に対してよりも黒人の学生に対して、ポジティブさが低い行動をとっているのだろうか？

トニーが自分自身に問うた疑問は、このテストがもたらすさらに深い問題につながっている。「黒人よりも白人に対して自動的な選好がある」とはいったい何を意味するのだろうか？　それは偏見を意味するのだろうか。もしそうなら、その偏見はどういう影響をもつのだろうか？　トニーのように、自分には心の底から偏見がないと信じる人がテストを受け、自分には白人への選好があることに気がついた後、その人は自分のなかの非意識のバイアスを、他者を傷つけるような方向で表現することになるのだろうか？

「自動的な白人への選好」は「偏見」を意味するのだろうか？

人種ＩＡＴは多くの人が自分で気づいていないものを映し出す鏡の役割を果たしている。人種Ｉ

ＡＴを受けた人のほとんどはＢのページ（白人と快語を結びつける）の方が、Ａのページ（黒人と快語を結びつける）よりも速い。これが「黒人よりも白人に対する自動的な選好」を示すといわれるパターンである。

人種ＩＡＴを初めて経験したとき、著者の２人は、自分たちにとって黒人よりも白人を快と結びつけるのがいかに簡単であるかを見出して驚いた。当初「何か間違いがあるんじゃないか」という反応をしたのだが、それはすぐに「これは『私が』偏見をもっているということか？」にとって代わった。それ以来、人種ＩＡＴを受けて自身の予想や自己知覚と合致しない得点に直面したさまざまな人から、同じ質問が私たちに何度も何度も寄せられた。

人種ＩＡＴを作成してからおよそ10年の間は、人々が私たちに「白人を選好しているという結果は、『私が偏見をもっている』ということを意味するのか」と聞いてきたとき、私たちは「まだわからない」とあいまいに答えていた。人種ＩＡＴは「潜在的偏見」や「潜在的バイアス」を測定しているが、一般的に心理学で言うところの偏見とは明確に異なると思う、ということを強調した。

私たちには慎重であった方がよいと思う十分な理由があった。１つめの理由は、自動的な白人への選好を明らかにするＩＡＴの結果――単語や絵に対する反応スピードに基づく結果――は、20世紀の心理学の研究で明らかになっていたような自己報告で表現されるたいへんネガティブな人種への態度（付録１で説明している）とはかけ離れていたからである。質問法を用いた研究で得られた結果では、偏見というのは、嫌悪、軽蔑、そしてさらに憎悪までをも含んだ態度であると理解されていた。しかしＩＡＴでは、そのような敵意を思い起こさせるようなものは全くなかったのだ。私たちが、ＩＡＴの「自動的な白人への選好」という結果と「偏見」を結びつけることをためらった2つめの理由は、その結論を正当化するのに必要となる研究の証拠がなかったからだ。私たち、また私たち以外の誰もが、人種ＩＡＴで自動的な白人への選好が非常に高い人が、人種による差別的な行動を最もとりやすい人だということを結論づけるような研究をしていなかったのだ。

しかしその後状況は変わった。この10年で人種ＩＡＴを用いた研究が急速に蓄積され、2つの重要な知見が明らかになったのだ。まず第一に、アメリカ社会において、自動的な白人への選好は広く浸透していることがわかった。インターネット調査や実験室研究で人種ＩＡＴを受けた人のおよそ75％が、自動的な白人への選好を示した。これは驚くほど高い数値である。私たち（マーザリンとトニー）は、このような結果になるのが自分たちだけではないことを知った[6]。

第二に、人種ＩＡＴで示される自動的な白人への選好は差別的行動と関係があることが実証された。この人種ＩＡＴは、心からまた誠実に、平等主義的な信念を信じている研究参加者の差別的行動の度合いをも予測したのだ。これは矛盾しているように聞こえるかもしれないが、実証された事実である。自分のことを人種に関して平等主義だと説明した研究参加者でも、人種ＩＡＴは、信頼性高くまた何度も、研究のなかでの差別的行動を予測したのである。この結論は驚くべきものであり、そのため読者にとっても容易に理解できるものではないかもしれないので、ここで少し紙幅を割いて、この大きな（そして現在も急速に増加している）研究の結果を紹介することにしよう。

たんなる連合が行動に影響を及ぼすだろうか？

人種ＩＡＴの得点が差別的行動と関連しているかを検討した最初の実験は、アレン・マコーネルとジル・リーボルドというミシガン州立大学の心理学者によって、２００１年に報告された。彼らの研究参加者は42人のミシガン州立大学の学部生で、ボランティアで研究に参加した者たちであった。この実験では、参加者たちには告げずに、２つの簡単なインタビューを行い、その様子をビデオで撮影していた。この２つのインタビューのうち１つは白人女性、もう１つは黒人女性によって行われ、インタビュー者は参加者たちに、事前に決められているあたり障りのない質問を行った。具体的な質問には、たとえば「心理学の授業をより良いものにするために、あなたならどういう点を変えますか」「このコンピュータ課題の難しさレベルはどの程度でしたか？」（ここでのコンピュータ課題とは、別の実験だという説明で示されていた人種ＩＡＴである）などがあった。

この実験でビデオ撮影した理由は、人種ＩＡＴで示される自動的な白人への選好の強さが、黒人のインタビュー者よりも白人のインタビュー者への友好的な行動を予測するかどうかを検討するためであった。両方のインタビューを終えた後、実験者はビデオに撮っていたこととその理由、そしてこの録画を分析することへの許可をとった。参加者１名を除く全員が許可した。

インタビュー録画は、多くの先行研究で友好性や冷淡さを示すことがわかっているノンバーバル行動の生起頻度を数えることによって得点化された。快適さや友好性の指標には、笑顔、長く話すこと、インタビュー者が言った冗談に笑う、自発的な社交的コメントを言う、などであった。不快指標には、言い間違いや言いよどみなどがあった。その他の快・不快指標には、参加者が自分のキャスター付き机椅子（机と椅子が一体型になっているもの）をインタビュー者にどのくらい近づけるかの距離であった。インタビュー者が終わった後、各々のインタビュー者は、自分との会話のなかで参加者がどの程度友好的であったかの個人的評価を行った。

マコーネルとリーボルドは、ＩＡＴでの自動的な白人への選好が高い参加者は、白人インタビュー者よりも黒人インタビュー者と話す際の快適さや友好性が低いことを示した。これは興味をそそる結果ではあったが、この時点ではまだ一研究結果にすぎず、人種ＩＡＴが人種差別的行動を予測すると結論するには十分ではなかった。しかしその後、多くの他の研究者たちが、人種ＩＡＴが示唆するものの重要性を認識し、人種ＩＡＴがどの程度、差別的行動や判断の指標を予測するかを検討し始めた。

次に紹介するのは、さまざまな研究において人種ＩＡＴの自動的な白人選好指標が予測することが示された行動の例である。就職面接のシミュレーション実験で同程度の実力をもつ白人候補者は黒人候補者よりも好意的に評価された。緊急治療室や専門部の研修医は、同じ急性の心臓病の兆候をもつ黒人あるいは白人の患者を呈示されたとき、血栓溶解治療という最適な治療の選択を、黒人患者よりも白人患者により多く行った。大学生は白人の顔よりも黒人の顔から、より容易に怒りの表情を感じた。

２００７年初頭には、人種ＩＡＴと１つ以上の人種差別行動の指標を組み合わせた研究が32にのぼった。２００９年には、私たちはメタ分析という統計手法を用いて、上記の32を含む１８４の研究結果をまとめ、ＩＡＴが幅広い判断や行動を成功裏に予測することを示した。

このメタ分析では、ＩＡＴの出現から数年間は明確にできなかった、非常に重要な疑問に答えることができた。つまり人種ＩＡＴが人種差別的行動を予測することが明確に示されたのだ。このメタ分析論文が出版された後に行われた研究でも同様の結論が支持されている。より最近の研究で明らかになった、自動的な白人への選好が予測する人種関連行動には、次のようなものがあった。たとえば、２００８年のアメリカ大統領選挙においてバラク・オバマよりもジョン・マケインに投票するとか、反黒人主義的な人種ユーモアに対してより笑いおもしろいと評定するとか、白人への選好が高い医者は白人患者よりも黒人患者から高い不満を受ける、などである[7]。

メタ分析の結果は、ＩＡＴ得点は差別的判断や行動に「中程度に」相関する、とまとめられている。「中程度に相関する」というのは統計用語で、その影響力を完全に明らかにするにはもう少し精密な検討が必要だということである。（この表現の専門的な説明が不要だと思う読者は、次の段落を飛ばして先に進んでいただいて結構である。）

ＩＡＴの行動予測力を検討するために用いられている統計はほとんど相関係数である。相関係数は、０から１の間の数値で表される。人種ＩＡＴと差別的行動の相関が０になった場合、ある人の人種ＩＡＴ得点はその人が差別的行動をとるかどうかについて何の情報も提供しないということである。逆に、相関が1であった場合、ある人の人種ＩＡＴ得点が、低い得点から高い得点までのどのあたりに位置するかを知れば、その人の差別的行動レベルが、低いレベルから高いレベルまでのどのあたりになるかが明確にわかるということになる。研究者の間では伝統的に、相関係数の.10は小さく、.30は中程度、.50以上は大きい値であると理解されている。メタ分析の結果、さまざまな研究で発表された「人種ＩＡＴの値と差別的行動の値の相関」の平均は中程度であった（より正確に言うと、人種ＩＡＴと差別的行動の相関の平均は.24であった）。

「中程度の相関」が日常生活でも重要な意味をもつということをご理解いただくために、人種差別と全く関係のない例でご説明しよう。あなたは銀行の支店長で、多数の借入申込者のうちの誰に融資するかを考える仕事をしていると想像してほしい。多くの借り手は借入金をきちんと返済するし、人によっては全額でなくとも何割かを返済する場合もある。しかしなかには銀行にとって利益をもたらし得る十分な額を支払わない者もいる。ただ、幸運なことに、あなたには各々の借入申込者について、信用評価という、支払い能力の適性を判断する材料があると考えてほしい。

この例を使うにあたり、もう1つ前提が必要になる。前提として以下を推測してみよう。それは、あなたは銀行の支店長として、一般的銀行にとって利益になるのに十分な返済ができるのは借り手のうちの半数であることを知っている、というものである。この場合、申込者の信用評価が彼らの実際の返済額と完全に相関するなら、あなたの課題はすべて解決したことになる。つまりあなたは、借入申込者を支払い能力の信用評価順に並べ、上位50％の人にまで融資をすればよいのだ。それによって、あなたは銀行にとって利益になるのに十分な額の返済をするとわかっている人にのみ融資をすることになる。そしてあなたは銀行の利益を最大化することができるのだ。

しかし当然ながら、信用評価は完全ではない。信用評価スコアと融資の返済額の相関は、1という完全な値になることはない。ここで、あなたの手元にある信用評価と、期待される返済額の相関が中程度（.30）であると仮定しよう。この場合、あなたが申込者のなかで信用評価の高い人から順に50％の人に融資をしたとすると、銀行にとって利益となるレベルまで返済する人は、そのなかの65％となる。もしも低い方から順に半数の人に融資をした場合、返済する人の率は35％である。当然ながらこれは明らかに完全な結果ではないが、信用評価スコアを全くもっていない状況と比べると、はるかに望ましい状況であることはおわかりだろう。情報が全くない場合、確率的に、融資した半分は利益を生むが半分は損失となる。これは、銀行は利益がほとんどないか全くない事態になることを意味する。中程度の「予測的妥当性」の相関をもつ信用評価スコアは、可能な限り最大の利益とはいかなくとも、かなりの利益を得ることを可能にするのだ［8］。

この融資の例は人種ＩＡＴと差別的行動の関連を検討したメタ分析の平均的相関の意味を教えてくれる。人種ＩＡＴ得点がわかっている人のうち50％に差別的行動が現れるという状況を仮定すると、相関係数.24というのは、人種ＩＡＴ得点の全体的分布のなかで自動的な白人への選好得点が上位50％である人のうち62％、下位50％の人のうち38％が差別的行動を示すことが予測できる。

多くの人が驚くことに、メタ分析の結果、人種ＩＡＴは、偏見研究で長期にわたって使用されてきた質問紙タイプの測定法よりも、差別的判断や行動を統計的に有意に効果的に予測したのだ。行動との相関はＩＡＴが.24であったのに対し、自己報告式の質問紙測定法では.12であった。ＩＡＴによる予測の方がこれほど優れているとは、誰も予測しなかったことだった。

ここまでの説明から、読者は、人種ＩＡＴで自動的な白人への選好を示す人は、そうでない人よりも差別的な行動を行う傾向が高いのだから、実際に「偏見をもっている」と結論づけてもよいのではないかとお考えかもしれない。しかしながら、そう結論づけるには、あるたいへん重要な側面についての研究の証拠がまだ足りないのだ。人種ＩＡＴを用いた研究が検討している差別の形態は、「露骨でない」人種的敵対行動――つまり、人種的な非難中傷や、侮辱的発言、攻撃的や暴力的な行動などは全く含まれていない。本書で紹介した行動の例を思い出していただきたい。それらは、異人種間インタビューでの社交的行動、心臓病患者に対する医者の治療提案、就職活動場面における就職志望者への評価であった。これらは通常「偏見」の特徴としてとらえられるような、否定的・敵意的な行動ではない。

このため、私たちは「自動的な白人への選好は『偏見』を意味するのですか」という質問には「ノー」と答える。人種ＩＡＴは、敵意、嫌悪、侮辱などの率直な表明を含んだ人種的偏見の測定法とは、ほとんど共通する点がない。しかしそれでも、人種ＩＡＴで明らかにされる隠れた人種バイアスは、テストで「自動的な白人への選好をもつ」という結果を受けた人の多くにとっては嬉しいニユースではないだろう。そして、その人たちにとって、人種ＩＡＴが人種差別的行動を中程度に予測すると知ることは、おそらくつらいことだろう。著者のマーザリンとトニーもそのうちの２人である。ＩＡＴが私たちのブラインド・スポットのなかを見ることを可能にしたことにより、私たちのなかに人種バイアスが隠れており、またそれは私たち自身が望まない潜在的なマインド・バグ（人間が判断する際に誤りを犯すもとになる思考の習慣）なのだということが明らかになったとき、私たちもやはりそのことを快く思わなかった［9］。

訳注

1　英語のみであるが、本格的なＩＡＴ課題を体験できる。

2　日本語では日常語の「態度」は心理学用語の「態度」とは異なる意味をもつが、英語では同じような意味でとらえられている。

3　『タゴール著作集　第一巻　詩集Ⅰ』第三文明社（１９８１）「新月」のなかの詩「はじめてのジャスミン（高良とみ・高良留美子訳）」より。

4　ただし英語のみ。

第4章 矛盾する2つの心

テレビのホームコメディ「となりのサインフェルド[注1]」の第57話を思い返すと、笑わずにはいられない。この「暴露」という回では、ある若い女性に盗聴を仕掛けられていることに気づいたジェリーとジョージが、彼女を懲らしめるために悪ふざけで自分たちが同性愛者である演技をするが、実は彼女は新聞記者であり、2人の芝居を信じ切って新聞にスクープとして暴露したという話である。自分たちのミスに気づいたジェリーとジョージは、実際には同性愛者でないことを彼女に何度も説明する羽目になるのだが、そのときに何度も言うセリフが「それ自体に問題があるっていうんじゃないんだ！」である。

このホームコメディやその登場人物を全く知らない人でも、ここで何度も繰り返されるセリフのおもしろさは、「同性愛に対する現代的な考えはとても進歩しており、同性愛者であることには何の問題もない（ジェリーとジョージは、自分たちは最後まで同性愛者だと嘘をつき通すこともできた）のだが、ここで否定したいと思うこと自体、どこかのレベルで、人々が同性愛に何か問題があると思っている」という矛盾にあることは容易にわかるだろう。

心の2側面――内省的と自動的

私たちが誰を、そして何を好み、あるいは受け入れず、促進あるいは阻止し、近づきあるいは拒否するか、という選好は、2つの異なる形をとり得る。私たち心理学者は、理論上また研究上、心には内省的と自動的という2つのシステムがあることを理解している。先ほどの例では、ジェリーの内省的および意識的な心の側面は本当に「同性愛者を良いと思う（同性愛の考え方と調和したもの）」というものであり、彼は心から、同性愛者であることには何の問題もないと信じているといえるだろう。しかし彼は同時に、同性愛を何百年にもわたって、良くて「残念な精神的疾患」、通常は、地獄への道を保証される「忌み嫌うべき罪」と認識してきた文化の人間なのである。ジェリーの、自動的で非意識的な心が、このシンプルでかつ文化的に影響力のある連合（同性愛者＝罪深い）をもっているなら、それが彼の思考や感情、行動に影響を及ぼしたとしても不思議はない。ジェリーにとって意識的なアクセスがうまくできない心の側面が不安を感じ、さらに、みんなに同性愛者だと思われるかもしれないと考えると、恥や不名誉をも感じるのだろう。

このシナリオのすばらしい点は、「それ自体に問題があるというのではない」という繰り返されるセリフに含まれる非直接的なメッセージ、およびこのセリフが示唆している心理学的に重要な概念――自動的および内省的という心の２側面の間の解離――にある。

私たちは自分の内省的な選好について、特に自分にとって重要なことへの選好について、よく知っている。たとえば私たちは、自分の宗教的な考え、もしくは無宗教であるということについて話をすることができる。また私たちは、ある政治家候補者の選択がなぜ正しいとか間違っているかということについて説明することもできる。私たちは「選挙で候補者Xが当選した方が自分には利益があるが、投票は候補者Yにするつもりだ。なぜなら、Yの方が国全体の利益にかなうと思うからだ」というような認知的、感情的に複雑な発言をも、意識的にすることができる。このような信念や選好は行動に反映されることが多い。たとえば、神に対する顕在的な信念をもつ人は、祈りを捧げるという行動をとるだろうし、同じ宗派で困っているメンバーを助けるだろうし、宗教的立場を守るための戦争を支持するだろう。心理学者のウィリアム・ジェームズが言った通り、考えることは行動することにつながるのだ。そして実際に、意識的な考えや感情は、ある種の行動を引き起こす力になる。

他方、私たちの自動的な側面は、これとは全く異なるもので、自分自身にとっても「他人」である。私たちは潜在的に何かを「知ること」や、ある様式で「感じる」ことができ、そしてこのような思考や感情は私たちの行動にも影響することが多い。ただし内省的な側面との違いは、自動的な側面に基づいた行動について私たちは常に説明できるわけではないし、時には、行動は私たちの意識的な意志とは全く違っていたりするのだ。例えば、私たちの知り合いで、交渉について教えている、知識と経験の豊富なビジネススクールの教授がいる。彼は新しい車を購入しようとディーラーのもとを訪れた。彼は、家族も増えたことだし、子どもたちやペットのイヌを乗せて買い物をするのに便利な、実用的なファミリーカーを購入しようと家を出た。たとえば、頑丈なボルボ社のステーションワゴンなんかどうだろう？　と考えながら。しかし数時間後、気がつくと彼はスポーツタイプの赤いポルシェを家のガレージに入れていたのだ！

悲しいことに、私たちは誰でも、この例のように費用のかかるものでなくとも、同じような判断の過ちをした経験を思いつくことができるだろう。この教授の内省的意図と実際の行動とのギャップを生じさせたものは何だろうか。さらに興味深いのは、彼は選択のプロセスのなかで、自分の最終的な選択がこうなるだろうとなぜ気づけなかったのだろうか、ということである。この例は私たちの日常生活でごくありふれた経験をとらえている。私たちは通常、明らかにより合理的で実用的な特徴には無関心で、商品の色や形やスタイルなど、好みにアピールするような特徴に基づいて、あるもの（や人）を好きになる。たとえば、私たちは車を選ぶ際に修理記録よりも流線型の形に引かれたり、パンプスを選ぶ際に履き心地ではなく女性として魅力的に見えるという点を重視したり、家を選ぶ際にエネルギー効率のよさではなくライラック色が素敵であるという点を重視したりする。

私たちは、日々、より意識性の低い自動的な選好に基づいて判断するが、これは意識的な動機づけとしては探索されづらいため、私たちには自らの判断の説明がつきづらいのだ。そのため私たちは自分が好きであるべきと思うもの（たとえば戦車のように頑丈で安全なボルボ車）に対して詳細に説明するが、実際に選択するという段になると、（ボルボ車を買うべきだという）合理性は自動的な選好（いや、私は赤くてかっこいいスポーツタイプのポルシェがほしいんだ）とは合致しないことが多い[1]。ミシガン大学のフィービー・エルスワースはあるとき、同時に2つの仕事のオファーを受けどちらを選択するか迷っていた。彼女は決断の助けになると重い、双方の良い点と悪い点を列挙した表を書き始めたが、半分ほど埋まったところで「やめた。正しい判断になんかならないわ！　結局自分の好きな方のプラス面を追加することを考えているもの！」と思ったという[2]。フィービーの率直な自己洞察は、私たちが日常的に行っている合理的判断の滑稽で複雑な側面をあらわにしている。つまり、私たちは選択するにあたって、理屈よりも強い欲求や直感を優先してしまうので、合理的な判断は妨害されてしまうのだ。

2つの心の解離――心のシステムの不整合

2005年1月、ワシントンポストのレポーター、シャンカー・ヴェダンタムが私たちの研究についての記事を書いた[3]。彼がインタビューしたうちの1人の同性愛活動家の女性は、インタビュー中に予想通り強い同性愛支持の態度を表明していた。ヴェダンタムは、同性愛集団vs異性愛集団に対する自動的な選好を測定するために彼女にIATを受けるよう案内した。その結果を見て、その活動家は愕然とした。ＩＡＴは、彼女の心が「同性愛＝良い」よりも「同性愛＝悪い」についてより強い連合をもつということを示したのだ。つまり、1つの心に2つの対立する選好が存在したということだ。一方は彼女の心の内省的な思考であり、他方は同じ心の自動的な連合である[4]。

自己のなかにこの矛盾があることに気づいたとき、人は誰でも大きな葛藤に直面することになる。しかし私たちは、プロジェクト・インプリシットのウェブサイトでさまざまな種類のＩＡＴ結果を長年見てきた経験から、ヴェダンタムのインタビュー者にみられるような心のシステムの不整合は珍しくないことを知っている。この不整合はあまりにも一般的であるので、日夜ＩＡＴの研究をしている私たちにとっては、もはや全く動揺するものではない。たとえばマーザリンは、彼女の人種ＩＡＴの結果を「不合格」な結果の例として常に説明している。もちろん、このテストには客観的な合格や不合格の成績というものはない。では彼女が「ＩＡＴテストで不合格」だとはどういうことなのだろうか。マーザリンは、ＩＡＴで自動的な白人への選好を示すという結果は、彼女が自分の内省的な心にもっている平等主義的な態度とは明らかに相容れないので、自分で不合格だと言っているのだ。言い換えると、「不合格」というのは、テストによって明らかになった自分の心の状態への彼女の不満足を、彼女なりに報告したものなのだ。

マーザリンが経験したように、ある1つのもの（黒人と白人への態度）への彼女の内省的また自動的な反応にギャップがあることは、このテストなしには明らかにならなかっただろう。非意識の力についてこのテストが彼女に与えた強力なメッセージは、彼女が今までに経験したなかでも最も重要な自己発見であった。「自己はどんな星よりも遠い」という見解を強力に痛感したのだ[5]。マルコム・グラッドウェル[注2]が、オプラ・ウィンフリーのインタビューのなかで人種IATを受けたときの反応は次のようなものであった。

僕は初めて受けたんですが、白人への中程度の選好があるという結果になりました。僕には白人を良く、黒人を悪く見るという偏見――少しの偏見――があるという結果を見て、ゾッとしました。僕の母はジャマイカ人なのですが……僕が人生で誰よりも愛している人が黒人であり、今受けたテストで、率直に言って、自分は黒人のことをそれほど好きではないという結果が出たんですよ。そのため、僕はみんなと同じことをしました。つまり、もう一度テストを受けてみたんです！　もしかしたら何かの間違いだったかもしれないと思って。しかし結果は同じでした。再度受け直し、また同じ結果でした。それを見て僕は、ゾッとし、気が滅入り、悲惨な気持ちになりました[6]。

このような認識の食い違い（心のシステムの不整合）は、自分がもつバイアス自体が、自分自身をより不利な立場に追いやる場合にも存在する。つまり、性的指向IATを受けたゲイ女性活動家や、人種IATを受けた（白人と黒人の）ハーフの作家マルコム・グラッドウェルは、自分が潜在的にネガティブなバイアスをもっているグループに所属しているのだ。このように潜在的に自己破壊につながるようなマインド・バグの性質は、その特徴のなかでも最も驚くべき点であり、本書でもこの点については何度も取り上げる。

このような心のシステムの不整合のことを、心理学者は「解離」と呼んでいる。この概念は、人間がもつたいへん多くの矛盾的な態度や行動を包含しており、心理学で最も強力な概念であるとされている。その定義は「1つの同じ心のなかに、互いに孤立し、相矛盾した概念が同時に存在すること」である。本書の文脈に沿ってより具体的に言うと、本書で扱う相矛盾した概念とは、1つには、私たちの内省的で合理的な心の産物であり、もう1つでは、自動的で直感的な心の産物である。IATを使って明らかにしようと意図されたのは、意識と非意識、内省と自動の間の境界であり、これまでのところ実際にその目標を効果的に達成している。

認知的不協和と知りたいという選択

過去10年の間に、反同性愛の法律に賛成した政治家のうちのかつてない数が同性愛者であると暴露された。当初は正体を隠していた同性愛政治家の、暴露される以前の心は、先述のジェリー・サインフェルドの心とは好対照である。サインフェルドのものとは全く逆で、彼らの公的に表明した内省的思考は反同性愛であるが、彼らの自動的な思考――彼らの実際の性行動を管理する思考――は、同性愛に賛成なのだ。これらの政治家たちは、自分の心に内省的と自動的な葛藤があることに気づいていたであろう。1人のなかに相矛盾した考え、思考、感情、判断、行動があることについて論理的に考えるためには、この議論に専門用語、つまり「不協和」という有名な概念を入れなければいけない。この言葉が音楽から適用されているのと同様に、心理学者はこの不協和という概念を、ある人が葛藤について気づいている場合と、本人の意識外の部分で起こる場合の両方について使用している。（音楽の例を続けると）この不協和が意識外で起こる場合というのは、ピアノの隣り合った2つの鍵盤が一緒に押されるが、片方の音はたいへんやさしく押されたため、その音はほとんど聞こえないような状態のことを指す。

IATの役割は、この後者の心的不協和について明らかにすることである。このテストから得られる情報は、マルコム・グラッドウェルが感じたのと同じように、不愉快なものとなることが多い。彼の「ゾッとし、気が滅入り、悲惨な気持ちになりました」という感想は、多くの人が自分の非意識のバイアスに直面したときに感じるものと同じである。

このような不協和について有名な心理学の理論があるが、それは大きな影響力をもつもので、今や心理学の主流となっている。優秀な社会心理学者レオン・フェスティンガーが1950年代半ばに提唱した「認知的不協和理論」は、私たち人間は、自分の信念と行動の間、また同時に存在する2つの信念の間に葛藤があることに気づくと、「心的な調和や協和を求めるという自然な状態」が妨害されると説明する。この妨害によって起こる不快な心的状態は、音楽で協和しない音が出されたときの聴覚的な不協和と同じくらい不快なものである[7]。

フェスティンガーの理論と、その理論が刺激した多くの研究は、人々が心の不協和状態を解消して、協和状態という望ましい感情に戻るために行う、時に複雑な行動について重要なことを教えてくれる。本書でこの理論を紹介するのは、今まで一度もIATを受けたことがない人に対して、IATを紹介すべきか、もしするならどのようにすべきか、についての私たちの決断に関係しているからである。マルコム・グラッドウェルや、先の同性愛活動家、マーザリン、トニーは皆、IATを受けて不協和の嫌な感情をもった。その感情とは、自分のなかに、意識的そして非意識的な思考や感情の葛藤があることを新たに認識することによって生起するものである。

自分のIAT結果を受け入れることによって大きな不快感が生起することを理解したがゆえに、私たちは、まだ明確に把握されていない、そして不愉快な解離にさらされるかもしれないIATについて、他者に受けてみるよう勧める際に、よく考えねばならなかった。もちろん、私たちは読者に花と虫IATを行うよう勧めることには問題は感じない。なぜなら、このIATは、心のなかの2つの意識の解離を明らかにすることはほとんどないからだ。読者は当然のように、虫の入った箱よりも花のブーケをもらいたいと思うことを認識している。そして、テストでは多くの場合、虫よりも花の方が好きだということを確認するだけである。万が一（珍しい場合ではあるが）、花よりも虫の方が好きだということが示されたとしても、その人はその発見に驚くかもしれないが、特に動揺したり苦しむことはないだろう。

しかし人種IATは異なる。プロジェクト・インプリシットのウェブサイト上にあるさまざまな

ＩＡＴ（ジェンダー、性的指向、宗教、体重、年齢、人種などがある）と同様、人種ＩＡＴは、私たちに驚きをもたらすだけではなく、私たちを困惑させ得るのだ。読者はここまで読み進める間に「ＩＡＴが認知的不協和を引き起こす」という何人かの経験談を読んでいるため、以前の章でなぜ私たちが「人種ＩＡＴを受ける前によく考えてほしい」と助言したのかについて理解していただいていることだろう。自分の隠れたバイアスについて知りたくないという読者には、眠れる解離をそのままにしておいた方がよいかもしれないのだ。

しかし、私たちにとって喜ばしいことに、ほとんどの人は、自分自身の心のなかの不整合について知りたいと思っている。たとえば血中コレステロール値が高い人は、値を下げるためにはどのような行動が必要なのかを知りたくなるのと同様に、人々は将来的に有害になりかねない、自分の心の内容に立ち向かいたいのだ。彼らは、自分の自動的で非意識的な思考が、自分の内省的で合理的な側面に反するような行動をとらないようにしたいと思っているのだ。私たちは、これまでにＩＡＴを受けることを選択し、正直に、そして時には謙虚に、自身の内省的、そして自動的な心の相違について説明してくれた、裁判官や弁護士、ジャーナリストやライター、警察官や地区検事長、ソーシャルワーカーや医療関係者、従業員や経営者、学生や教員、そしてその他多くの人々の誠実さに強い感銘を受けた。彼らは、自らのブラインド・スポットの存在のさらなる証拠として、自分が他者について「このような人だろう」と、無意識に推測していたが、その人を知るにつれてその推測が間違っていたことが判明したという例を、自発的に出してくれた。彼らの話は笑いを誘うようなものが多かったが、このようなバイアスがいかに広く蔓延しているかについて考えるために、常に有益であった。また多くの人が、自分自身や子どもたちのために、マインド・バグが少しでも低い社会環境をつくるには、どうしたらよいのかについて尋ねた。この点については、後半の章で取り上げることにしよう。

身体と心

1つの心に2つの相対する思考が存在するという問題について、より感情的でなく客観的に考えるために、自分の身体の働きについて私たちがどう考えているかについて考えてみたい。私たちは、血液が動脈のなかを循環している圧力を正確に意識できないが、できないことに気づくことは、私たちにとって当惑したり狼狽したりすることだろうか。否である。つまり私たちは、「動脈に対する意識」がないことを受け入れられるようである。実際に、心臓の収縮と拡張という言葉についてよく理解していなくても、健康診断の際には測定値を得るために腕を出すだろう。このように、私たちは、血液の循環、ペプチドの分泌、細胞再生のダイナミクス、ニューロンの消滅、アミノ酸の分解、その他私たちの身体のなかで1000分の1秒単位で起こっている複雑なプロセスなど、私たちの身体の働きの多くについてほとんど知らないのだが、そのことを簡単に受け入れるのだ。

それならば、なぜ自分の心についても同様に、心の重要な側面についてよく知らないという事実を受け入れることがそれほど難しいのだろうか。その理由の1つがこの点であろう。私たちはすべての身体の機能の働きについて知っていなければいけないと期待されることはないが、自分の心の中身についてはより把握できるし、むしろできなければならないと考えているのだ。フロイトの知見が影響力をもったにもかかわらず、私たち人間は意識的思考の能力を与えられている分、自分を形作る信念や選好が自分の意識外の力で形成され得るということは受け入れづらいのだ。

記憶研究に対してノーベル賞を受賞したコロンビア大学のエリック・カンデルは、あるとき私たちの心のどれくらいが非意識的に働いているかと尋ねられ、80から90%という推測値を答えたことがある[8]。イェール大学の心理学者ジョン・バージはアイヴォリー社の石鹸のキャッチコピー[注3]にかけて、非意識的な部分は99 and 44/100%と推測した[9]。この点について実際の数値は重要ではないし、正確に把握することは不可能だろう。ここで重要なのは、私たちが自分の心にアクセスできる能力は非常に低いということに、専門家たちが同意しているということである。そのため、私たちの自己に対する洞察は、多少低くても全く正常なのである。

さて、自己洞察について多少謙虚になったところで、読者に質問をしてみたいと思う。あなたは葬儀士とデートするだろうか？

あなたは葬儀士とデートするだろうか？

あなたが新たに異性に会ったとしよう。その人は魅力的で、知的で、かつ非常に外見も良く、あなたはその魅力にたちまち圧倒されてしまった。これ以上の人はいないと思い、あなたはその人に「それで、何のお仕事をしておられるのですか？」と尋ねた。その答えは、あなたの耳に突き刺さった。「私は葬儀士[注4]をしています。私は葬儀社のオーナーなんです」。テレビドラマ「シックス・フィート・アンダー」[注5]であれば、葬儀士でもセクシーに見せられたかもしれないが、いくら相手が魅力的で外見が良くても、あなたの自動的でネガティブな反応に対しては十分な効果はないだろう。あなたの内省的な側面は、間違いなく気持ちをある程度奮い起こそうとするが、それほど速くない。その間に、遺族に対するサポートやサービスを提供するという仕事は非常に重要だということをよく知っているあなたは、「葬儀士が悪いというわけではないのよ！」と自分に言い聞かせるだろう。あなたはさらに「1日平均して、あなた自身はどれぐらいの遺体に防腐処理をするんですか？」と尋ねる。しかしあなたは無意識に、そして遺体に関係する人に対して感じる自動的な嫌悪感に気づく前に、身体4分の1ほどその葬儀士から離れ、隣で行われている投資銀行業務の複雑さについての会話に入ろうとするのだ。

自動的な選好は、スマートフォンアプリにあるナビゲーションツールのように機能する。つまり、自動的な選好は、私たちを独身バーやお見合いパーティーなど「出会いの場面」において、困難な領域を通り抜ける方向性を指し示すのだ。それは仕事を静かにすばやく行い、私たちを、不協和の種となるものから遠ざけるのである。先の例でいえば、相手が葬儀士であることによる心的な不快感が自分の自覚的な意識に浸透してくるよりずっと前に、遠ざけようとナビゲートするのである。その際、私たちは非意識的に、近い将来に母親とするであろう会話を想像する。「彼は葬儀士なの……そう、葬儀士……」。いいえ、彼は仕事を外部委託せず、遺体の防腐処理を自分でしているのよ」。そして私たちは、そのような会話を避けるために必要なことなら、どんなことでも行うのだ。

あなたが気づかない心の奥底の偏見

私たちの判断や意見について、非意識的な心的内容の影響がどのくらいあるかについての最良の証拠は、記憶力に障害のある患者から得られている。イェール大学のマルシア・ジョンソンと共同研究者の研究では、ある種の記憶に障害のある健忘症患者を集めた[10]。これらの患者は、健忘症が始まる以前の経験については通常の記憶をもつのに、そのとき以降に起こった事柄については非常に限定された記憶しかもたないという症状をもつ。

この、新規記憶をつくり出せないという障害のために、患者はさまざまな奇妙な状況を引き起こす。彼らは子ども時代に歌った歌についてはよく思い出せるのに、1時間前に聞いた歌については全く覚えていない。彼らは、自分の国の大統領が、現在と健忘症を患った時点で異なるということを理解できない。なぜなら、健忘症発症以降の経験は1つも記憶に定着しないため、患者の人生は、新しい人々と新しい出来事が絶え間なく流れていくだけなのだ。

ジョンソンは患者たちに2人の男性が写った写真を見せ、それぞれについて情報を与えた。その情報とは、男性のうち1人はとても良い人で、その人の父親を手伝い、人命を救ったことで軍から表彰された、などであった。もう1人の男性については、窃盗を働いたり、けんかをして相手の腕の骨を折ったりした、などであった。これら2人の経歴情報に触れた後、患者は簡単な記憶テストを受けた。そのテストとは、先と同じ写真を見て、その人について覚えていることをすべて言う、というものであった。

しかしながら、その写真に写っている人が「良い」人か「悪い」人かと尋ねられたとき、その答えは驚くほど正確であった。予想通り、患者たちは写真に写った人々について、何も覚えていなかった。彼らの回答の89%において、彼らはその人が良い人か悪い人かについて正しく回答できたのである。患者たちの頭のなかでは、他者についての情報は印象として変換され、その印象は損傷を受けていない人と同様に、心に組み込まれていくようだ。彼らは印象について意識的に取り出す能力はないが、自動的また非内省的に良いか悪いかの判断を正確に行うことができた。この実験は、心的プロセスが自動的と内省的に、もしくはジョンソン曰く「感情（気持ち）」と「内省（理性）」の2種類に分離していることを明らかにした。

ジョンソンの研究対象となったような健忘症患者は、日常的な経験の記憶が欠乏するというたいへんな状態であるがゆえに、さまざまな神経心理学者たちによって研究対象とされてきた。しかしながら彼らは、他の人たちと同じように、ある種の経験の側面については記憶として「保存」ができるようである。このような、健忘症の病的状態で明確にみられるような解離の現象は、神経学的に正常な一般の人々の間にもみられるのだろうか。私たちは皆、少し前に見た映画のタイトルや、話の筋や、俳優の名前を友人に伝えようと思って思い出せないのに、その映画がとても良かった（もしくは最悪だった）という確信だけは明快であるという経験をもっているであろう。このように、明確に意見はもっているのに、その意見のもととなる情報についてよく思い出せないという一般の人々にみられる状態は、健忘症患者ほどには印象的ではないが、症状としては類似しているものである。

健忘症患者の研究は解離という現象についての重要な研究の扉を提供した。つまり、私たちが非意識の力について理解する一助となった。ＩＡＴも同様に、幸運なことに脳損傷は不要ながら、人間の心について理解するために有効な研究の扉を提供しているのだ。

笑うことはいけないことか？

誰しもこんな経験があるだろう。誰かが冗談を言ってあなたが爆笑をする。しかし笑い始める少し前に、あなたはこの冗談が、ある集団（あるいはあなたが所属する集団）について攻撃的で、侮辱的なものだと気づく……。私たちが、おかしく、かつ攻撃的だと同時に思う内容がどのようなものかについては、人それぞれであるため、ある冗談のユーモアの度合いについて一義的に決めることはできない。しかし、私たちが説明したい内容のおだやかな例として、よく使われるエスニック・ジョークを紹介しよう。

質問：あなたの家に入った泥棒がアジア人だってどうしてわかるの？
答え：犬がいなくなって、代わりに子どもたちの宿題が終わっていたんだ。[注6]

使い古されているのでご存じの通り、この冗談は、1人の人から、しかめっ面と笑顔を引き出すことができる。あきらかにおもしろいと思う反面、このユーモアが私たちの人種ステレオタイプの知識によっていると思うと、この冗談を楽しむことに対する疑問と、多少の不快感が出てくる。

ある1つの刺激から2つの矛盾する反応が現れるというのは心理学的にも興味深い現象だが、これに重要な意味はあるのだろうか？　ある冗談に対する私たちの反応は、私たちについて何か知る手がかりになるのだろうか？　ラトガース大学のロバート・リンチは、この疑問に答えるために実験を行い、人種差別的で性差別的なユーモアが含まれる30分のコメディ番組を見せ、研究参加者の反応を調べた。具体的には、人々の意識的および非意識的なバイアス（偏見）によって笑いに違いが出るのかを検討するため、ラトガース大学の学生を研究参加者とし、人種や性別ステレオタイプが含まれる冗談をたくさん言うスタンドアップ・コメディアン[注7]のビデオを見せた。彼らがビデオを見ている間、リンチは研究参加者たちの笑いの度合いと表情を、あらかじめ決めておいた基準に基づいてコーディングした。その後、研究参加者たちに人種ＩＡＴを実施し、それぞれの参加者について、黒人と白人アメリカ人に対する態度を測定した。

これらのテスト結果の分析として、リンチは測定した変数間に関連があるかを検討した。具体的には、ＩＡＴで白人への強い自動的な選好をもつ者が、黒人ステレオタイプに関する冗談を聞いたときにより楽しそうな反応をするかどうかを検討した。分析したところ、実際にその通りの結果がみられた。別の研究で、性差別的な冗談と性別ＩＡＴの関連についても同じ結果が得られた。つまり、ＩＡＴで測定したジェンダー・ステレオタイプが強い人ほど、性差別的な冗談に対して多く笑ったのである[11]。ＩＡＴと同様に、笑いという行動は自動的で偽装するのが難しいので、笑いは私たちの心のなかを表に知らせる指標としての役割をもつ。リンチの論文タイトルにあるように「私たちは冗談の内容が現実にあり得ると思うから笑ってしまう」のだ。

高齢者を好む人はいるか？

ＩＡＴが発展するにあたっては、多くの要因があった。そのうちの１つは、非意識的な心的内容を測定するこれまでの方法は、すっきりした方法であり理論検討に最適ではあるが、内省的な思考と対をなす自動的な感情を明確に認識するには不十分であると私たちがずっと感じていたことである。従来の方法では、2つの全く異なるように見えるテーブル天板が同じ大きさと形であるとわかったときに経験するような「わぁ！」という感覚が得られなかった。第1章のマインド・バグの箇所で紹介したような強力な錯視は、目の前に存在するため、強力な影響力がある。知覚したものと現実との不一致は、無視できない驚きをもたらすのだ。

ＩＡＴで明らかにされる不協和も同様に否定しづらいもので、多くの場合驚くべき内容となる。年齢に対する態度を測定するＩＡＴは特に予想しない結果が出る。なぜなら、高齢者に対する私たちの非意識的な感情は、私たちの多くが行う推測とはずれているからだ。高齢者というのは、心に潜むバイアスの対象としては自然ではないように思える。集団として、高齢者は穏和に見えるし、いろいろな意味で人を引きつけるように思えるからだ。私たちが最もよく知る高齢者は自分の祖父母や曾祖父母であり、彼らは我慢強く親切で、ずいぶん昔には朝食にアイスクリームを食べるのを許してくれたりする存在であった。

さらに、高齢者に対する強い敵意的感情の表現も存在しない。人々が「若者万歳！　年寄りを打ちのめしてやろう！」と叫んだり、高齢者を排斥する内容の政治的協議事項を促進するために活動するというのは聞いたことがないだろう。しかしながら、多くの研究の結果、私たちの高齢者に対する態度はけっして温かいものや友好的なものではないのである[12]。もし読者がこの主張に同意しないなら、ぜひ implicit.harvard.edu を訪れて年齢ＩＡＴを受けてみてほしい。あらかじめ伝えておくと、アメリカ人の80%は「高齢＝良い」よりも「若齢＝良い」の連合が強い。言い換えると、アメリカ人の多くは高齢よりも若齢に対して強い自動的な選好をもっているということである。逆の選好をもつ人は6%にすぎない[13]。実際に、過去15年にわたる数十もの研究の結果、年齢差別は最も強い潜在的バイアスの1つであり、検討した国（アジアを含む）すべてにおいて同じ結果がみられることがわかった[14]。

年齢研究において、自己報告の感情とIATの指標の間に最も印象的な解離が存在することを私たちは発見した。ここで紹介したいのは、自己報告でも自動的な選好でも高齢者に対して好意的な態度を示さない若齢者の結果ではない。彼らは、一貫して高齢者に対してネガティブな態度を示すため、ここで問題にするような点はない。ここで興味深いのは高齢者自身である。なぜなら、彼らの心は私たちが今まで観察したなかで最も明確な「システムの不整合」を示すからである。つまり彼らは、IATと比べて自己報告において、はるかに強い高齢者への好意を報告するのである。

高齢者自身の、内省的そして自動的な態度の不一致はなぜ起こるのだろうか。前述の通り、高齢者たちはさまざまな領域でとても魅力的であるが、私たちの文化では高齢者に関連するネガティブなステレオタイプが多くあるのだ。本、映画、テレビ番組のなかで、また、高齢者世代をターゲットにしたCMのなかでさまざまなネガティブな点——たとえば、孤独や孤立、健康不良、身体の弱さ、外見の衰え（髪の毛や肌など美容系の宣伝など）、感覚能力の衰え、失禁、無気力、記憶障害、認知症、アルツハイマーなど——に焦点が当てられているからだ。ビートルズが「僕が64歳になっても、必要としてくれるかい、食べさせてくれるかい」(当時の彼らにとって、64歳という年齢は94歳ぐらいの意味をもつほど遠い年齢に見えたのだろう)と尋ねたのも無理はない[15]。

高齢者、皮膚の色の濃い人々、同性愛者、何であれ、IATが心に潜むバイアスを明らかにするときの示唆の1つは、「外」にある社会や文化と「内」にある自分の心を分ける境界線には透過性がある、ということである。私たちが望むと望まざるとにかかわらず、文化で共有されている態度は私たちのなかに染みこんでくる。先述した同性愛活動家の例にあったように、ネガティブなレッテルを貼られている人たちの権利のために闘っている人であっても、文化からの一貫したネガティブな情報には影響を受けるのだ。高齢者自身も若齢者への選好をもつということは、外の世界の価値観が心のなかに染みこんでくることのさらなる証左である。私たちの心は、外界にあるものの多くを身につけるので、文化に根ざしたステレオタイプの方向に引かれるのに抵抗することはほぼ不可能なように思える。

高齢者自身による年齢差別は、心が解離にどのように対処しているのかを明らかにするために、心理学的にたいへん興味深い現象である。この現象をフェスティンガーの認知的不協和理論で説明すると、次のような疑問が出てくる。高齢者は、若齢者と同じように若齢に対して強い自動的な選好をもちながら、自らが高齢であるという知識との間に生じる不協和にどのように対処しているのだろうか。

1つの可能な回答は、カンサス大学のメアリー・リー・ハマートによって集められたデータから引き出すことができる[16]。この研究は3つのパートに分かれており、1つは内省的な態度を測定し、他の2つ（両方ともIAT）は自動的な態度を測定するものであった。実験参加者は、平均24歳、69歳、80歳の3つのグループであった。ハマートの研究結果の1つめは、驚くものではないかもしれないが、内省的に参加者たちは「自分が普段何歳ぐらいだと感じているか」を報告するよう求められたとき、最も若いグループは自分の年齢に平均で9歳上の年齢を答えたが、他の集団は、平均して7歳下の年齢を答えた。2つめとして、実験参加者らにIATを受けさせたところ、先行研究から推測される通り、高齢の2つの集団は、24歳集団と全く同程度に若齢者への強い自動的な選好（若齢－良い）を示すことが明らかとなった。

ハマートの研究の3つめの特徴は、自己と若齢または高齢という年齢カテゴリーとの自動的な連合を測定する、年齢アイデンティティIATを使ったことである。ここで、予想していなかった明確な結果が得られた。2つの高齢者集団は「自己－高齢」よりもはるかに強い「自己－若齢」の自動的な連合をもっていたのだ。高齢者が「私は気持ち的には18歳だと思っている」と言うのを聞いたとき、あなたは彼らが冗談で言っていると思うかもしれない。しかし実は、全くそんなことはない。年齢アイデンティティIAT（高齢／若齢の概念と自己との連合の強さを測定する）の結果から、多くの高齢者は、内省的にも自動的にも、高齢というラベルを自分にあてはめないことによって、その不協和を円満に解消している、ということがわかったのだ。

自動性について考える

過去15年の間に、implicit.harvard.edu のウェブサイト[17]を通じて、人間の自動的な心と内省的な心の間には解離が存在することを示す非常に多くのデータを得てきた。具体的には、2013年度までに1400万以上のIATデータ、そして毎週2万人以上の新規訪問者のデータをもとに、私たちは、人種、性的指向、年齢、皮膚の色、体重、身長、障害、国籍などさまざまなものに対する態度について、自動的な選好と内省的な平等主義の間に解離が存在するという豊富なデータを得ている。また、現時点で39か国、24の言語に及ぶテストが存在し、そのデータより、このような内省的、自動的な心的システムの間に解離があるのは何もアメリカ人だけではないということもわかってきた。また、心に潜むバイアスに直面したとき、それに気持ちが動揺するのはアメリカ人だけではないこともわかってきた。このように心に潜むバイアスで人々が苦悩し悲しむのは、私たちが自分のことを大部分フェアで平等主義的な人間であると思っており、このバイアスの存在を認めることが自分自身のイメージを傷つけるためである。

日本の小説家、芥川龍之介は「憂鬱に意義を見つけられないとしたら、知性には何の価値があるのだろう?」と尋ねたといわれている。ここで彼が意味したのは、苦悩の感情を生起させる知識というものは、何かの役に立たないのであれば価値がないのも同然だ、ということだ[18]。この質問を私たちの科学に置き換えてみよう。ＩＡＴは、私たち自身のネガティブな部分をわざわざ明らかにするものであるが、そのようなテストを開発したことにいったいどんな価値があるのだろうか。

たとえば、もしジェリー・サインフェルドと彼の友人ジョージ・コスタンザがＩＡＴを受けて、自らの同性愛者への内省的そして自動的な態度間に不協和があることを認識したとしたらどうなっていただろうか。コメディーアニメ「キング・オブ・ザ・ヒル」[注8]の主人公のハンク・ヒルがストーリーのなかでＩＡＴを受けたように、サインフェルドたちにもＩＡＴを受けさせることができたとしたら、話の筋はどのように進んでいっただろうか。「キング・オブ・ザ・ヒル」のある回では、ハンクの愛犬のレディーバードがアフリカ系アメリカ人の修理工を２度も襲うという話がある。この話では、修理工が「この犬は人種差別をする犬だ（自分がアフリカ系アメリカ人だから２度も襲ったのだ）」と言ったことから、ハンクは悩み、犬を訓練センターに連れて行き相談したところ、トレーナーに「犬は、飼い主の感情を感じ取って行動するので、犬がアフリカ系アメリカ人を何度も攻撃するのは、あなた自身がアフリカ系アメリカ人を差別しているからだ」と責められ、ハンクはショックを受ける。そこで職場で紹介されて人種ＩＡＴを受けたところ、自分が人種差別主義者であるという結果が出てしまい、そのような意識が全くないハンクはさらにショックを受けるというストーリーである[注9][19]。しかし、彼らが自分の非意識的な態度を知ったとして、それがどう彼らの役に立つのだろうか。ＩＡＴは、ジェリーやジョージ、ハンクに何ができたというのだろうか。

この疑問に対する私たちの考えは次の通りである。ＩＡＴの最も重要な使用方法は、自身の内省的と自動的な選好に不協和が存在することを、意識的に自覚させることである。ただしテストを受けた人が、結果の知識をもとに、動揺の状態から脱出して、隠れたバイアスを理解する方法を考えたり、もし望むなら、バイアスを行動に移してしまう前に無力化するにはどうすればよいかを考えたりするかどうかは、それぞれの個人次第である。

本書の議論は、非意識的な思考が強い影響力をもつということに焦点をおいているが、私たちはそのような思考が、私たち人間にコントロールできないと思っているわけではない。自分で変化したいと望めば、人類特有の部分である内省的で意識的な脳の部分が、必要な仕事を十二分に果たしてくれるはずだ。つまり人は、内省的に自分の思考を監視し、その監視結果を用いて意識的に自分の行動をコントロールできるのだ。私たち人間には内省的な意識があるために、現状を改善し、意識的に選択し設定した目標や価値観を達成するという将来を想像することができるのだ。知識は私たちに力を与える。そして、ＩＡＴを受けることによって得られる自己知識も、現状の心のあり方を変化させることで私たちの力となり得る。それが起こったとき、ＩＡＴによって生み出される憂鬱感はたしかに価値があるといえるだろう。

訳注

1　アメリカＮＢＣで１９８９年から１９９８年まで９シーズンにわたり放送され、高視聴率をとり続けた人気コメディ・ドラマ。エミー賞、ゴールデン・グローブ賞をはじめさまざまな賞を受賞し、2013年のアメリカ「テレビ・ガイド誌」でも「史上最大のテレビ番組ベスト60」で2位にランクされた。内容は、人気コメディアンのジェリー・サインフェルドと3人の友人ジョージ、クレイマー、エレイン（三十代の男性3名と女性1名）の日常をおもしろおかしく、時に社会を皮肉的に描いたコメディ・ドラマ。

2　カナダ人ジャーナリストで、ベストセラー作家。日本でも『急に売れ始めるにはワケがある』（2007）、『第1感「最初の2秒」の「なんとなく」が正しい』（2006）、『天才！成功する人々の法則』（2009）、『逆転！強敵や逆境に勝てる秘密』（2014）など邦訳版がある。

3　米国のアイヴォリー社は、自社の石鹸に不純物が入っていないことを宣伝するために「99 and 44/100 % Pure」というキャッチコピーを用いた。

4　日本では火葬の習慣があるため、病院で死亡した際には看護師らによって消毒処置が行われても、それ以上の死体防腐処理を行う慣習はない。しかし米国では土葬が基本であるので、遺体から感染症が広がることを防止するために化学的で専門的な死体防腐処理（エンバーミング）を行うことが一般的である。そのため米国では葬儀社や葬儀士（アンダーテイカー）の仕事のなかでも死体防腐処理は大変重要なものとされており、そのイメージは日本に比べてより「遺体に近い」ものとなる。

5　2001年から2005年までアメリカで放送された、葬儀社を営む一家にまつわるさまざまな出来事、人生に不可避である生と死という現実をブラックユーモアを交えて描いたコメディー・テレビドラマで、エミー賞やゴールデングローブ賞などを多数受賞した。葬儀社一家の役者が美男美女であるため、本文でこのような紹介になっている。

6　アジア人は犬を好んで食べるというステレオタイプと、勉強好きであるというステレオタイプを表したものである。

7　ステージに1人で立ち、政治批判や人種差別、性的な冗談など際どい内容を話して客の笑いを誘うアメリカのお笑い芸を行う人のこと。

8　アメリカで1997年から2010年まで13シーズンにわたって放送されたテレビアニメで、エミー賞を2度受賞している。日本でもFOXチャンネルで放送された。内容は、典型的な保守系アメリカ人であり、テキサス州民であることを誇りにしている四十代の主人公ハンク・ヒルと、癖のある家族や友人との日常生活を、シニカルかつユーモラスに描いたコメディーアニメである。さまざまな出来事の根底に、家族問題、人種問題、愛国心や政治問題など、現代アメリカが抱える問題が描かれている。

9　原著注［19］にある通り、これはシーズン7第20話の「Racist Dawg（人種差別犬）」という話のストーリーである。その後、家にやってきた「白人の」修理工に対しても愛犬が噛みついたことから、どうやらハンクは、自分でも修理ができると思っているのに妻が修理工を呼ぶため「修理工という職種の人」自体に反感をもっていて、愛犬はその反感を敏感に感じ取って修理工を襲ったのだと説明がつく。つまりハンクは自分が人種差別主義者ではないとわかって一安心する、という結末になる。

第5章 タイプ分けしたがる人間──ホモ・カテゴリカス

父とその息子が自動車事故に遭った。父はその場で死亡し、重傷の息子は急いで病院に運び込まれた。手術室で外科医はその少年を見て言った。「この少年を手術することはできない。彼は私の息子だ」

これはどういうことだろうか？　（答えがわかってもわからなくても次をどうぞ読み続けてください。）

もしもあなたに現れた最初の反応が戸惑いだったとしたら、それは「外科医」という言葉を見たとたん、自動的な心的連合（連想）によって、「男」だと思ってしまったことによる。「外科医」＝「男性」という連想はステレオタイプだ。このクイズでは、マインド・バグの最初の要素として、そういったステレオタイプが動き出すのだ。次のマインド・バグは判断の誤りだ。それは次の解答の発見に失敗したり、時間がかかってしまったりすることに現れる。望まれる解答は、「外科医は少年の母親に違いない」というものである。

このクイズはかなり古くからあるものなので、著者マーザリンもかつて1985年にそれに引っかかった経験を無念と悔しさとともに思い出す。女性の平等な権利や能力を強く信じている者にとって、こうしたクイズに引っかかることはとりわけ戸惑いといらだちをもたらすものである。フェミニストたちは、けっして「外科医」＝「男性」という自動的な連合をもったりしないと考えているわけだが、実際たいていの場合、そうした連合を心に抱えている。

このことをもう少し考えてみよう。どうして「彼は」自分自身の考えと矛盾するような思考を示してしまうのだろうか（あなたは今、「フェミニスト」＝「女性」という連合を自分がもっていることに気づきませんでしたか？）。第1章の冒頭にあったテーブルの話を振り返ってみよう。

2つのテーブルを見たとたんに、その形はたしかに異なって見えるだろう。実は同じだと言われても、そして測ったりしてそのはっきりした証拠を得てもなお、それでも最初の印象は払拭できないだろう。テーブルの錯視の脳のなかでの働きはそれだけ強力なものだ。同じように外科医と聞いたとたん男性という連想が頭のなかでひらめくのは、乗り越えがたい心の習慣なのである。それは、女性は男性と同様に外科医でも何でもなり得るということを詳細に述べ立てることができる人にとっても同じである。

「彼は私の息子だ」と文章を読んだとたんに感じられる意識的な当惑は、「外科医」＝「男性」連合が意識的自覚の外側に潜在して自動的に活性化されたことの良い印である。しかし、実はこのマインド・バグが働くにあたって、この外科医ステレオタイプだけに基づいてバグが生じているのではないことを告白しなければならない。外科医の話のなかの男性関連の言葉と女性関連の言葉の数を（英文で）数えたとしたら、男性関連語の一方的勝利を見出すだろう――9つの男性関連語に0個の女性関連語である。男性関連語は（英文で）出てきた順に、「父」「彼の」「息子」「父」「息子」「少年」「少年」「彼」「息子」であった。男性について考えさせるこうした多重的な引き金が、「外科医」＝「男性」連合の活性化に対して付加的要因として働いていると考えられるだろう。もしもこの話が重傷の「娘」だったとしたら、これら9つの男性語のうち6個が女性関連語に変わり、最後の一文は「私はこの少女を手術することはできない。彼女は私の娘だ」で終わっていただろう。こんな風に記されていたら、外科医はお母さんだという考えがもっと早く思いついたかもしれない。

クイズのなかのこうした言葉遣いによるさらなる活性化によって、外科医が男性であるという自動的推論を助長するような文脈が与えられ、それはシェパードのテーブル天板錯視が図に描かれたテーブルの脚によって強められているのと同じである。

「ステレオタイプ」という言葉はページ単位で印刷を行うための金属版として1700年代後期に英語に加わった。「ステロタイプ版」は1つのページの同一コピーを大量生産することを容易にした。この「同一のコピー」という意味を活用して、ジャーナリストであり、政治評論家であったウォルター・リップマンは1922年にステレオタイプに現在の意味を与えた。彼は、ある集団メンバー全員が同じ属性――しばしばあまり魅力的ではない属性――をもつといった「頭のなかの絵」

を指し示すようにステレオタイプの語を用いたのだ。こうした集団についての固定的な心の絵はその集団メンバーと出会うたびに私たちの思考に入り込んでくることをリップマンは示唆した[1]。

金属ステロタイプは現代の印刷技術では時代遅れのものとなった。しかし、心的なステレオタイプの方はあいかわらず広く用いられていて、たとえば、高齢者やアジア人、女性など何らかの集団に属しているという以外何も知らない初対面の人の性質を判断する場合などにとりわけ用いられやすい。一瞬の意識的思考さえしないで、その人に対する知覚の出発点としてステレオタイプを用いる。

ステレオタイプはどれほど正確か？

いくつかのステレオタイプの例――

高齢者は忘れっぽい。

韓国人はシャイで内気。

アジア人は数学が得意。

ボストンの運転者は乱暴。

女性は養護的。

このリストは、それぞれ何らかの集団と属性との結びつきをとらえている。これらの結びつき（連合）の最小限のエッセンスをとらえるのに「外科医＝男性」のように等号記号を用いて表すことができるだろう。等号による省略表記を用いると先の5つのステレオタイプは、「高齢者＝忘れっぽい」「韓国人＝内気」「アジア人＝数学が得意」「ボストンの運転者＝乱暴」「女性＝養護的」となる。

ほとんどのステレオタイプは何らかの形で真実である。そうであるならば、高齢者、韓国人、アジア人、ボストンの運転者、女性について述べることの先頭にいくらかの（some）の語を心のなかでつけるようにすればよい。たとえば、「韓国人のいくらかは内気である」ということに不同意できるだろうか？　そしてまた、どのようなステレオタイプも少なくとも部分的には偽りである。ステレオタイプ的に見られるどんな集団メンバーにもステレオタイプにあてはまらない人がいるだろう。「多くの社交的な韓国人がいる」「多くの男性フェミニストがいる」といったことにあなたも反対しないだろう。

すべてのステレオタイプは部分的に真でもあり、偽でもあるので、その正確さについて議論するのは的はずれのように思われる。それにもかかわらず、私たちはあるステレオタイプは他よりも妥当であると言うこともできる。およそたしかに、「フェミニスト＝女性」というのは「ボストンの運転者が乱暴である」というのよりもあてはまりがよいだろう。理に適った問いは、出会った人が「ボストンの運転者」のようにその集団アイデンティティ以外に何もその人について知らないとき、ステレオタイプに導かれることが賢明と考えられるほど十分に妥当なものが、この5つのうちのいずれかにあるのかどうかということだろう。

もしボストンの運転者が実際ほかのたいていの街と全く変わらないのであれば、ボストン運転者のステレオタイプは妥当でないと判断され、そのステレオタイプに導かれるのは賢明ではないだろう。しかしたぶんこのステレオタイプはいくらかの妥当性をもち、高い事故率と高い保険料の支払いで確認されるような、他のアメリカの街よりも明らかに乱暴であるのかもしれない。そうするとステレオタイプを用いることが賢明ということになるのだろうか？　これは難しい問題で、今はそれを脇に置いておいてもう少しステレオタイプについて学んだ後にこの問題に戻ってこよう。

ステレオタイプの科学的研究

ステレオタイプについて影響のある最初の科学的研究は、１９３３年にプリンストン大学の心理学者ダニエル・カッツとケネス・ブレイリイによって刊行された。彼らは10個の集団それぞれについての１００人のプリンストン大学生の頭のなかのイメージを記すことを試みている。彼らは人にあてはめられる84の特性リストを学生に与えた。次に示すのは、その特性リストの一部分で、そのなかには学生たちが「ドイツ人に最もあてはまる」として選んだ５つの特性が含まれている。ここでちょっとしたクイズだが、このリストを見て１９３０年くらいにプリンストン大学の学生がドイツ人に最もあてはまるとした５つの特性のうち２つをあててみてほしい。決まったらページをめくって選ばれた５つを見てみよう。

攻撃的
知的
音楽的
執念深い
野心的
正直な
きちんとした
科学的思考を行う
芸術的
衝動的
がんこな

スポーツマン
自慢気な
身体の汚い
勤勉な
保守的
鈍感な
陽気な
実際的
迷信深い
因習的
怠けた

進歩的
おしゃべりな
有能な
家族の結びつきに忠実
けんか好きな
信頼できない
集団的
几帳面な
打ち解けない
機知に富んだ

科学的思考を行う（78％）
勤勉な（65％）
鈍感な（44％）
知的（32％）
几帳面な（31％）

特性の下にあるカッコ内の数字は、学生がドイツ人を表すものとして選んだパーセンテージを示している。もしあなたが選んだ2つのものがこの5つのなかに含まれていたら、あなたは心理学的に、あるいは歴史的に1930年代のアメリカにおけるドイツ人ステレオタイプを推定するのに十分鋭いということだ。もう1つの可能性は、あなたが現在もっているドイツ人ステレオタイプが1930年代のプリンストン大学の学生がもっていたステレオタイプと似ているということだ。実際はその両方だろう。私たちは1933年の研究と2001年に刊行された研究の追試との間で実はほとんど変化していないステレオタイプを慎重に選んだのだ。1933年のトップ3の特性はなんと2001年のトップ3でも同じなのだ——科学的思考、勤勉、鈍感。

しかし、ドイツ人ステレオタイプはこの点で普通でないものである。次の9つの集団では、1933年の研究から時間を経ての大きな変化が示されている——イタリア人、黒人、アイルランド人、イギリス人、ユダヤ人、アメリカ人、中国人、日本人、トルコ人。こうした変化の一例はトルコ人において次のようである。1933年に最も特徴的と判断された5つの特性は、「残酷な、非常に宗教的、不誠実な、好色な、無知な」であった。2001年では、このうち1つしか同じものが含まれていなかった。「非常に宗教的、きわめて国粋的、伝統を愛する、かっとしやすい、攻撃的」。2001年のリストは、現在アメリカ人がトルコ人に対して尊敬の念をいくぶん欠いているように見えるかもしれないが、3つのひどい特性が消えたこと（残酷、不誠実、無知）は、1930年代に比べて今日のアメリカ人はかなりトルコ人に対して否定的でなくなったことを示している［2］。

明らかにステレオタイプは変化し、時に社会的、文化的な状況の変化に応じて変わっていく。1933年のアフリカ系アメリカ人のステレオタイプには「運動神経の良い」という特性が含まれていなかったが、現代では顕著に現れるものである。そしてそれは、20世紀初頭では彼らにほとんど開かれていなかったさまざまな活動や職業に参加が認められるようになった社会的変化を反映している。同様に、「科学的」「技術的」という特性は1930年代の中国人のステレオタイプにはなかったが、現代ではたしかに現れているものである。トルコ人ステレオタイプにみられたように、ステレオタイプは肯定的な方向に変化がみられる。しかし、それはすべてのステレオタイプが上昇軌道に進んでいるといったことを意味しない。

ステレオタイプは通常好意的でない

もし、最も典型的な5つの特性として、「魅力的、寛大な、正直な、知的、信頼できる」と考えられているような集団にあなたが属していると想像してみよう。自分にもその集団ステレオタイプが適用されることを喜ぶだろう。しかし、どんなステレオタイプもそんなに肯定的なものではない。ステレオタイプの肯定的／否定的な程度のバランスを見るために、1933年のプリンストン大学の研究における10か国のステレオタイプを私たちは検討してみた。そのうち2つの集団（トルコ、アフリカ系アメリカ人）では、集団に帰属されることの最も多い10個の性質の半分以上がはっきりと否定的なものだった。3つの集団は（イタリア人、アイルランド人、中国人）は10個のうち3個の特性が間違いなく否定的なものだった。

10個のうち3個しか否定的でなかった場合は悪くないように見える――結局、それは7つが中立的か、好意的のいずれかを意味する。しかし、少し考えてみればわかるように、30％が否定的にとらえられるステレオタイプというのは良いというにはほど遠い。

あなたの友だちのことを考えてみよう。129ページの7つの否定的な特性のうち、1つでもあてはまると思える友だちは何人いるだろうか。それらの7つは、「自慢気な、身体の汚い、怠けた、けんか好きな、執念深い、迷信深い、信頼できない」である。もしかすると、これら7つの否定的特性のうち、１つ２つをあなたの友人の１人か２人にはあてはめられるかもしれない。しかし、すべての友だちの特徴としてこのうち１つでもあてはまるといえるだろうか。もしもあてはまるなら、新しい友だちをさぞ見つけたいことだろう。

そう、すべて均一に肯定的であるようなステレオタイプは実に数少ないのである——誰よりも賢いと考えられるようなロケット科学者のように（そしてこれは男性だったりする）。ステレオタイプの大部分は自分の好きな人物や尊敬する人物にはけっしてあてはめないようないくつかの特性を含んでいるものである。２００１年の研究では、アメリカ人が同朋であるアメリカ人に抱くおよそ肯定的なステレオタイプでさえ、いくつかの否定的なものを含んでいた。よくみられた２つの特性は、やや否定的な「個人主義的」というものと「物質主義的」といったものであった。結論として、集団ステレオタイプは友人のもつ特性に比べて、典型的にはより一段と否定的な特性からなっているということだ。

カテゴリー

現代のステレオタイプの科学研究の始まりは、ゴードン・オルポートの１９５４年の著書『偏見の性質（*Nature of prejudice*）』であろう。「人間の心はカテゴリーの助けをもって考えなければならない……いったん形成されるとカテゴリーは通常先行判断の基盤となる。私たちはほとんどこのプロセスを避けることができない。秩序だった生活はカテゴリーに依存している」〔3〕とオルポートは記した。

ホモ・カテゴリカスという本章の言い回しは、心的カテゴリーの重要性を見出したオルポートの影響を認めるものだ。カテゴリーはたくさんの共通性をもち、それゆえ親類として取り扱うのが便利な一群の物事である。カテゴリー・メンバー内の類似性は、それほど大きい必要はない。車（car）というカテゴリーは、おもちゃの車やケーブルカー、鉄道の客車などずいぶん異なっているものを含む。しかしカテゴリーの利用は私たちの行動に大きな影響を及ぼす——いくつかの下位カテゴリーについての状況をちょっと見れば明らかである。たとえば、あなたが高速道路を運転していて、スピードの速い前の車に急速に近づいていったとして、その前の速い車がパトカーであるかスポーツカーであるかのカテゴリー化によって、続くあなたの運転は全く違ったものになるだろう。他の例では、スプーンですくった白い結晶について見分けがつかなくても、砂糖とカテゴリー化した場合と、塩とカテゴリー化した場合とでは異なった行為をするだろう。

人について私たちが用いるカテゴリーも次の例のように明瞭に私たちの行動に影響を及ぼす。

- デパートで買い物するとき、店員だとカテゴリー化された全く知らない人にあなたはクレジットカードを委ねてしまうだろう。その人を店員カテゴリーの典型的なメンバーであって、あなたのアカウント情報をコピーして売ってしまうような人物ではないと信じるわけである。

- 病院に入るなり、あなたは従順な患者としての役割に従うだろう。その病院のスタッフの誰も以前に見たことがなくても、その人たちが医師や看護師にカテゴリー化されるような服装をしていれば、疑いなくその人の指示に従うだろう。そのようにカテゴリー化することであなたはその命をもってその人たちを信用し、文句も言わずにその人たちの前で裸にもなる。
- 高速道路を運転しているとき、あなたは正しい車線を走る。信号機に従い、停止信号では（かなり高いパーセンテージで）停車する。何の疑いもなく、「運転者」カテゴリーのメンバーとしてあなたは振る舞い、運転者とカテゴリー化される他者についても運転者カテゴリーの良いメンバーであって、同じように振る舞うものだと信じている。

そのようにしなかった場合を考えてみよう。すると、あなたは、すべての店員について犯罪歴を示すように要請しないといけないかもしれないし、出会う医療関係者みんなに現在の資格や学位の確認を依頼しないといけなくなる。そして、他の車に押しつぶされることを怖れて、ドライブに出かけられなくなる。あなたが実際にそのように用心深く振る舞ったら、あなた自身がパラノイドか広場恐怖症に分類されてしまうだろう。その結果、他者をカテゴリーのメンバーだと信じることに伴うリスクよりもずっと大きな不都合を経験するかもしれない。たしかに、個人情報を盗用した店員の話もあるし、ニセ医者の話もある。酔っ払った、無免許の、あるいは居眠り運転のドライバーによる事故もニュースになっている。こういった可能性があることをわかっていながら、私たちは買い物すること、病院に行くこと、運転することをやめたりしないのは驚くべきことである。カテゴリーはたんにとても便利だというものにとどまらず、私たちの生活を営んでいく上で本質的なものなのである。

カテゴリーを用いるようにできている心

オルポートも述べたように、秩序ある生活はカテゴリーの利用にいかに依っているものかを示すために、私たちの心がカテゴリーの助けを得て行っている多くの妙技のうち4つの技を描いてみよう。それぞれはいかにもやすやすと行われているので、その心の妙技に全く気づいていなかったりする。

心の妙技　その1：多次元的なカテゴリー——朝飯前

みなさんは、次の一連の語のつらなりの意味がわかるだろうか？

1991年製スバル　レガシー、4ドアセダン、4シリンダーエンジン、前輪駆動、オートマチック。

おそらくみなさんは、数秒かからずにこれを読んで理解したと思う。次の質問。もしも「セダン、オートマチック」の代わりに「ステーションワゴン、マニュアル」とすれば、かなり違ったものとして理解されるだろうことがわかるだろうか？　みなさんが2つともイエスと答えられるなら、自動車についての7次元カテゴリーの所有者だと思ってもらってよい。7次元とは表5－1の7つの列に示されている。

7つの要素からなるスバルの記述は何千とある自動車カテゴリーのうちの1つであり、表の7列を使ってつなぎ合わせることができる。たくさんの自動車カテゴリーのイメージをすばやく示すことができるのが、妙技その1が

表5－1　自動車カテゴリーの7次元

モデル	年	型式	エンジン	燃料	トランスミッション	駆動
フォードトーラス	1990	ハッチバック	4シリンダー	ディーゼル	マニュアル4速	前輪駆動
キャデラックセビル	1991	ステーションワゴン	6シリンダー	電気	マニュアル5速	後輪駆動
フォルクスワーゲンジェッタ	1992	コンバーチブル	8シリンダー	ハイブリッド	オートマチック	4輪駆動
...		SUV		ガソリン		
スバルレガシー	2007	ピックアップ				
アウディターボ	2008	2ドアセダン				
トヨタカムリ	2009	4ドアセダン				
メルセデス550SL	2010	バン				

訳注：レパートリーを示しているだけで横のつながりはない。

もつ2つの重要な特徴の1つである。もう1つの特徴というのは、こうした7次元カテゴリーを普段私たちが用いるその自動性と容易さといったものである。

自動車に詳しくない人もいるわけで、1991年製スバルの記述を誰もがすばやく解読できるのではない。スバルの例があなた向きではなかった場合、次の例でもっと多くの集団が妙技その2によってカテゴリー化されることが良い説明になるだろう。

心の妙技　その2：人々のカテゴリー

表5－2は、人々の異なるカテゴリーを6列の言葉をつなぎ合わせることで構成される6次元構造の一部を示したものである。6つのラベルのひとつながりで表されるカテゴリーというのは結構多くの人を含むものになる。たとえば、中年の白人男性でクリスチャンであって、デトロイトの工場労働者というのは大勢いる。同時にあなたがデトロイトに住んでいなければ、そうした人とは1人も会ったことがなかったかもしれない。それにもかかわらず、この6つのラベルによる描写を見たり聞いたりすれば、すぐにこの工場労働者の心的イメージをつくり上げることを難しく感じるアメリカ人はほとんどいないだろう。こうしたデトロイトの工場労働者の即座の印象を形成することができるのは、あなたがニュースメディアを通して、あるいは小説や友人を通して、こうした人々について見たり、聞いたり、読んだりしたことがあるからだと思うかもしれない。

しかし、表5－2にみられる6次元装置の成り立ちは、実際そう簡単に説明できるものではない。全く知らない6次元の組み合わせで描写された人物であってもすぐに理解できるくらいにあなたのカテゴリー形成能力は実に強力なものであるのだ。たとえば、黒人でイスラム教徒で六十代のフランス人レズビアンの大学教授について考えてみよう。ほとんどの読者はこのうち4つの性質の組み合わせの人物でさえ知人にいないのではないかと思う（試しに考えてみよう！）。しかし、それでもこうした人物を想像することを難しくはしない。これまでに出会った誰とも異なる人物の姿を心のなかにたやすく描けるのはたしかだろう——黒人のイスラム教徒で六十代のフランス人レズビアンの大学教授だ。

性／ジェンダーにおいて4つのカテゴリーを用いて、人種ではネイティブ・アメリカンを加えた5つを用い、およそ50の国・地域、10の宗教、8つの年齢集団、50くらいの職業を使って認識する人では、表5－2は400万くらいの膨大なカテゴリーを生み出すことになる。そのカテゴリーに含まれる人が大勢いる場合でも（デトロイトの工場労働者）、少ない場合でも（先のフランス人教授）、

表5－2　人のカテゴリーの6次元

人種	宗教	年齢	国籍／地域	性／ジェンダー	職業
白人	キリスト教	若い	フランス	男性	教授
アジア人	イスラム教	中年	デトロイト	女性	主婦
黒人	ユダヤ教	60代	オーストラリア	ゲイ	客室乗務員
ヒスパニック	ゾロアスター教	高齢者	アメリカ	レズビアン	工場労働者

私たちがこうした6次元を用いて人のイメージをつくり出すすばやさは、カテゴリー・メーカー、カテゴリー・ユーザーとしての私たちの脳の機敏さを確認させてくれる。

心の妙技　その3：利用可能な情報を軽々と乗り越えていくこと[4]

私たちの脳は、ある人物がアメリカ人だと知ったことをどのように扱うだろうか？　たとえば、「私の英語の教授はアメリカ人である」とか、「アメリカ人乗客が尋問のため拘束された」「アメリカ人の宝くじ当選者は匿名にされる」などである。次のパラグラフを読む前に、これらのうち1つ、匿名のアメリカ人当選者の心的イメージをつくってみてほしい。当選金を請求する電話をしているところを思い浮かべてみよう。

あなたが想像した人物は、アメリカ人であること以外にどんな特徴をもっていただろうか。おそらくその人物は白人の男性で大人ではないだろうか。もしそうであれば、そういった特徴はあなたの心のなかに、無意識に自然と入ってきたものだろう。私たちは人物のイメージを性別抜きでイメージしにくいし、たいてい人種や年齢についても決めてイメージしている。言ってみれば理論的には、あなたはヒスパニックの十代のアメリカ人女性が賞金請求の電話をするところを思い描くことができたはずだ。それでもずっと高い確率であなたの心は白人の成人男性のイメージをつくったわけで、典型的なアメリカ人のデフォルト値（新しい設定によって変えなければそのままで用いられる初期値）を示している。なぜ、これがデフォルト値なのか。たとえあなたが実際日常的に最もよく出会ったり、話したりする相手の特徴であってもなくても、それはあなたが新聞、ラジオ、テレビや会話などにおいて最もよく見聞きしたり読んだりするアメリカ人の性質だからである。

もし私たちが心的な人物イメージを形成するのに与えられた基礎的な情報を乗り越えて、それを肉づけするのにデフォルトの特徴を用いることを懐疑的に感じるならば、こんな風に考えてみてほしい。私たちがつけ加えるデフォルトの属性はあまりにもあたり前で自動的であるので、どうしてそうするのか考えることもなく、デフォルトがあてはまらない場合にはその「異なる」属性を特定しようと注意を払う。だから、白人のアメリカ人を指す場合には、ただ「アメリカ人」というだけであるのに、ほかの場合を話すときには、「アジア系アメリカ人」「アフリカ系アメリカ人」と言ったりするのだ。同様に、ただ「タクシードライバー」という場合には、たいてい男性の運転手を指していて、そうでなければ「女性タクシードライバー」と言うだろう。

これで、１９３３年のプリンストンのステレオタイプ研究で疑問のあった点がいくらか理解できる。学生たちは、アメリカ人、ドイツ人、中国人、イタリア人といった簡単な1語で示される国や人種のカテゴリーの典型的特徴を記述するよう求められた。彼らは特に考えることもなく、アメリカ人の特徴を選ぶ際、白人の男性で大人のアメリカ人の特徴を考えるように期待されているのだと想定していたと思われる。実際、アメリカ人の特徴として多く選ばれていた2つの特性である「物質主義的」「野心的」というのは、仮にアメリカ人の女性や子どもを描くということではありそうもない特徴である[5]。

心の妙技　その4：協同的カテゴリー化

人はしばしば積極的に自分の属するカテゴリーについてのシグナルを発している。そして私たちは初めて会った人にでも、そうしたシグナルを活用し、その人の職業が何かを知ることができる。ガソリンスタンドでオーバーオールを着用している人がいたなら、それは客ではなく整備士だとわかる。病院で白衣を着ていたら、看護師か医師であって患者ではない。さまざまな職業を知るのに着ているものを利用するのは、適切なカテゴリーに仕分けを行う数ある方法の1つにすぎない。

こうした協同的なカテゴリー化のなかでも最もよくみられる、また間違いなく最も重要なものは、男性と女性を分ける性別カテゴリー化である。ここを読んでもしもあなたが「人の性別を判断するのに何が難しいというんだ」と困惑しているとしたら、それは普段誰でもがあたり前のように考えるまでもなくこれを行っていることの証拠である。

体型や顔の特徴から男女を識別することは通常難しくないが、それでも私たちはさらに他の広範囲な情報を利用する。女性は典型的には男性より髪が長いし、男女の体型の違いを強調するような典型的な服装をしている。男性的な／女性的な襟や袖の形、ベルト、靴を着用していることが多い。化粧、マニキュア、宝石、しぐさがさらに男性性や女性性を宣伝する（誇示していると言った方がいいかもしれない）特徴を追加的に示している。男女を見分けるのを容易にしているそうした衣類や化粧品、アクセサリーに費やすアメリカにおける費用を算出してみるのは経済学的におもしろい作業だと思う。

人種は通常すばやく見分けることのできるもう1つの特徴ではあるが、やはりヘアスタイルや衣服、発話、ジェスチャー、その他のシグナルとなる手がかりによっていっそう見分けやすくされている。

もちろん、そうしたシグナルになるような手がかりは、他の集団によっても選び得る共同選択的特徴もあって、郊外に住む白人の十代の若者が着る特別な印象の「ゲットー」といわれるファッションなどはそうした例である。[注1] 通常、協同的にカテゴリー化されるこのような現象は、同時に非協調的な試みにも道を開くので、自分の所属カテゴリーを他者に誤らせる目的のもと、視覚的なシグナルをあえて送る場合もある。

一番よくある人を誤らせる努力は外見を若く見せようとする試みである。年配者に化粧品やヘアカラー、薬品や美容外科などを供給する巨額の資金が費やされ、皺をとり、たるんだ部分を支え、白髪を隠し、失った髪を再生させる。「動作がのろい、忘れっぽい、耳が聞こえにくい、身体が弱い」などの高齢者に結びついたステレオタイプ的な特性を思えば、若く見せたいと思う気持ちはよくわかる。

宗教や民族は年齢ほどには隠されたりしないが、ある状況下では皆にわかるようにカテゴリー化されることを避けるときもある。民族がすぐわかるような名前を変えることはよく知られた方略である。たとえば、ウィノナ・ホロビッツ、イスール・デムスキー、アンナ・マリア・ルイザ・イタリアーノやヤコブ・コーエンといった名前を民族的にわかりにくい、ウィノナ・ライダー、カーク・ダグラス、アン・バンクロフトやロドニー・ダンガーフィールドのように変えたりすることが知られている。[注2] より最近のカテゴリー化を偽る文化的発明は、アフリカ系アメリカ人が就職の応募において行うような履歴の抹消である。明らかにアフリカ系アメリカ人の組織に属していたことに触れないとか、アフリカ系アメリカ人の伝統的な大学の名前を示さないとか変えてしまうといったやり方を含む。

カテゴリーを偽るのが比較的たやすいにもかかわらず、民族的、人種的、あるいは性的指向としてスティグマを受けやすい者の多くは、カテゴリーを偽って見せることをしないばかりか、むしろカテゴリーが人によくわかるように示すという逆のことを行う。それは、そうしたアイデンティティを示す利点の方がしばしば不利益を上回っていることを示唆している。

たとえば、ゲイやレズビアンのことを考えてみよう。現代のアメリカのいろいろな状況においてそれはスティグマを受け、不利益があるけれども、多くの人が自らの性的指向を少なくとも同じカテゴリー・メンバーに、時に世界中に対して示すことを選んでいる。そうしたことは、「ゲイダー」(他者の性的指向を見抜く能力)を助け、互いにゲイであることを認知することを容易にし、ゲイでない人にも示すことで、ゲイである人にもない人にも起こり得る当惑を回避するのを助けるのである。

これら4つの技のうち、協同的なカテゴリー化は少し他とは違って、日常的に生じているステレオタイプを唯一直接示しているものである。協同的なカテゴリー化が働いているときには、興味深いことにステレオタイプが普通期待される推測の方向とは逆向き推論で働いている。まず、カテゴリーを知って(女性など)、それからそのカテゴリーにステレオタイプ的な特性を期待、予測する(髪が長い)というのではなく、まず長い髪を見て、それでその人が女性であると推測を行う。協同的なカテゴリー化のもう1つのパラドックスは、ステレオタイプ的な特徴をわざと示すことで(男性の大学教授がパイプをくわえて、肘あてのあるジャケットを着ているなど)、見る人の頭のなかにあるステレオタイプ的な考え方というものの妥当性を強めてしまうといった望まない効果をもつことである。

第5章の残りの部分では、妙技その1、その2、その3を利用して日常生活のなかで、いかにステレオタイプが働いているかをさらに描いていく。現在のステレオタイプの科学的理解によって、これらの現象が理解できることは1つの驚きであるという結論に到達するだろう。

いかにステレオタイプを用いるか

私たちの多くは、「カモは卵を抱く」という叙述を当然のことと理解するだろう。しかし、「カモが卵を抱く」というのは実際の世界中のカモの大多数にとって2つの理由によって実は誤りであるのだ。第一に、オスの子ガモたちに比べて、ずっと少ないメスしか孵化過程まで生き延びない。だから、世界のカモの半数以上が卵を抱かないオスである［6］。第二に、メスのカモであっても、多くが卵を抱くよりは若いカモたちである。卵を抱いているカモというのは間違いなくかなりのマイノリティなのだ。皆さんはこう反応するだろう――「カモが卵を抱くということに賛同したのは、カモには卵を抱くものがいるということを意味しているだけであって、すべてのカモが卵を抱くということを意味しているのではない」

全くその通り。しかし、叙述が「イヌは洋服を着る」だったらどうであっただろうか。何匹かのイヌにおいてはこれはたしかに真である。それでは、この叙述を合理的だとあなたは分類しただろうか。それはありそうもない。私たちの見るところ、「イヌは洋服を着る」よりも「カモは卵を抱く」という方が合理的に見えると考えられる。多くの人が、「カモ＝卵を抱くもの」という強い連合をもっているからだ。そして、あなたがウィリアム・ウェッグマンのマン・レイ、フェイ・レイの写真やそれを引き継ぐ作品に強く影響されているのでなければ、「イヌ＝洋服を着る」という結びつきはもっていないだろう。[注3]

この「カモは卵を抱く」例は、いかにステレオタイプが私たちの思考に影響を与えているかの手がかりを与える。私たちが近所の池を泳いでいるカモが卵を抱くだろうと間違って思ってしまうように、同じようにあまり考えることなく、いましがた出会った高齢者が記憶が弱いだろうと思ってしまうのだ。「高齢＝忘れっぽい」ステレオタイプは若い人と比べて、高齢の人のより大きな割合が弱い記憶をもつといった程度でしか妥当ではない。それにもかかわらず、ステレオタイプは自分よりずっと記憶の良い人たちをも含むすべての高齢者に対するあなた方の反応に影響する［7］。

ここにステレオタイプ的に考えてしまうもう1つの例をあげよう。次の左側にある5つの特性それぞれについて、右にある2つの集団で最初に書いてある方によくあてはまるか、それとも2番めに書いてある方にあてはまるか考えてみよう。

2番めによりあてはまるという解答は、多くの人たちが考えるのと同じようなステレオタイプをもっているということを示すものだ。こうしたステレオタイプをもっているからといって、必ずしも一人一人の人に対する判断の場面でそれを用いるとか、このステレオタイプに基づいて重要な決定をするというわけではない。たとえば、ある企業の経営者は、「リーダー＝男性」ステレオタイプは概して妥当だけれども、出色のリーダーシ

特性	集団
リーダーシップのある	女性よりも男性？
音楽の才能	ネイティブ・アメリカ人よりアフリカ系アメリカ人？
法の専門家	キリスト教徒よりもユダヤ教徒？
数学の能力	白人よりアジア人？
犯罪性	オランダ人よりもイタリア人？

ップを示す特定の女性を役員の候補者として認めるにやぶさかではないとする。しかし同時に、その女性が越えなければならない基準は競っている男性たちに比べて高いものといえるだろう。同じように、「数学＝男性」ステレオタイプをもつ教師は、明らかに才能のある女子が数学の学習を進めるのを励ますことがあるかもしれないが、その一方多くの女子たちの数学能力を過小評価しつつ、男子の才能はよりめざとく見つけ、さらなる支援や注目という異なる扱いを進めるかもしれない。

ステレオタイプ化は有用な目的をもつか？

「人の心はカテゴリーの助けを借りて考えざるを得ない」というゴードン・オルポートの指摘は認めざるを得ないし、彼の言うように、カテゴリーを用いることなしに秩序ある生活は不可能であるけれども、それでも私たちはカテゴリーをつくる活動、カテゴリーを用いる活動の究極の帰結について案じるのである。オルポートはさらに言う。「いったんつくられたら、カテゴリーは通常の先入観のもととなる」。言い換えれば、私たちの脳がつくり上げるカテゴリーは、たやすくステレオタイプを引き起こす。こうして私たちは、あるカテゴリーとある偏見的な属性とを結びつける――たとえば、アフリカ人はよりリズム感をもち、アジア人は数学に優れ、女性は不注意なドライバーでうんぬんと。

たしかに社会的カテゴリーによるステレオタイプ化は広くみられ、著者たちがこの章のタイトルとして用いた「ホモ・カテゴリカス」という語によって示される如く、カテゴリーによるステレオタイプ化は普遍的な人間の特性と認められる。科学者は普遍的な特徴というのを適応性あるいは有用性の観点から理解している。普遍的な特性は概して現在適応的であるか、他の適応的特徴の不幸な副産物であるか、かつて適応的な特徴であった（今はそうでない）問題のあるなごりである。

ステレオタイプ化の広がりに対する現在のおもな説明は、「不幸な副産物」タイプというもので、カテゴリーを用いて世界を認識するという非常に有用な人間の能力の不幸な副産物なのだという理解である。社会心理学者の多くは、この説明をもっともらしいものと考え、私たちもそう思う。

「現在適応的だ」と考えるタイプの説明もある。この理論では、ステレオタイプ的に他集団（外集団）を見ることによって、自分の所属する集団をそれよりも優れているとみなすことで、自尊心を効果的に上昇させることができるのだと考える。多くの他集団に対して好ましくないステレオタイプをもっていることによって、こうした自尊心高揚はかなり行いやすくなる。しかし、この理論は次の点でそれほど説得的ではない。1つには、自尊心を上げるなら人は他のさまざまな方法をすでにもっているからであり、もう1つは、それはとても真とは言えそうにない予測に結びつくはずだからだ。つまり、ステレオタイプを利用して比べるなら、社会のなかで高地位を占める人たちやデフォルトの特徴を有する人たちにおいて、階層が下の人たちよりもステレオタイプ化をよく行うはずだという予測になる。

私たちは、「現在適応的である」タイプのステレオタイプ化の利点についての新たな理論を提示する。「ステレオタイプ化は初対面の人たちを異なった個々人としてすばやく認識する助けを提供する効果をもつ」というものだ。

今の文章は少なくとも2回読んだ方がいいかもしれない。最初読んだときには読み間違えていたことを発見するかもしれない。「ステレオタイプ化は初対面の人たちを異なった個々人として認識させる」という主張は理解しがたい、ばかげた主張にさえ思えるし、1つの集団内の人々がどんなに互いに異なっていようとすべてを1つのサイズしかないような心的ボックスに無理矢理入れ込んでしまうこととしてステレオタイプを理解している誰にとってもそれはおかしな言明だろう。1922年のウォルター・リップマンのステレオタイプの造語の発明を思えば、それは、もともと印刷機で同じ印刷物を生み出す金型のことであった。ステレオタイプがそのように、何でも［　　　　］（空欄にはあなたが望む集団名が何でも入れられる。チアリーダー、イタリア人、ムスリム、宇宙航空工学者など）である人は、同じようであって、そうしたステレオタイプは、異なった個々人として人を認知する能力を促進するよりは、むしろ減退させることにつながるにちがいない。

私たちは、ホモ・カテゴリカスが得意な心の妙技その2にふさわしいものとして、この一見不条理な理論に到達したのだ。それは、同時に6つの（もしかしたらそれ以上の）特徴を同時に用いて、多くの異なったカテゴリーの人々の心的イメージをつくり出す技であった。6次元のカテゴリーに結びついたステレオタイプを適用することで、リップマンの「同一コピー」とはだいぶ違った結果を生み出すことができる。

妙技その2の説明のなかに登場した黒人のムスリムのレズビアンである六十代フランス人大学教授のことを思い出してみるといい。この6つのカテゴリーを示す目印は、それぞれステレオタイプ的な特性をもたらす。1つしか用いない場合は、彼女をたんに、黒人ステレオタイプにあてはめるとか、ムスリムというだけのステレオタイプ、あるいは、他の4つのカテゴリー単独のステレオタイプで見ることになる。けれども、6つのラベルを一緒に用いて一度に考えると、私たちの知っている誰とも似ていない異なった人物としてとらえられるだろう。そのとき、もっている鋳型を特に打ち壊しはしなかったが、でき上がったイメージのその人物は、知っている誰とも混同されない独自の個人として見えたはずだ。

この逆説的な説明をよりたしかなものとするために、こうした6個のカテゴリーで一瞬のうちに把握することがいかにたやすいことであるかを明らかにしてみたい。私たちは始終そうしたことを行っている。あなたが飛行機の搭乗を待っている間、あなたの前を通りすぎる人を想像してみよう。5つのカテゴリーを示す印はほとんどいつもすぐに利用可能だ——性、年齢、人種、身長、体重。服装は、複数の他の印を提供しているかもしれないし、それは収入、社会的階層、宗教、民族、職業などの情報を含んでいるかもしれない。これらの印の各々がそれと結びついたステレオタイプ的特性をもっている。これらステレオタイプすべてをいっせいに活性化させたとき、たとえその通行人が全く知らない人だとしても、その人物についての豊かで複雑な印象を得ることだろう。ちょっと見るだけで、視界にいる他の誰ともこの人物を区別できるだろうし、もしかして空港内すべての人と区別がつくのではないか。こうして妙技その2として私たちが描いた心的な妙技によって初対面の人を異なった個々人として認識するのにステレオタイプを利用することができるわけである。

誰がステレオタイプを用いるのか？　誰がステレオタイプ化されるのか？

人間であるからには、ステレオタイプを用いざるを得ない。ステレオタイプは私たちが高齢、女性、アジア人、ムスリムなどといった語から読み取れる意味の潜在的ながら重要な部分をつくり上げる。そうした自動的に活性化される潜在的な意味は辞書的な定義を越えるものである。たとえば、英語の辞書のどこにも高齢という語に対して「のろい」「忘れっぽい」「耳が聞こえにくい」「弱々しい」といった定義は見当たらないけれども、これらは高齢というカテゴリーがステレオタイプとして抱えている事柄である。ステレオタイプがこのように意味を提供することがなければ、いわば単語をその意味なしに知るようなものである。換言すれば、誰もがステレオタイプを使うのである。

「誰がステレオタイプ化されるのか？」という疑問に対する解答は簡単なものではない。ステレオタイプは平等に分布しているわけではない。あなたが、妙技その3で見たような社会のなかのデフォルトの属性で描くことができるような人であれば、それほどステレオタイプ化にさらされることは少ないだろう。そうしたデフォルトの特性を共有している内集団のメンバーからステレオタイプ化されることはない。日本では、若い男性日本人はステレオタイプ化されない。しかし、同じ人がアメリカにいれば、ステレオタイプ化される。こうしたことが社会のデフォルトのカテゴリーに属する人々がステレオタイプ化をそれほど問題あるものであるとあまり見なさない理由になっているし、彼らは犠牲者にはなりにくいのである。

それに対して、社会のデフォルトである特徴をもっていない人たちは、他者からだけでなく自分自身でもステレオタイプ化がなされやすいし、それは彼ら／彼女らの不利益となり得る。この結論は比較的最近の研究で確立したものであるが、最も無情な一撃ともいえるだろう。集団に適用されるステレオタイプというのは、時に自分たち自身で自己適用しているものであり、そうした場合、ステレオタイプは自分自身での価値減退をもたらしたり、自己成就予言をもたらしたりするのである。

自己成就予言は、利益をもたらすこともある。自集団ステレオタイプに導かれて、アフリカ系アメリカ人が優れた陸上競技選手やバスケットボール選手、あるいは、ジャズミュージシャンになっていくこともある。アジア系アメリカ人がアジア人ステレオタイプによって学校で一所懸命勉強して、奨学金をとり、科学や医学、工学の分野の高給が得られる職に自分たちを送り出していくかもしれない。

しかし、多くの場合そうであるように、ステレオタイプが非好意的な場合には、自分たちに適用されるステレオタイプに同調的に振る舞うように仕向ける力として損害を与える効果をもたらすのだ。高齢者ステレオタイプを内面化した高齢者は、健康を減退させるより大きなリスクを背負い、ジェンダー・ステレオタイプを内面化した女性は、数学や理科の成績を落とすかもしれない。ステレオタイプを内面化したアフリカ系アメリカ人は、自分の学業的才能に沿った行動をし損ねるおそれがある。しかし、宇宙航空工学者はステレオタイプによって傷つく可能性を思わないだろう[8]。

訳注

1 もともとはアフリカ系アメリカ人のファッションであったものが、郊外に住む十代の白人の若者に流行しているスタイル。

2 ウィノナ・ライダーは東欧ユダヤ系の女優。両親がヒッピーであったためもあり、幼いころからコミューンで育つ。後見人は心理学者であるティモシー・リアリーであった。カーク・ダグラスは両親がロシア（現ベラルーシ共和国）からの移民であった。徴兵時に戸籍上の本名をカーク・ダグラスとした。アン・バンクロフトは両親がイタリア移民であるアメリカの女優。「奇跡の人」でのサリヴァン先生、「卒業」でのミセスロビンソンなどを演じた。ロドニー・ダンガーフィールドはユダヤ系アメリカ人のコメディアン（祖先はハンガリーから移住）。注目、尊重されないことをネタとしてきたので、そういった象徴として「○○界のダンガーフィールド」というたとえでよく用いられる。

3 ウィリアム・ウェッグマンの写真作品では、愛犬であるマン・レイ、フェイ・レイがあたかも人間であるかのようなポーズやファッションで登場し、コマーシャル写真のパロディなども示している。

第6章 ステレオタイプの危険性

私たち2人が知っているA・ジョアンはとても健康だった。医師の友人とある日テニスをしていたとき、彼女のかかりつけの医師であるDr・Mが健康診断でコレステロールの血液検査は必要ないと言ったという話に触れた。その医師の友人は驚いて検査をしてもらうようにジョアンを促した。結果が戻ってくると、彼女のコレステロールのレベルはずいぶんと高くて、コレステロールを減らすために、すぐに薬による治療を始めることが必要とされるくらいであったことがわかった。

たしかにDr・Mがコレステロール検査を指示しなかった理由の1つとして女性は男性よりも心臓疾患のリスクが低いという彼の信念があった。言い換えれば、彼は心臓血管系の疾患は男性によくみられるというジェンダー・ステレオタイプに基づいて動いていたといえる。心臓病には性差があるという事実に基づいて、ステレオタイプをもっていること自体は理解できることである。しかし、ステレオタイプを個人に適用するのは大きな問題で、そうした適用は誰もが看過できないような深刻な結果につながったりすることがある。この場合、それはジョアンの健康、ひいては彼女の家族の安全、仕事をすべき機会を見過ごす医師その人、病気のリスクを早期発見することで利益を得る保険会社に至るまで影響はたくさんの者たちに及ぶ。

ステレオタイプはあからさまに白日のもと働くこともあるけれども、その危険を静かにそっと押しつけてくることもある。医師がジョアンにコレステロール検査が必要ないと決めたとき、ジョアンに価値がないとか、検査を発注しないことで保険会社の費用を減じたいとか考えていたわけではない。平均的な心臓病患者である「男性で、体重が多めで、座って仕事することの多い人」という単純な心的イメージからこうした誤りが発していて、ジョアンのようなスリムで身体的にも活動的な女性にはその典型があてはまらなかった。

第5章で示した「外科医と息子」のクイズは、ステレオタイプに頼ってしまうことがいかに不可避かを示している[1]。このような、あるいは他にも害毒をはらむステレオタイプが存続していること、そして日常的に判断や行為を傷つけているという事実によって、それに対抗して私たちはブラインド・スポットを検討するさらに革新的な方法を探していくことが求められるのだ。この章ではさまざまな自動的ステレオタイプを見ていくことで、その性質や帰結を知る。第一に、そうしたステレオタイプがいかに影響を及ぼし、ステレオタイプ化される者に損害を生じさせるかを検討し、第二に、ステレオタイプをもたれる者自身での自己破壊的効果について見ていく。私たちはステレオタイプの最も深刻な結果——暴力や禁固刑、さらには死につながるようなステレオタイプの役割、豊かで生産的な人生へと向かう機会を断ち切る役割などに注意の焦点をあてる。

知ることvs承認すること

1933年と2001年に刊行された2つのステレオタイプの調査はたしかにこの問題が着目に値することを示している。両調査とも（2番めは1番めとの比較を意図して現代のデータをとったものである）、調査協力者にいくつかのパーソナリティ特性がユダヤ人に特徴的なトップ5の特性に入ると見なすことができるかどうかを尋ねた[2]。1933年のデータでは、高い割合でチェックされた特性は、抜け目ない（79%）、欲得ずくの（49%）、勤勉な（48%）、貪欲な（34%）であった。およそ70年後、同じ方法を用いて調べた調査では、ユダヤ人の特徴として同じ特性のチェックはずっと少なくなっているのがわかった。抜け目ない（30・5%）、欲得ずくの（3・4%）、勤勉な（11・9%）、貪欲な（0%）である。もし、1933年と2001年のいずれの結果が、今日の人々がユダヤ人に対してイメージするものに近いかを問うならば、私たちの考えでは、1933年の方により近いのではないかと思う。おそらく1933年よりもいくぶん減じていっているかもしれないが、それでも2001年の結果ほどには低くないと考えられる。しかし、2001年の回答者はそうは考えなかった。1930年代は、アル・カポネや大恐慌、アメリア・イアハートを思い起こすと[注1]、もうとても遠く感じられるけれども、どうして私たちの予測は2001年のデータよりも1930年代のデータに近いといえるのだろうか。

ステレオタイプは長続きするものだから、1930年代の人々はユダヤ人の歴史的ステレオタイプを知っていたのは当然である。たとえば、シェークスピアの『ベニスの商人』やクリストファー・マーロウの『マルタ島のユダヤ人』の登場人物に明らかに表れているようなエリザベス朝のイギリスでのステレオタイプを考えてみるといい。シャイロックとバラバスは、抜け目なく、欲得ずくで、勤勉で、貪欲な典型例だ。[注2] 330年後の1930年でさえ、これらの特性は覚えられていて回答として表明された。驚くべきなのは、むしろ2001年におけるその激減である。そこで、次のような疑問が持ち上がる。2001年の回答者は1930年代の人々が「知って」いたこのステレオタイプを全く本当に無自覚なのだろうか？　あるいは反ユダヤ主義が受け入れがたいので、ネガティブなステレオタイプでユダヤ人を特徴づけることをしないで、嫌悪感を示すステレオタイプを表明することをやめただけであると考えた方がもっともらしいのではないだろうか。もしもそうであるならば、誰が回答者を責めることができるだろう。私たちもそうしたステレオタイプを頭の外に出してしまって、それを見ないようにすることでただそれを遠くに追いやってしまうことができればと望む。

第4章で私たちは、解離という概念を示した。人は矛盾する2つの態度を同時にもち得、なおかつそれぞれを分けておいておくことができるので、この解離が矛盾していることさえ明らかにはならない。実際、ジェリー・サインフェルドのコメディで繰り返される「それ自体に問題があるっていうんじゃないんだ！」というのをそのよくあてはまる例として用いた。たとえば、意識的にはゲイに友好的でありながら、一方そうであると認識されてしまうと嫌悪的になるといったものだ。

この解離という考えにここで１つひねりを入れる必要がある。解離というのは矛盾する態度をもち、一方は意識的だが、他方は自動的であるような状態を表していることを思い起こしてほしい。第４章でこうした記述を読んでいたとき、みなさんが何か足りないような落ち着かない気持ちを感じていたとしたら、十分その理由はある。そうした自動的な態度をもつ人はそれを認め得るのかどうかという疑問にはまだ答えていなかった。

その考えをただ知っていること――たとえば、ＵＦＯがニューメキシコ州に着陸したというのと、それを信じているあるいは、認めていることとは異なるということを理解するのは容易だろう。この区別によって、私たちは、ユダヤ人の伝統的ステレオタイプと全く似つかぬ特性セットの選択を示したあの調査の問題に引き戻される。回答者の選択は、「私はそのステレオタイプについてはよく知っているけれども、今はそれを認めない」という言い方であるのだ。そうすることで、彼らは、ステレオタイプを信じているあちら側にいる愚かな人々とこちら側にいて信じていない賢明な自分自身との間に明瞭な線を引いている。意識的にもつ信念の限りにおいては、そうした区別は完全に意味をなす。

例として、地球という概念を考えてみよう。たくさんある特徴のなかに丸いという性質を含んでいる。地球という語を聞くと、青い惑星のイメージが自動的に頭に浮かぶ。たいていの読者は地球が丸いということを知識として知っていて、なおかつその考えを信じている――それが、教室の片隅にホコリまみれで転がっている空気で膨らませたビニル製の地球からアポロ8号による撮影以来ずっと宇宙から送られ続けている映像としての地球に至るまで、数々の地球のイメージを見たことによるものでしかなくても。何かを認めるということは、たんに気づいている、知っているというのと違って、それに労力をつぎこむということだ。

こうした説明は、私たちが地球の形状についての信念という意識的にもっている信念について語っているうちは完全に意味をなしている。しかし、これが私たちのもっている自動的な信念という文脈で、「知っていることと認めることの差異」について同じように考えたとしたら、ことはそう簡単にはいかないことに気づくだろう。数学＝男性という自動的な連合をもっていて（知っていて）、それを用いることが、それを認めるということなしにあり得るだろうか。意識的で思慮可能な信念について述べている限りにおいては十分有意味であった「知ることと認めることの違い」が、自動的な心的表象の場合にあてはめようとすると不適当なものになってしまう。私たちの見解は、自動的なレベルにおいては、熟慮的なレベルとは違って、承認するという能力をもたないので、「知ることと認めることとの差異」は無意味になってしまうということだ。

私たちの人間心理のこうした無意識側面への科学的進展は、ほんの最近のことでしかないので、この考えを理解するのは難しいかもしれない。それゆえ、自動的なステレオタイプをもつということの意味さえ理解するのは難しいだろう。それは、社会集団についての信念であり、それを私たちは有していながら、個人的には承認することも、あるいはもっていると認めることさえないといったものである。しかし、私たちの心は私たちを取り巻く文化によって形作られてきたものである。実際、私たちの心は文化によって大きく浸食されている。どの程度そういった文化の影響が及んでいるかよく把握するためには、地球平面協会といったマイノリティに与えられる挑戦を想像してみるとよい。19世紀の思想家サミュエル・ロウボトムの当世の追随者たちは、地球上に住む多数の人々とは異なった見解を承認している。彼らは、地球が平らであると、大地のように固く信じている。

しかし、「平らな地球」信奉者は、地球が球体であるという考えが行き渡ったこの世界に生きている。どこを見ても、地球は２次元の円盤ではなく、球体であるというふうに、教育現場でも写真でも言説でも示されている。「平らな地球」信奉者は、地球が２次元的な円盤であるという考えを疑いなく承認しているわけであるが、自動的な連合を検討したとき、どうであろうか。

彼らにＩＡＴを受けさせる説得を行うことで、地球の形状についての自動的信念を検証できるかもしれない。そこでは、「地球＝球体 vs 地球＝平面」の相対的な連合強度を測定できる。平面性を明示的に承認している彼らの信念にもかかわらず、ＩＡＴ得点では、「地球＝球体」という知識を彼らがもっていることがきっと明らかになるだろう。テストによってそれが表面化されても、「平らな地球」信奉者はすぐにその結果を自分の個人的な信念ではなく、球体主義者がずっとプロパンダを行っている心的な反映の不可避的な現れでしかないと反論するだろう。そして、地球は球体であるという支配的な見解を文化的浸透を通して吸収することを拒絶する能力は人間にほとんど備わっていないのだから、その言っていることは正しい。

そうだとすれば、私たちがユダヤ人ステレオタイプIATで見出されるものは何なのか。IATはユダヤ人が貪欲で、欲得ずくで抜け目ないといった自動的なステレオタイプを明らかにするのだろうか。誰もそんなステレオタイプは、ユダヤ人の多くがもつ性質だとは思わないだろう。しかしそうではない。マーザリンとトニーはこれまでIATによって残念な発見が繰り返されてきていることに慣れているので、ユダヤ人ステレオタイプが現代のアメリカにおいて自分たち含めてまだ心のなかに残存しているのを見つけてもさして驚かなかった。私たちは、映像や物語や、ジョーク、会話、言外の揶揄などにおいて社会的場面に広がっているそうしたプロパガンダに繰り返しさらされているわけなので、こうしたステレオタイプをもっているのである。

一夜にして有名

1980年代後半、「一夜にして有名」と興味をそそるタイトルの論文が科学雑誌［3］に現れた。そこではラリー・ジャコビーとその3人の同僚らが一連の簡単だけれども、巧妙な実験を報告していた。もしあなたがこの実験の参加者であったなら、地域の電話帳からひいたセバスチャン・ウェイスドルフといったような何十もの普通の名前のリストについて、名前の発音のしやすさの判断をまずは求められることになる。

翌日、実験室を再訪すると、別のリストが与えられて、実はそのリストは3種類のタイプの名前が含まれている。（1）前日読んだ名前（無名旧項目と呼ぶ）、（2）同じように電話帳からとられた新たな名前（無名新項目）、（3）アイスホッケー選手のウェイン・グレッキーのような実際に有名な名前（少なくとも研究が行われたカナダにおいては、「有名」項目）の3つである。あなたのなすべき課題は、それぞれの名前について簡単な質問――「これは有名な人の名前ですか？」に答えるというものである。

正解するには、実際有名な人物の名前にイエスと答える一方、旧項目であっても新項目であっても電話帳からとられた無名の名前に対してはノーと回答しなければならない。しかし実験者が発見したことは、彼らの考える記憶の理論の通り、無名旧項目は2日目、油断ならない働きを示すことになった。無名でも初めて見た新項目よりも前に見たことのある旧項目において、間違って有名だとより考えてしまいやすいことがジャコビーのデータから示されたのだ。

記憶には質感がある。絹の質感について私たちが感じるかのように、記憶を「感じる」ことによって私たちはその質感を得る。名前における親近感（熟知感[注3]）は記憶にそういった特別の質感を与える。セバスチャン・ウェインドルフといった無名旧項目は、そういった親近感によって混乱が引き起こされる。研究の参加者は、この名前に感じる親近感がどこから来るか考えなくてはならない。昨日のリストにあったから親近感をもつのか、あるいは、その人物が有名だからか。新項目であるアンドリュー・リングレンなどの場合には、そうした混乱は生じない。事前に呈示されていないので、そうした親近感を感じないからだ。親近感のあり得る2つの源泉を混同することによって、実際有名でない人々を誤って有名だと考えてしまうという明らかなマインド・バグが生じるのである。

◆だけど、セバスチャンがサマンサだったらどうだろう

ひとひねりして、私たちは、ジャコビーの気の利いた実験に手を加えて、別のマインド・バグのコストとベネフィットについて調べてみることにした。多くの社会では、何かを達成したとか、名前がよく知られているとかいう有名さの基準に基づけば、女性よりも男性の方が有名人が多くみられているという事実から出発してみよう。これは人間の活動のあらゆる領域――芸術、政治・経済活動、スポーツ、学術など――でみられる現象である。私たちは、親近性が女性よりも特に男性に対してより大きな利益を提供するか、次の疑問を問うことによって検討してみた。ジャコビーの結果は、それが男性名でも女性名でも同じように親近性の効果で誤って有名と判断されるものなのだろうか。

ジャコビーはすでにこうした取り組みをしやすいような実験のスタイルを提供していた。私たちは、ジャコビーたちがもっぱら男性名を用いていたところに、たんに、サマンサ・ウェインドルフといった女性名を加えるだけでよかった。私たちが行った数回の実験において、女性たちもたしかに一夜にして有名にはなるけれども、その割合は男性名の場合よりも有意に低かった。明らかに、偽りの有名効果のマインド・バグは女性よりも男性の名前において効果を生み出しやすいようだっ

た。この不平等のもたらす意味はいうまでもないだろう。実際何も業績をあげていなくても何かを成し遂げたと（誤って）仮定されやすい利益を社会生活のなかで男性は女性よりも受けやすいのだと指摘することで十分である。

偽りの有名効果マインド・バグの顕著な特徴は、有名さの判断においてこうした性差の働いていることにテストを受けている人たちは全く自覚に欠けるという点であった。実験参加者に直接これを質問してみても、数百人の実験参加者のうち、ほとんど誰も名前の性別に自分たちの回答が影響を受けたとは考えていなかった。そうした可能性を私たちが示唆したときでさえ、彼らは驚いていた。実際使われているステレオタイプは、明らかにブラインド・スポットにあるのだ。

実はこの研究は、マーザリンとトニーのステレオタイプにかかわる初の共同研究であり、すぐに引き続いて次々と研究を生み出し、それがこの25年間続いている。１９８０年代後半にこの一連の最初の研究を完遂したときでさえ、もっとより一般的に論証できるならば、こうしたバイアスによって問題のある自動的ステレオタイプを浮き彫りにすることができるはずだと思われた。それができたなら、法律やビジネスや医学など多くの専門の世界にいる人たちみんながデータに関心をもつことだろう。本書の副題にもある「善良な人々」は、当然ながら、誰にもステレオタイプを用いた判断の犠牲者になってほしくないと思っているだろうから。

次の２つの節では、黒人を武器と結びつけることと、アジア系アメリカ人に白人と同じ市民資格をもつことを否定しようとする２つの良くない外集団ステレオタイプについて述べる。

「黒人＝有害」ステレオタイプのコスト

黒人は犯罪者であるという信念は、実際に特定の黒人の男性が犯罪者である確率が低いものであっても持続している[4]。言うまでもなく、ある集団を暴力や犯罪と結びつけるステレオタイプの存在はゆゆしいものであり、個人、集団、社会に重大な影響を生む。

次のＩＡＴは、人種と武器との連合をテストするよう企図されたものである。前と同様、私たちは、シートＡからでもシートＢからでも始めることができる。次がこのＩＡＴの４つのカテゴリーである。

黒人系アメリカ人：アフリカ系らしい容貌の顔
白人系アメリカ人：ヨーロッパ系らしい容貌の顔
武器：カノン砲や拳銃、刀などの写真（絵）
無害なもの：電話、ソーダ缶、カメラなどの写真（絵）

A

武器とアフリカ系アメリカ人の顔では、左の○に印をつけてください。それ以外のもの（無害な道具とヨーロッパ系アメリカ人の顔）には、右の○に印をつけてください。左上から始め、上から下にすべての項目に順番に回答してください。その後、右の列に移ってください。すべて回答できたら、かかった秒数を右下に書いてください。

武器または アフリカ系 アメリカ人の顔	無害な道具 またはヨーロッパ系 アメリカ人の顔	武器または アフリカ系 アメリカ人の顔	無害な道具 またはヨーロッパ系 アメリカ人の顔

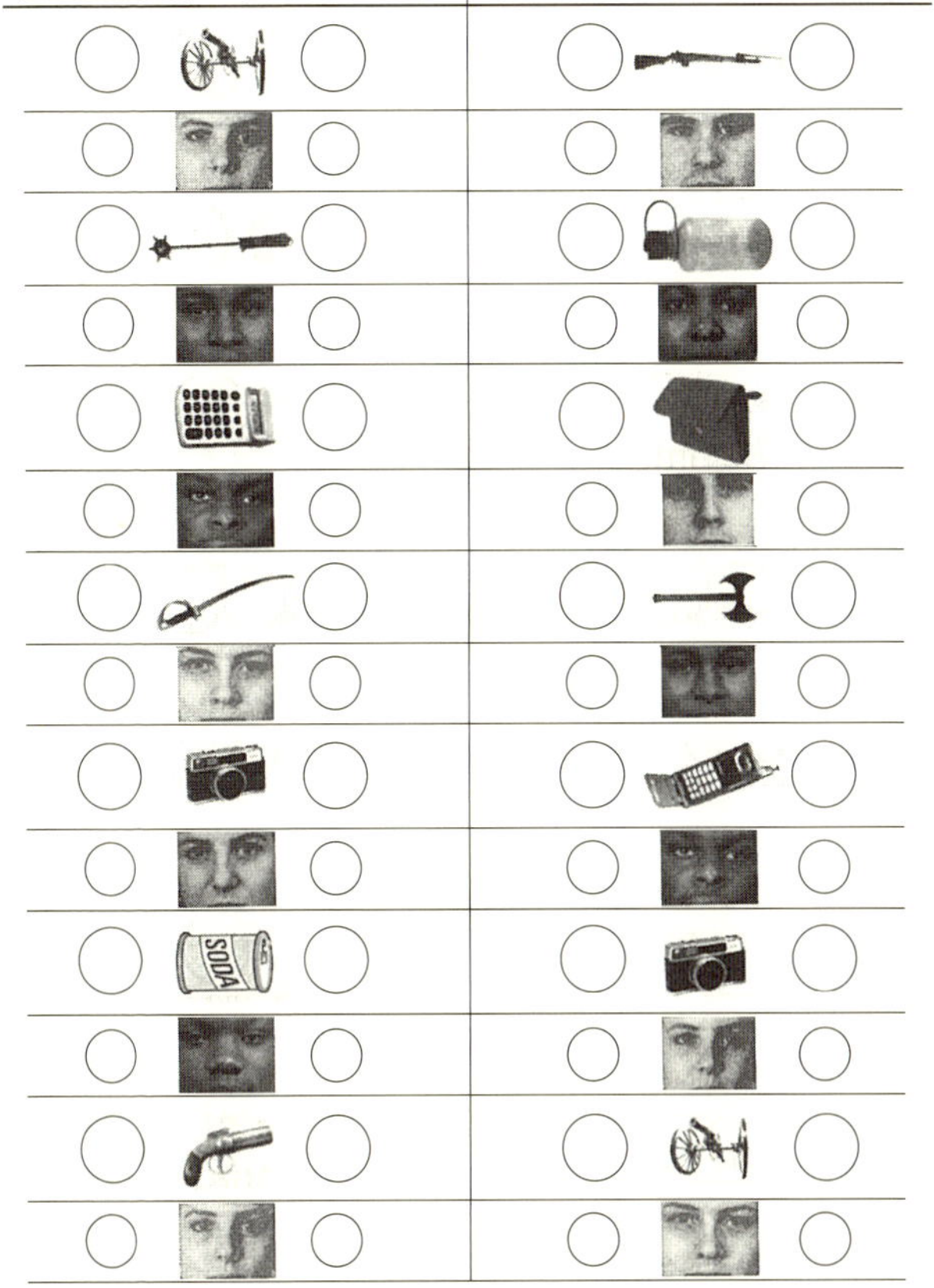

かかった秒数：＿＿＿＿＿＿

間違いの数：＿＿＿＿＿＿

B

武器とヨーロッパ系アメリカ人の顔では、左の○に印をつけてください。それ以外のもの（無害な道具とアフリカ系アメリカ人の顔）には、右の○に印をつけてください。左上から始め、上から下にすべての項目に順番に回答してください。その後、右の列に移ってください。すべて回答できたら、かかった秒数を右下に書いてください。

武器または ヨーロッパ系 アメリカ人の顔	無害な道具 またはアフリカ系 アメリカ人の顔	武器または ヨーロッパ系 アメリカ人の顔	無害な道具 またはアフリカ系 アメリカ人の顔

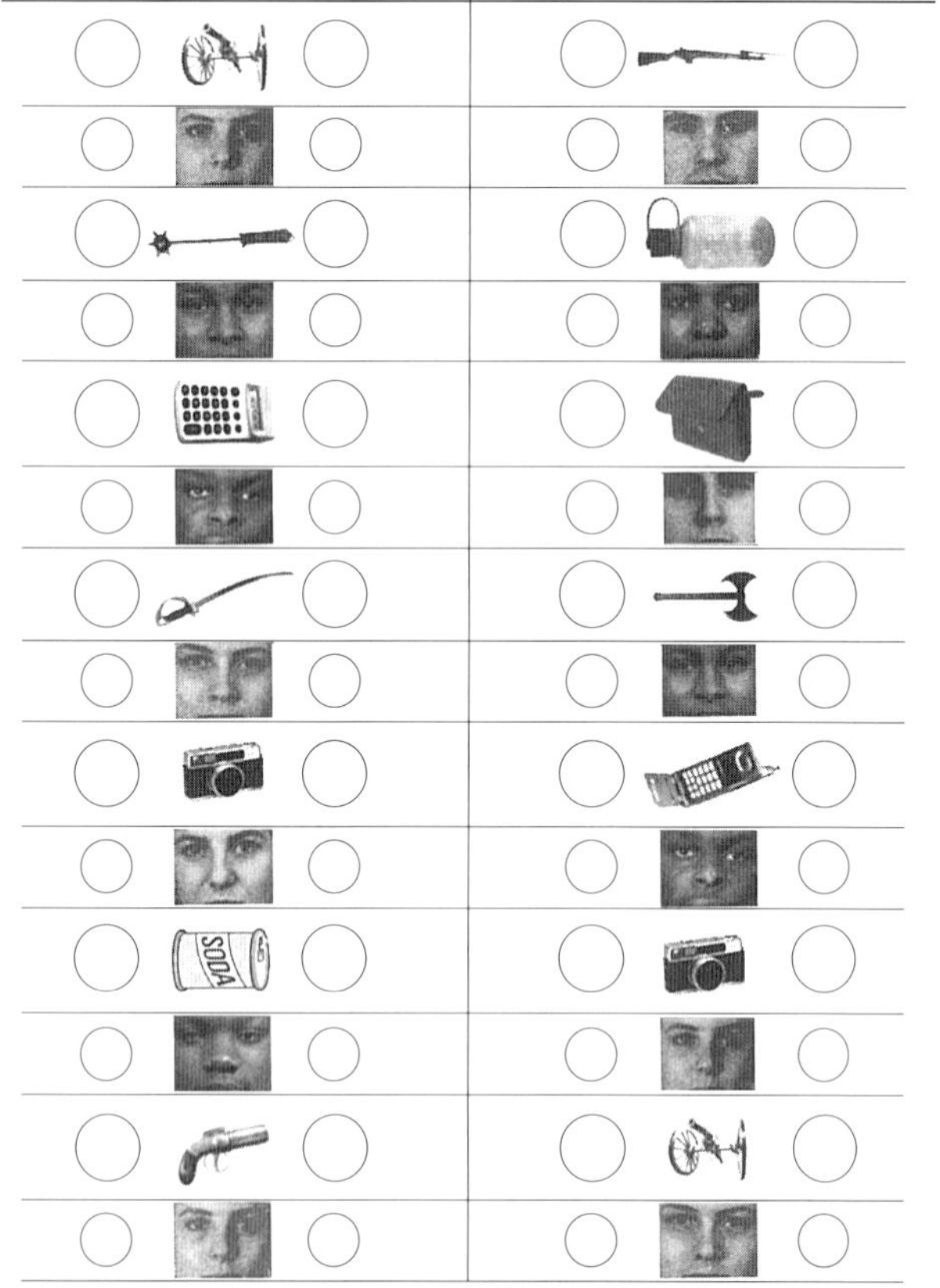

かかった秒数：__________

間違いの数：__________

時間を計って2ページのテストを完了したら、最初にIATを紹介した第3章を見返して、スコアリングの仕方の詳しい説明を見るとよい。もしこのテストをオンラインもしくはモバイル機で行う方がいいなら、bit.ly/P7byzi をどうぞ。

現代的な武器の写真を使うのではなく、この人種－武器IATでは、斧、剣、カノン砲、拳銃など前世紀的な武器の写真を用いていたことに気づいたかもしれない。私たちはよく考えて、現在の都市犯罪とステレオタイプ的に結びつく類いの武器は避けて、そうした人種ステレオタイプが入り込むのを減じるようにした。このテストに用いられた武器は実際的にはヨーロッパ文化と強い歴史的結びつきがあるわけで、これらの武器の利用は影響があるとしたら、「白人＝武器」連合に傾くようなものであることを意味する。

しかしながら、多くの回答者のデータが示すところでは、このテストを受けた70％以上の人が、黒人と武器をペアにしたシートAよりも、白人と武器をペアにしたシートBの取り組みにより困難さを示したのであった。ウェブの implicit.harvard.edu における8万人以上の人種－武器IATでの結果の分析からも3つの重要な結果が示されている。

第一に、自動的な「黒人＝武器」連合は、質問紙調査で表明された回答よりもすべての集団において――白人、アジア人、ヒスパニック、アフリカ系アメリカ人でさえ、ずっと強かった。第二に、この自動的ステレオタイプの効果サイズは、集団によって明らかに異なっていた。白人およびアジア人において効果は最も大きく、ヒスパニックがそれに続き、アフリカ系アメリカ人において最も効果が弱かった。しかし、アフリカ系アメリカ人においてさえ、ややステレオタイプがあると示されている。

第三に、意識的な自己報告に基づくテストと自動的ステレオタイプと2種類のテストの結果を比べると、どういう人がステレオタイプを有するのか新たな興味深い事実が見出された。意識的な自己報告回答では、教育水準が高いほど、黒人と武器との連合を認めることが少なかったが、自動的ステレオタイプでは、教育水準は全く影響していなかった。最も高い教育程度の者も、最も低い者と同じくらいの潜在ステレオタイプを示していた。意識的な信念とは別に、私たちはみんな、黒い肌をもつ男たちが暴力と結びつけられるような映像や物語から、あたかも免疫を欠いたもののように、教育水準にかかわりなく、こうしたステレオタイプ的な信念に感染してしまっているかのようだ。

黒人の人たちは、彼らを取り巻く人々が黒人と暴力を結びつけていることに十分気がついているし、白人やアジア人よりは程度が小さいけれどもスティグマ化された信念を自分自身も抱いていたりする。彼らは、毎日そういったことを経験する。街を歩いているとき、タクシーをとめようとするとき、店に入るとき、仕事を求めるとき、住む場所を求めるとき、ローンを借りようとするときなど。多くの者が自分たちが無害であることをシグナルで示す顕在的な方略を開発している。非常に印象的な例として、ジャーナリストのブレント・ステイプルズは、公共の場にいるとき通行人を安心させるために有名なクラシック音楽の口笛を吹いていたと語っている。これは、ヴィヴァルディの口笛を吹いている人は人を襲ったりしそうにないという「ヴィヴァルディ＝無害」連合を利用しているのだ［5］。

「連合による罪」という観点から、「黒人＝武器」ステレオタイプは、市民と法執行が関係する場面において特に重大な影響をもつ。黒人男性を誤って撃つというのに人種がどれくらい大きな役割を果たしているか決定的に述べるのは難しいけれども、黒人男性は、白人男性よりも有意に多くそうした誤りの影響を被ることを私たちはたしかに知っている。この問題の悲劇的な結果として象徴的なケースが時折生じるが、近年そうした位置づけを得たのは、アマドゥ・ディアロの場合である。

ディアロは23歳のギニア出身の移民でニューヨーク市の歩道でビデオを売って、大学に入学する夢のために資金を貯めていた。１９９９年2月の早朝、４人の白人の私服警官を乗せた車がブロンクスのディアロの住むアパートの建物のところをちょうど彼がドア近くに立っているときに通りかかった。警官がディアロに近づいたとき、警官のブラインド・スポットに生じる一連の誤りが悲劇の条件をつくりだした。ディアロは自分のさいふに手を伸ばし、おそらく警官に何らかの身分証明書を見せようとしたのだろうが、警官のシアン・キャロルはこれを攻撃だと誤って見なして、他の同僚に注意を呼びかけるべく、「銃だ」と叫んだ。そして、1人が転んだので、それが撃たれたのだとの誤解を他の者たちに生じさせてしまった。パニックに襲われて、警官たちは続く数秒のうちに41発を発射し、ディアロの身体にその半数ほどが浴びせられた。

少なくとも2つの判断の誤りがここでは注目される必要がある。第一に、人の顔の認識について、他人種よりも白人種／民族の顔の方がよくわかるということが知られている。たとえば、白人系アメリカ人はアフリカ系アメリカ人の顔を白人の顔ほどにはよく区別できない[6]。ブロンクスの悲劇では、こうした知覚的困難さが、ディアロを危険な連続暴行魔と見間違ったのに影響していたものと想像される[7]。

第二に、自動的に働く「黒人＝武器」というステレオタイプが、ディアロのさいふを銃と見間違えるように促してしまっていたのだろう[8]。いくつかの実験によって、携帯電話などの無害なものを持っている黒人男性が実際間違って撃たれやすいということが確認されている[9]。これらの実験では、ディアロなどのケースに動機づけられて、1つの現実の出来事だけよりもより明白で確実な証明として、心に潜むステレオタイプが生死を分ける決断を駆動する可能性を示している[10]。

私たちにとって、ブラインド・スポットに基づく誤りが日常的にみられるということは衝撃である。こうした誤りは、とりたてて悪意を必要とせず、コストを課してくるものである。アドリーヌ・リッチの「真夜中の人命救助」という詩では、私たちよりも雄弁に述べている[11]。

老いも若きも誰をも打たずにいる私は幸い
誰も殺さなければ、傷跡も何も残らない
そうした人生を私もみんなも積んでいくのだ。

私たちみんな人生経験を積んでいくけれども、自分たちは善良な人々だと思いながらも自身を誤った行為へと導いていくそうした「頭のなかのイメージ」をつくり上げていくのもまさにそのような一見害のない日常経験なのである。

アメリカ人＝白人というステレオタイプの問題

スタンフォード大学の心理学者クロード・スティールは、どの社会でもある種の人々がもっている「容疑の重荷」について語っている。彼らは社会のなかで容疑をかけられるような集団に属しているからだ。そうした重荷は壊滅的な効果をもつ。殺されるよりはいくぶん穏健な悲劇といえる台湾出身の原子核科学者ウェンホー・リーのケースを紹介しよう。リーは、ニューメキシコ州のロスアラモス国立研究所で働くアメリカ市民であったが、１９９９年アメリカの核に関する機密を中華人民共和国に漏らしたということで告発された。てっとり早く述べると、リーはそのために解雇され、大陪審で詐欺、スパイ活動、アメリカ政府に対する欺き、中国政府との接触、他国での求職などを含む59もの起訴状を発せられた。リーはその間ずっと無実を訴えながら、刑務所で9か月を過ごした。

それに引き続く驚くべき一連の出来事の末、リーの無実は明らかになり、ＦＢＩ捜査官であるロバート・メセマーが偽の証言を行ったことを認め、リーを否定した判事は嫌疑の間違いと投獄について謝罪し、彼を解放した。２００６年に連邦裁判所はリーのプライバシー侵害についてアメリカ政府を訴えたのに対して１６０万ドルの賠償金を認めた[12]。

このケースが示す問題の核心は、善良な人々のブラインド・スポットから生じた一連の判断や決定がリーの起訴にいかにつながっていったかということだ。リーが中国人であるということが、あたかも病気の素因遺伝子をもつかのように、彼が抱えるリスク要因だったのか。もしも彼が同じラストネームの、たとえば、ロバート・E・リーというヨーロッパ系のロスアラモスの科学者だったとしたら、事態は同じように展開していただろうか。ウェンホー・リーの話が示す身も蓋もない結論としては、全くもってその民族性だけのために、容疑の重荷を背負ったということだ。

ステレオタイプは、個人的な憎悪や復讐の念なしに働くのでその影響をつきとめるのは難しい。疑いなく、この話を勃発させたニューヨークタイムズの記者の意識的な動機は、自分の職分を効果的に果たそうと願っただけであったろう。偽りの証言を行ったFBI捜査員の主たる動機も国を守ろうという願いであったろう。しかしステレオタイプは、たとえその証拠が誤りであっても、心的な確証感を生み出してしまうのだ。私たちの心によって生み出されたデータは次々に溢れ返る報道の正当化を提供し、嘘を受け入れやすくし、容疑者を勾留する実際的な決定へとたしかに結びついていく。

ステレオタイプはそれを獲得するのに特段の努力も不要である。全く逆に、ステレオタイプは努力なしに獲得され、減退させるには格別の努力がいる[13]。

ステレオタイプの効果を減じるのは容易なことではない。なぜなら、ステレオタイプ的な考え方が埋め込まれている一般的な心的プロセスは役に立っているからだ。この同じ心的能力によって、私たちは適正にものを知覚したり、カテゴリー化したりできるようになるし、それは私たちが学んだり、理解したりするのに必要であり、うまく発見したり、認識したりすることを可能にするわけだが、同時に私たちを正しい道から外れさせる能力にもなってしまう。有罪か無罪か決定するために開かれている公判の法廷のように自分の心を想像してみると、ステレオタイプの欠点というのは法に基づく適正手続きをとらずに示談を決めてしまうようなものだ。ステレオタイプに依存してしまうことで、私たちの心は検事が舞台に登場する前に無罪かもしれないものをある程度有罪として勝手に告発しているようなことを行ってしまう[14]。

ウェンホー・リーのケースによって、アジア系アメリカ人の特定のステレオタイプについて私たちは検討することになった。市民権という語は、法的に明確に意味をもち、その概念は簡明なものだから広く知られているし、共有されている。祖父母がヨーロッパの人であっても中国の人であってもその2人の人は、等しく合衆国で生まれ、育ち、同じようにアメリカ人であることを知っている。質問はこうだ。この法的な平等を私たちは意識的には認め、2人ともアメリカのパスポートを保持しているとわかっていながらも、本当に平等にアメリカ人であると考えているだろうか。

イェール大学のＰＤ研究者ティエリー・デボスは、ウェンホー・リー事件が最初に起こったときに、「アジア人＝外国人」ステレオタイプを測るＩＡＴをつくった。アジア人と白人集団を表すのに学生の顔写真を用い、両者ともアメリカで生まれ育ったことを明確にし、そして遺跡や通貨、地図などの写真を用いてアメリカと外国を表したシンボルとの連合を測定した。

デボスのＩＡＴの結果では、白人系アメリカ人もアジア系アメリカ人の参加者も両方とも、ドル札やアメリカの地図などのアメリカのシンボルをアジア系アメリカ人よりも白人系アメリカ人と結びつける方がうまかった。アジア系アメリカ人自身ではそうした連合は白人ほど強くはなかったが、彼らも自分のグループをアメリカよりも外国と結びつけやすいことを示した。この結果は、私たちに「黒人＝武器」ＩＡＴで見出したものを思い起こさせる。そう、容疑のかけられる集団メンバーであることは地位の低いネガティブなステレオタイプを示す傾向がある。しかし、彼ら自身もそうしたステレオタイプをもつことから免れていない。こうした結果は、集団が被る危害がどのくらいのものか、さらには、文明化された社会としてそこに埋め込まれた不利益にどう対処していくべきなのかを考えなくてはならない政策立案者にとって明らかな示唆に富む。

そのような自動的連合がいかに奇妙なものであるか検証するために、デボスは次にコニー・チャン、マイケル・チャン、クリスティー・ヤマグチなど有名なアジア系アメリカ人とヒュー・グラント、ジェラール・ドパルデュー、カタリナ・ビットなどの有名なヨーロッパの人たちを選んで組み合わせた。[注4] そして、これらの有名なアジア系アメリカ人と白人の外国人とをアメリカ人概念との連合をテストした。すると再び、同じようなタイプの結果が得られた。テストを受けた者にとっては、ヒュー・グラントなどの白人外国人をコニー・チャンのようなアジア系アメリカ人よりもアメリカ人概念と結びつけやすかったのだ。彼の実験参加者たちはテストを受けているとき、彼らの心は意識的な信念だけでなく、事実とさえも反しているステレオタイプが明らかにされていることに気づいていたようだ。このテスト結果は、私たちの「最もばかげたマインド・バグ賞」の有力候補だ。

バラク・オバマの大統領選挙から引き続く数週間、数か月の間に出生疑惑主義者（birthers）として知られるようになった集団が大きく成長してきてメディアの注意を惹くことになった。単純に言って、出生疑惑主義者はバラク・オバマがアメリカの生まれではなく、それゆえ法的に大統領の資格にあてはまらないと信じている者たちだ。そんな人々は無視して、ばかげた狂信者たちだとラベルを貼ることもたやすい。しかし、何らかの自動的なレベルでは、「アメリカ人＝白人」というステレオタイプをもつその程度において、多くの者たちが出生疑惑主義者と似たようなものであるといった心地良くない可能性を指摘しておきたい。出生疑惑主義者である人とそうでない人との違いは、意識的な信念の部分にある。オバマに票を投じて、出生疑惑主義者でない人は「アメリカ人＝白人」の自動的連合を無視する能力を示し、自らの意識的思考によって自身の行動を指令することを可能にしてみせた。

このデボスのテストのことを議論すると、時々こうした「アメリカ人＝白人」連合はアジア系の人々よりも先に白人たちがアメリカに来て、それゆえより正当にアメリカ人だとみなされるという正当な事実から起こっているのではないかといわれたりする。たしかにそう言うこともできるかもしれない。しかし、そういう論理であるならば、深く考えるまでもなく、誰がよりアメリカ人だと考えられるべきかは明らかである。ネイティブ・アメリカ人かヨーロッパ系アメリカ人か。テストをしたらどうなるかあなたの反応を予測したらいい。実際のテストは、implicit.harvard.edu にあるのでぜひ試してみよう。

自滅的なステレオタイプ

「ステレオタイプを用いるな」といった標準的な訓戒を聞くとき、ステレオタイプを用いる人は、自分以外の集団を軽蔑的に言及していたり、自分以外の人たちを型にあてはめて見ていたりするものだと思うだろう。しかし、先にも述べたように、人はしばしば自分自身が属する集団に対してネガティブな自動的ステレオタイプを示すものだということがわかっている。この章の前の方で、黒人系アメリカ人自身が「黒人＝武器」ステレオタイプを、アジア系アメリカ人自身が「アメリカ人＝白人」ステレオタイプを、意識的にはそうした信念を否定していても、有していることを報告した。これらの結果は、クロード・スティールが唱えた概念である「ステレオタイプ脅威」の現象が示していることと合致する。ステレオタイプ脅威とは、ネガティブなステレオタイプを受けている集団のメンバーが――数学において女性が、あるいは、概して達成的なテストにおける黒人が――その集団のメンバーであることをちょっと思い起こさせるだけで、それらのテストの遂行成績が悪くなるという現象である［15］。この結果は数十の実験に基づく強力な実証的証拠があり、こうしたステレオタイプの自滅的性質について次に取り上げる。

ジェンダー－キャリア・テスト

世界の多くの社会では、女性と男性とでは異なった役割をかつて占め、あるいは、今もしばしば担っている。女性は家事の領域を、男性は仕事の領域を支配するといった具合に。しかし、現在こうした配置が大きく変化している様子を見てもいる。女性の労働力への参入は多数にのぼる。2010年2月、アメリカの歴史上初めて、非農業領域の労働者数において女性の数が男性の数を上回った（6420万人 vs 6340万人）と、労働省が発表した[16]。

こうした大規模な文化的、経済的変動によってアメリカにおける労働者は今や50％が女性になっているという事実にもかかわらず、家庭において主たる家事従事者が誰であるかということにはより少ない変化しか見受けられない。かつて私の同僚が言ったように、「夫はランチをつくれないわけではない。そうではなくて、ランチをつくるということが思い浮かばないのだ」。彼女の皮肉な観察の意味するところは、たとえ、彼女と夫が同じだけ職業的な労力を投じても、そして夫が必要な家事を果たしたとしても、家事への労力投資は、まだ明瞭な違いが残されているということだ。だからたとえ職場が女性と男性で同じ人数で占められていようとも、家事労働における女性の占有と職業における男性の高地位独占といった状況から、ステレオタイプは今も残り続けていると私たちは思っている。
このような「女性＝家庭」「男性＝仕事」という連合は、自分たちの頭のなかには存在しないと信じている人にとっては、次の２ページのジェンダー－キャリアＩＡＴが有用な情報を与えてくれるだろう。前と同じく、あなたはシートＡとシートＢどちらを先に行ってもらっても構わない。もしオンラインかモバイル機器で行いたいならば、bit.ly/SY5lF4を訪れてみよう。このテストでは、次の４つのカテゴリーがある。

女性：彼女、彼女を、女性、女性たち、少女
男性：彼、彼を、彼の、男性、男性たち、少年
家庭：庭、洗濯物、台所、結婚、子ども、家庭
職業：オフィス、仕事、職業、ブリーフケース、マネージャー、給料

自分で時間を計り、できるだけ速く行い、それぞれの語を右か左の丸にチェックを入れることで男性関連語か女性関連語に分類を行い、同時にページに指示された通りに家庭か職業かチェックを入れるようにする。ＩＡＴの詳細な教示と採点については、第３章を参照。

A

女性についての語と家庭についての語では、左の○に印をつけてください。それ以外のもの（男性についての語と仕事についての語）には、右の○に印をつけてください。左上から始め、上から下にすべての項目に順番に回答してください。その後、右の列に移ってください。すべて回答できたら、かかった秒数を右下に書いてください。

女性または家庭		男性または仕事	女性または家庭		男性または仕事
○	彼女	○	○	女性たち	○
○	庭	○	○	家庭	○
○	彼女を	○	○	男性	○
○	オフィス	○	○	マネージャー	○
○	彼	○	○	男性たち	○
○	洗濯物	○	○	給料	○
○	少女	○	○	彼女	○
○	仕事	○	○	オフィス	○
○	彼を	○	○	少年	○
○	職業	○	○	庭	○
○	彼の	○	○	彼を	○
○	ブリーフケース	○	○	結婚	○
○	女性	○	○	女性	○
○	台所	○	○	子ども	○

かかった秒数：＿＿＿＿＿＿＿

間違いの数：＿＿＿＿＿＿＿

B

女性についての語と仕事についての語では、左の○に印をつけてください。それ以外のもの（男性についての語と家庭についての語）には、右の○に印をつけてください。左上から始め、上から下にすべての項目に順番に回答してください。その後、右の列に移ってください。すべて回答できたら、かかった秒数を右下に書いてください。

女性または仕事		男性または家庭	女性または仕事		男性または家庭
○	彼女	○	○	女性たち	○
○	庭	○	○	家庭	○
○	彼女を	○	○	男性	○
○	オフィス	○	○	マネージャー	○
○	彼	○	○	男性たち	○
○	洗濯物	○	○	給料	○
○	少女	○	○	彼女	○
○	仕事	○	○	オフィス	○
○	彼を	○	○	少年	○
○	職業	○	○	庭	○
○	彼の	○	○	彼を	○
○	ブリーフケース	○	○	結婚	○
○	女性	○	○	女性	○
○	台所	○	○	子ども	○

かかった秒数：＿＿＿＿＿＿

間違いの数：＿＿＿＿＿＿

ジェンダー－キャリアＩＡＴは、よくなじんだ自動的ステレオタイプにかかわる疑問に答えるように企図されたものだ。私たちは、「男性＝仕事」「女性＝家庭」という組み合わせを逆の組み合わせよりも強く連合させているだろうか。あなたがこのテストを行った多くの人と同じなら、女性と仕事、男性と家庭を結びつけたシートＢよりも、女性と家庭、男性と仕事を結びつけた伝統的組み合わせのシートＡの場合の方がより速く、間違いも少なく行うことができただろう。この結果は特に驚くべきものでもない。先に議論したように、結局男性は今も職業世界を牛耳っており、女性は家庭生活を今も切り回しているのだ。

ジェンダー－キャリアＩＡＴのデータは男性の75％が「男性＝仕事」「女性＝家庭」という自動的なジェンダーステレオタイプを示すことを明らかにしている。それを少しだけ上回って女性の80％が同様の自動的ステレオタイプを示しているのだ[17]。家庭外の仕事というものがない生活などとうてい想像できるものではないマーザリンは、大人になって一度も仕事なしの状態になったことはないが、そして家事負担から大幅に解放されているにもかかわらず、いつもこのＩＡＴで他の女性たちと同じようなジェンダーステレオタイプを示す。刺激語のなかの職業（profession）というのは自分が選んだ大学教授（professor）という仕事であるにもかかわらず、「男性＝仕事」連合により速く反応してしまうのだ。人種態度ＩＡＴにおいても、マーザリンのＩＡＴ得点は、こういった連合のバイアスからそれがいかに自動的なものであろうとも、克服するように目指している願望とは隔たって、テストに「落第」してしまうのだ。

このがっかりするような話について希望の光を探し求める者には、テストを受けた人たちのさまざまな年齢集団のデータを見れば、楽観的になれる理由を見つけられるかもしれない。というのも、このテストでは年齢の効果はきわめて明白だからだ。年齢ごとに見れば若いほど、この自動的ジェンダーバイアスは弱い。男性＝仕事連合が若い人の間でだんだんかすかなものになってきていて、将来にはこのバイアスが完全に消滅することになるだろうと認識すれば、そこから楽観できる感じがするだろう[18]。しかし、他の多くのステレオタイプと同じく、年齢集団によって異なってくる態度が何らかの兆候であったとして、それが実現する日はまだまだ先のことだろう[19]。

ジェンダーと達成

ラトガース大学の心理学者ローリー・ラドマンは、恋愛と家庭、達成と職業についての潜在的ジェンダーステレオタイプの存在がそれをもつ女性に影響を与えるかどうか検討を行った。問題の一端が女性自身の心のなかにあり、人生を通して恋愛と結婚についてかつて読んで影響を受けてきたおとぎ話にあるのではないかという可能性を検証した。女性にとってそうしたファンタジーによって男性のパートナーを通して権力や達成を手にするのだと信じることにつながり、すてきな王子様が舞い降りて、どうすることもできない自分を「救出」してくれると信じるようになるとラドマンは考えた[20]。

彼女は女性たちにさまざまな自動的ステレオタイプのIATを行い、「恋愛相手＝ファンタジーのヒーロー」と「恋愛相手＝普通の男性」との相対的連合強度を測定した。さらに、高地位の職業と経済的報酬（収入）を求める願望およびその目標に到達するために必要な教育へのコミットメントの強さも測定した。その結果、恋愛相手と王子様を強く結びつけている女性ほど、自分自身での地位や権力への願望は低かった。「恋愛相手を騎士道やヒロイズムに結びつけることによって女性による直接の権力追求が縮小されてしまう」、そして「女性が地位と名声を求めて男性と競うことを女性に無意識的に抑制させているのはこうした心理プロセス」なのだとラドマンは結論づけている[21]。

興味深いことに、女性自身の心のなかに地位や名声を求めることにコストを強いているそうした自動的ないし無意識のステレオタイプがあるのだ。この場合、「だけどそれは女性が自分で本当に求めていることだから」といったような観点、すなわち、女性たちが自由に選択した結果だから権力や名声を放棄することは女性のもつコストとしてとらえるべきではないという考えによって損失はますます悪化させられているのだ。

それゆえ、私たちは非常に明白に示すことのできる失われた賃金という観点でこのジェンダーステレオタイプの損失を評価しようと努めた。そこで次のような質問を発した。あなたの上司が男性であるか女性であるか、あなたは気にしますか？　すると、最初の仕事を探している若い社会人たちは、回答としてきっぱりノーと答えた。彼らは自分に重要な仕事の要素として、給与、所在地、上司のパーソナリティといったもっと他の側面に注意を向けていた。直属の上司が男性であるか女性であるかは、彼らの主張では、彼らの職務評価式に取り入れられていないようであった。

そのころ、ハーバード大の大学院生であったユージーン・カルーソとドビー・ラーネヴは、コンジョイント分析と呼ばれる手法を用いて、直接的にこの評価を検証した[22]。その結果、「上司について男女の好みはない」と述べていたのとは逆に、回答者の答えは男性上司となる仕事を求める方へと体系的に傾いていることをデータは示した。平均給与42500ドルの仕事にいる場合、男性の上司と働くためには、平均3400ドルのペナルティを与えられても構わないと、このおそらく賢明であろう回答者たちは示したのだ。つまり、回答者はより高給である女性上司の仕事よりも、男性上司であるより低い給与の仕事を好んだということである。

特筆すべきことは、意識的にはそうした選好が自分にないと誓ったにもかかわらず、男性と女性の回答者は同じように男性上司をもつことに対して喜んで多くの給与を辞退してしまったのだ。男性も女性も両方ともこの選択をするのに数千ドルを好んで失った。もし、求職者が意識的に男性上司を求めており、給与がより低くても男性上司を選んだのなら、この結果の意味は全く異なったものとなっただろう。しかし、自滅的なバイアスはブラインド・スポットに入っていて、検出不能状態である。そして、自分の選択のパターンをよく自覚していたならば、おそらく避けようと決めただろうそうしたバイアスがひそかに隠されていたのである。

心に潜む別のバイアスがある状況で、そうした自滅的な損失がやはり生じるかどうかを検討したさらなる研究をカルーソとラーネヴは行い、参加者にクイズ大会での最も強力なチームメイトを多くの候補者から１人選ぶよう求めた。結果として参加者はＩＱ得点、教育水準、過去の大会成績などの関連のある特徴を考慮したが、体重もまた要素に取り入れていた。驚いたことに、ＩＱ得点としてなんと９ポイント分をより賢い太った者よりもスリムなパートナーを得ることに交換していたのだ！[23] 知性や功績を判断する際に、私たちは意識的には体重に注目するようなことはしない。しかし、明らかに私たちは自動的、そして非合理的、自滅的に実際にそうしているのだ。

もし、Project Implicit のウェブサイトで人々がどのＩＡＴを受けたかの選択数が何らかの指標になるならば、この体重のステレオタイプは大きな意義を有しているものだ。おもしろいことに、人種を除いて他のどれよりも多くの人々がこの体重バイアスを知りたがっていて、このボディイメージが私たちの心のなかで重要なものとなっていることを示している。

ここまで私たちが描いてきたような自滅的な結果の数々は心理学的に興味深いものであり、それは人は常に自己利益に基づいて動いていると考える仮定に反撃を加えるものだからだ。ニューヨーク大学の心理学者ジョン・ジョストは、そういう自己利益を求める予測とは逆に、人は実際、現存の社会秩序を維持するために容易に自己利益を犠牲にすることを示唆した。それが自分自身にも自分が属する集団にも損失を与えることを意味しているのに、この現状をつくりあげている階層を正当化するために人はいろいろな認知的、感情的な作業を行うことを実験によって示した。自動的なステレオタイプはしばしば優勢なシステムをどれだけひびが入ろうともそれを永続させるよう働くものだから、私たちはジョストの研究を自動的ステレオタイプの自滅的性質を示すさらなる証拠としてみなしている[24]。

ジョストは、不利な集団のメンバーが自滅的なステレオタイプを受け入れることによって自身の不利益を維持してしまうという当惑するような役割を果たすことを示す証拠を集めてずらりと並べている。システム正当化の例は自身を知的でなく、それゆえ資源を得るにふさわしくないと自分自身で信じてしまう困窮している人々の間に見出される。アジア系アメリカ人は数字を扱うことが得意であると思っていても仕事でリーダーシップ的役割をとろうとしない。自分が高給の仕事に適合しないと考えてしまう女性は、それゆえそうした仕事に応募せず、あるいはふさわしいと思う程度で交渉を行ってしまう。そして、ケアをするような能力がないと思っている男性は、その結果、育児や精神的に満足を得られるかもしれない仕事を避けてしまう。

数学＝男性、私＝女性、ゆえに、数学≠私

重要な人生の選択におけるステレオタイプの役割について関心を追究するなかで、私たちは共同研究者であるブライアン・ノゼックと協力して、「数学＝男性」「科学＝男性」の潜在ステレオタイプの威力を大学生男女において検討した[25]。複数のＩＡＴを行うことで、男性、女性のカテゴリーを幾何、数学、化学、アインシュタインといった科学の概念、あるいは、文学、芸術、演劇、シェークスピアのような人文学の概念と結びつける速さとエラーを測定した。「数学＝男性」の強い

ステレオタイプをもつ女性たちはステレオタイプが弱い人たちよりも、数学を好むことが少なく、自分自身を数学と結びつけることが少なかった。さらに、「数学＝男性」ステレオタイプの強さは女性においてＳＡＴの数学の得点を予測し、ステレオタイプが強いほど、彼女たちの数学の得点は低かった。

ノゼックとバージニア大学での彼の共同研究者フレッド・スマイスは10万人を超える大学生、大学卒業生の大規模調査を行い、それは貴重な情報の宝庫である[26]。「科学＝男性」の強いステレオタイプをもつ女性は科学を専攻することがなく、「科学＝男性」の最も強いステレオタイプをもつ男性は科学をとても専攻しやすい傾向がみられた。この研究では、ジェンダー－科学ステレオタイプは女性の科学の専攻を、意識的に表出されるジェンダーと数学／科学のステレオタイプよりも、またさらに、注目すべきことにＳＡＴの数学得点よりも有意によく予測することがわかった。

ステレオタイプ、特に自動的ステレオタイプは、頭のなかの神経、心のなかの思考にだけかかわり、そこにとどまるものではないことをこれらの結果は語っている。それは私たちが選ぶ知的追求のような行動、翻ってどんなキャリアパスを自分で計画するか、その仕事から得る幸福、人生の終わりまでに果たす貢献といったものにも影響が及んでいくのだ。

誰もステレオタイプが行動にまで影響を及ぼすという考えに疑問を呈することはないが、ステレオタイプの正確さとその源という点に会話が向けられると、その議論はきわめてすさまじいものになりがちである。２００５年1月14日、マサチューセッツ州のケンブリッジ市で噴出したジェンダーと数学に関する公での議論は、すぐに伝染的に広がって、世界の離れた場所からも注意を惹くに至った。ハーバード大学学長のラリー・サマーズが数学において女性が遅れをとっている3つの理由のうちの1つは、本性的な数学能力の欠如だという意見を示した。そうではないと考えた人も多かったので、国をあげて熱を帯びた議論が巻き起こった。私たちは集団間の現在ある達成の違いに目を向けすぎるきらいがあると彼らは論じ、それを能力の差によって起こっている証拠として扱いがちだと主張した[27]。そうした現実重視の誤りでは、そのように「現に」見えるものを「当然そうあるべき」ものとしてしまいやすい。サマーズの失言について世界中で二千以上の論説やニュース記事が書かれたけれども、議論の結果、明白な勝者は決まらなかった。

このような複雑な問題に対して、それがジェンダーと数学に関するものだろうが、人種と運動能力、民族性と音楽的才能、その他いろいろな適性と達成についての目立った集団の差異について、どんな単独の証拠も決定的たり得ないだろう。しかしながら、意見の違いにかかわらず、もっと一致できる論争の余地のない関連データが何かあるか評価することは可能だ。

環境が変化しても時間を越えてかなり安定している集団差、明らかにそこに遺伝的基盤の可能性がみられるものがあることを知っている。自閉症やその他関連する心的障がいはその例である[28]。病気で悩まされている者のうち、1940年代において男女の比率は4対1であり、近年自閉症のケースであると診断される数は激増しているという事実はよく知られているが、性比自体は今日まで同じように続いている。しかし、他の性差は比較的短い期間に急激に減少した。あいにく数学における性差もそのような1つの例である。1980年代には男子の方が高く10・7対1であった数学のSAT得点の高い者の性比は、1990年代には2・8対1にまで減じた[29]。言い換えれば、男子の方が高いというこの性比は、ほんの10年前には今のほぼ4倍近くだったということだ。こうした急激な差の終息は、数学能力の性差の遺伝的説明に賛同する者にとっては驚きに違いない。遺伝的基盤のある差異はこんな短期間に劇的に減ったりし得ないからだ。

ここにさらに別の事実もある。大きな性差のある国もあれば、小さな性差しかない国もあるし、さらに全く性差のない国もあるのだ[30]。もし数学の能力の性差が遺伝的原因の大きいものならば、社会によってなぜそんなに差がいろいろなのかその説明は追い詰められたものになろう。遺伝的基盤があるなら、もっと普遍的に観察されるようでなければならない。

また、共同研究者のブライアン・ノゼック、それから世界中の多くの研究者たちとともに研究を行い、34か国のジェンダー－科学ステレオタイプをIATで測り、データを得ることができた。そこから、「科学＝男性」ステレオタイプがその国で強いほど、国内の8年生の少年少女の数学および理科の成績の性差が大きいことがわかった。つまり、ジェンダー－科学ステレオタイプのIATで「科学＝男性」連合が強い国であれば、そうした自動的ステレオタイプがもっと小さい国よりも、少年が少女たちの成績を上回る程度がより大きいということだ[31]。

まとめると、かつて数学能力の性差が大きかったのが近年急速に縮んだこと、国によって大きく変動があること、ジェンダー－数学ステレオタイプの国内での強さがその国のジェンダー－数学の実際の成績と関係することから、数学の性差は生得的な能力差を表しているのだという信念は打撃を与えられた。しかし、数として女性が男性と近くあるいは同等に科学や工学の課程に入るようになったときでさえ、遺伝的説明は弱められたとしてもまだ生き残る。これは監視を続けるのに興味深いステレオタイプだろう。きっとそう遠くない未来には、昔々こんなステレオタイプがありましたと言ったりすることがすっかり古風なもののように見えるだろうと想像できるから。

訳注

1　アメリア・イアハートはアメリカの飛行士。女性として初めて大西洋単独横断飛行に成功した。アメリカにおける代表的な国民的ヒロインである。1937年7月、赤道上世界一周飛行をめざした途中消息を絶った。ちなみにデマとしての陰謀説で日本軍が攻撃したといった説が語られたときがあった。

2　シャイロックは『ベニスの商人』に登場する強欲な金貸し。バラバスは、『マルタ島のユダヤ人』の登場人物。悪辣な殺人を犯す。『ベニスの商人』に影響を与えたといわれる。

3　原語 familiarity は日本語では親しみのある親近性の意味とより認知的な熟知しているという両方の意味をもっている。

4　コニー・チャンはニュースキャスター、ジャーナリスト。マイケル・チャンは元テニス選手。現在、錦織圭のコーチ。以上台湾系。クリスティー・ヤマグチは日系三世のフィギュアスケーター。オリンピック殿堂入りしている。ヒュー・グラントはイギリスの俳優。ジェラール・ドパルデューはフランスの俳優。後にロシア国籍を取得。カタリナ・ビットは旧東ドイツのフィギュアスケーター。世界フィギュアスケート殿堂入り。

第7章 われわれと彼ら

どんなにドクター・スースを愛していようが、彼の作品はけっして秘めやかでひっそりした寓話ではなかった。私たちの好きなものの1つ、スニーチイズ（The Sneetches）は、楽しい韻を踏んだ詩句で偏見についての力強いメッセージを発している。スニーチイズは黄色いアヒルのような鳥で2種類がある――おなかに緑の星をもつ者ともたない者[注1]。

星ありのものは自分たちを優れたものだと思っていて、星なしとかかわることを拒否して、星なしをピクニックやパーティに誘ったりしない。星なしはそうした劣位を内面化しているようで、沈鬱に歩き回り、星ありがビーチではしゃぎ回っているのをうらやんでいる。多くの社会と同じように、スニーチイズの国でも階層システムは固定的であったが、ある日、シルベスター・マクモンキー・マクビーンという起業家がやってきて、平和な階層を壊し、破綻させるのだ。

マクビーンは星なしたちを招き、彼の独創的な発明、星つけマシーンを使って、少しの料金で切望されていた星をおなかにつける。星なしがこのマシーンから飛び出たら、もう星なしではない。

やがて新しい星ありスニーチイズの数はどんどん増えていき、それがもともとの星ありたちを激怒させる。もう内集団と外集団の区別がつかないのだ。この特権の希薄化をどうしたらいいだろう。マクビーンはその解決法を用意した。彼のさらに新しい発明、星消しマシーンによって、今や安っぽいものになってしまった星印を取り除き、由緒正しいメイフラワー的「星もち者」たち（もともと先に星をつけていた者）を新参の星あり者と区別することができるようにして、もちろんさらに少し高額の料金をとるというものだった。[注2]こうして引き続いて階層間戦闘の狂騒が繰り返され、星印はつけられたり、取り除かれたりして、もとの星ありも星なしもすべてのスニーチイズが財政的没落へと追い立てられていくのだった。

星なしも星ありも、これがあれだったか、あれがこれだったか、どれが何だったか、どれが誰だったか、誰にもわからなくなるまで。

ドクター・スースの話のなかでは、マクビーンは金持ちになり高笑いして、スニーチイズはけっして学ぶことがないと確信しているようだった。だが、彼は間違っていた。物語の終わりで彼らは理解するようになるのだ——星があろうとなかろうと、「スニーチイズはスニーチイズだ」と。

人間社会は啓蒙されているだろうか。たしかに、私たちは社会的動物として進化を遂げ、ポジティブな特性とネガティブな特性をもち、葛藤と暴力と同時に協力と利他性の強力な傾向を示すものである[1]。しかし、私たちの長い血塗られた暴力の歴史として、宗教、人種、地勢、ちょっとした差を生み出すスティグマや地位にすぎないものを手がかりとして恣意的に引かれた境界線によって形作られた集団、そういった集団ベースの戦闘を行うために高額の対価を好んで払ってきたように思える。私たちは謀り、たくらみ、計画して集団間の暴力を行い、それらいっさいは意識的な思慮の上の敵対的行為であることを示している。しかし、ここにおいても集団間葛藤に火をつけ、炭をくべる役割を果たすものとして、ブラインド・スポットから生じる自動的な感情や信念の仕業を見てとることだろう。

印をつけること

何かを理解したければ、それが音楽や数学などの瞠目するような能力であれ、あるいは、ガンの腫瘍のごとくもっと有害なことであれ、それが始まった瞬間に至らないといけない。単細胞が変化した瞬間のようなものごとの端緒を知ることは、そのものごとの性質について多くを教えてくれるし、またそれこそが、今の完成状態の性質を理解するため、科学者たちが原初的な生命の形態に注目するおもな理由である。こうした目的からは、人類の幼児や子どももたいへん興味深い対象となる。なぜなら、子どものなかに未完成のありのままの行動の形態を見出すことができ、生物がこんな風になったのはなぜか、より成熟した形態として私たちが知っている状態へと変化していくのはなぜかということに洞察を与えてくれるかもしれないからだ。

20世紀半ば、オーストリアの動物行動学者コンラート・ローレンツは、子ガモや他の若い鳥に魅入られて、その愛着行動から生得要因と環境要因の計画された相互作用について明らかにした。カモの研究からローレンツはインプリンティング（刷り込み）の現象を発見した。カモの子、ダチョウの子、ヒヨコが卵から孵ったとき、それらは最初に出会った動くものに対して本能的に後追いをする。通常、それは生物的に母親であろう。ローレンツはこれに介入することで行動科学というものの印象的なイメージを私たちに与えた。楽しいハイイロガンの一団がひたむきに（母親ではなくローレンツをどこへ行っても追尾していく。子どもの鳥たちはこの科学者に、あるいは彼の歩くブーツに刷り込みをされた。なぜなら、生まれてすぐに見た最初の動くものが、自分の母親ではなく、その靴だったからだ。

ローレンツが発見したことは、新生児に養育者――もちろんたいていその母親――を見定め、その愛着をあらかじめ仕込ませるという生来のメカニズムだった。インプリンティング（imprinting）という英語の用語は、ローレンツのドイツ語のPrägung（スタンプする）、字義通り翻訳すると「stamping in（スタンプを押す）」という意味になる言葉を最もよく表したものだろう。ローレンツが観察した現象は、生後短時間の間の臨界期に生じる限りにおいては、本当にスタンプを押されたかのように見えるものだった。そして、このハイイロガンは、成長した後もガン仲間よりもローレンツを好み続け、その初期愛着の力がとても強いことがわかったのだ。

もちろん、長靴や手押し車（黄色いフォルクスワーゲンでさえ）に刷り込みされた若い鳥が、いかに人間における集団アイデンティティを理解していくのに役立つか疑問として問うことができる。刷り込みは、より壮大な進化的適応の話の1つの章といえる。それは生き残りに役立つ価値をもつものであり、そうした進化的適応という意味においてそれは「賢い」。この場合、刷り込みは保護する養育者への愛着を早期にしっかりしたものにすることによって、その動物が生き残るのに助けになる（自然界でこのプロセスが進んでいく道筋に通常手押し車やローレンツが干渉したりはしないので、その成功率はとても高い）。同時に刷り込みはそうした適応が往々にしてそうであるように厄介なものでもある。これらの鳥は、生まれてすぐ自分の前をよたよた動くものなら、手投げ弾だって後追いするだろう。一般的に愛着は不可欠のものだけれども、動物が愛着を形成する特定の対象は、必ずしも母親とは限らず（今見たように）、何であっても環境によって提供され、繰り返し見ることで強化されるものであればよい。

ローレンツは最初刷り込みは永遠のものであり、また、臨界期に限られるものと信じていた（孵化後14～16時間後まで）。近年の刷り込みの研究ではより大きな柔軟性があること、そしてそれほど非可逆的ではないことをそのプロセスの特徴として見出しているが、その一方、こうしたことが起こるという事実は疑いないものと考えている[2]。そして、それは孵化した子どもの目の前に呈示される視覚的刺激への反応だけに限らず、生まれる前から聞く聴覚的刺激への反応としても生じ得るという。ここに40年以上前に行われた研究がどのようにそれを示したかがある。ピアノの鍵盤の中央C（真ん中のド）の下の音階のG（ソ）の音のように聞こえる200Hzの音を生まれる前のヒナの1群に繰り返し聞かせる一方、別の群にはその音を聞かせなかった。ヒナが孵ったら、2群とも200Hzの音を出すスピーカーと、3・5オクターブ高い2000Hzの音を出すスピーカーの前に置かれた。出生前に200Hzの音になじんだヒナ鳥たちは、その音を出すスピーカーに駆け寄ったが、聞かされなかった群ではそうした選好は示されなかった[3]。

親しんだものに好意を示す準備性は、人間を含むすべての動物の基本的性質であり、愛着、魅力、愛情の強力な決定因となる。それでは、発達の初期そしてそれ以降の人類のメンバーについてこうした結果は何を教えてくれるのか。幼児や子どもが愛着を形成する傾向、そしてそれが翻って出会う者たちを親しみのもてる「われわれ」と見慣れない「彼ら」に分離し、そうした線引きに従って愛着を向けたり、同一化したりすることを引き起こすそうした愛着が形成される傾向について私たちは何を知っているだろう。

たしかにわかっているように、人が引き受けたアイデンティティはいったん形成されたら、人生において強力な役割を果たし、親類縁者やスポーツチームへの愛だけでなく、外国人、そして少し自分たちとは違っている者への思いやりの欠如をももたらしてしまう。多くの例の1つとして宗教について考えてみると、典型的に同一化される宗教というのも、同じ遺伝子をもつ者であってもイスラエルに生まれればユダヤ教信者となり、サウジアラビアに生まれたらムスリムになり、インドだったらヒンズー教信者になるという具合に状況の問題であるという事実があるにもかかわらず、自身の宗教が真実のものであると考える信念から、無数の人々が何世紀にもわたって、そして今日においても命を捧げた集団アイデンティティとなるのだ。

しかし、いつこうしたアイデンティティは定まった固定的なものになるのだろう。あるいはそもそも固定的になるのか。動物行動学者は刷り込みがいつそしてどのように生じるか、いつまで、そしてどの程度永続的であるかを今も理解しようと試みている。鳥や他の動物の刷り込みは人類に起こっていることを映し出す鏡である。ただし、それは単純化しすぎた反映でもある。というのも、人間の子どもでは他の動物と同じようには刷り込みは起こらないからだ。1つには人間はガチョウやヒヨコよりも比較的未熟な形で生まれてくるからで、脳はさらにもっと成長するし、限られた運動能力しかもっていない。誕生時にそれほど人間の脳がまだ形成途上であるため、他の動物よりも、さらに長期間にわたって大きな柔軟性を発揮する［4］。そのため人間が獲得した行動パターンは、アイデンティティの形成を含め、他の動物と比べ固定性や永続性が少なく、そのことは私たちの偏見についての研究に多くの示唆を与える。私たちはこのような研究から2つの結論を取り出した。私たちは愛着を形成する点で、水鳥を含む多くの他の動物と類似している。そして、そのプロセスには柔軟さの余地がある点で、他の動物とは異なっている。

乳児

赤ちゃんは知っている人と知らない人を見分けることができる。誕生後、赤ちゃんは、子宮にいたときに聞いた音、メロディ、物語を、生まれてから初めて聞いたそれらと区別することができる。赤ちゃんは生まれた数日や数週間でも母親の声と他人の声の区別をつけることができる。そして、他人の顔よりも母親の顔を見ることを好む。もしおもな養育者が女性ならば、その赤ちゃんたちは、男性の顔よりも女性の顔を見ることを好む。3か月までに赤ちゃんは自人種の顔を他のなじみの薄い人種集団の顔よりも長く見つめるようになる。生まれたときはそうした人種を区別するような能力を示さないことがわかっているので、この選好は明らかに獲得されたものであり、それを生後かなりすばやく獲得しているということだ。ヒナが出生前になじんだ音に反応するかのように、人間の赤ちゃんも複雑な社会的なものも含めて選好を形成するように準備されてこの世に入ってくるようだ。そしてこのような親近性がいつも彼らが表す選好の基盤になるようだ。赤ちゃんは常に前に経験したことがある感覚情報に引きつけられていく傾向がある。視覚情報でも音でも他の感覚的入力であってもなじみのない、見知らぬものよりもなじみのあるものを好む［5］。

いったん親近性が達せられたら、すでにあったものを基盤にして新たな学習が促進される。たとえば、なじんだ養育者が女性である赤ちゃんは男性の顔どうしを見分けるよりも、女性の顔どうしを見分ける方がたやすくできる［6］。なじんだカテゴリーからの2つあるいはそれ以上のものを知覚的に区別するこの能力は、人種という社会的カテゴリーに拡張される。9か月までに乳児は、自人種の2つの顔を、他人種の2つの顔どうしよりもうまく見分けられるようになる。しかし、自集団の顔を認識する能力は、ひっくり返せばその裏面として、よく知られた大人の奇妙なマインド・バグの基盤にもなる。それは、自分たちと見かけが似ている（振る舞いも似ている）集団とは違う集団メンバーに対する知覚で、たとえば多くの白人系アメリカ人は東アジアの人たちを互いに似たように見えてしまうので、区別がつかないのだ。なじみのないカテゴリーにおける区別の失敗についてはよく報告されている現象なので心理学の文献では名前がつけられている。外集団等質性効果だ［7］。

しかし、このスキルにもまた不思議な柔軟性の証拠がみられる。すでに見たように、白人の乳児は、黒人やアジア人の顔を見分けにくいわけだが、2人のフランスの発達心理学者は、乳児にたった3つの外集団の顔の実例を（白人の乳児にアジア人の顔を）見せるだけで外集団への感受性を高めることができることを示した。そうした些細な介入によってさえ「顔処理の能力を拡張する」のに十分なようである［8］。私たちが今わかっているのは、乳児の心は親近性を基盤とした人種的選好にはまりこむ一方、同時に選好のレパートリーを拡張することのできる新たな入力にも開かれているということだ。

赤ちゃんの選好を研究するにあたって、赤ちゃんは話せないので、研究者たちはその行動を測定するのにものさしを開発しなければならなかった。そうしたものさしの1つが「別のものと比べてあるものを注視する時間の長さ」というものである。しかしそうした測定は乳児の心に何が生じているのか正確にわかるためにはさらなる解釈が必要とされるし、それはけっしてたやすい作業ではない。たとえば、女性の顔を数個並べて赤ちゃんに呈示した後、1つの男性の顔を見せると、赤ちゃんはその新しい男性の顔刺激をより長く見つめるが、このことは、男性と女性というものが異なっていると赤ちゃんが知っているということを私たちに教えている。しかし、それは必ずしも赤ちゃんが何を好み、選好しているのかを語っているわけではない[9]。

この状況で赤ちゃんの注意を動かしているものはただ新奇性の問題であって、選好の問題ではない。もし、同時に男性の顔と女性の顔が呈示されて、赤ちゃんが1つの顔を他の顔よりも長く見つめたら、その理由について私たちは確信をもって言えない。それがある意味で好まれたから長く注視したのか、好意とは別の要素が追加の注意を引き起こしているのか。乳児の選好については情報源が限られているので、何かを注視する持続時間は最近まで私たちがもついくつかの証拠の1つをなしていた。

しかしより新しい測度によってもっと確信をもって実際の選好について評価を行うことができるようになり、それは、より年長の乳児でものをつかむという選択行動から、測定できる行動のレパートリーを新たに開くことができた。一連の研究において、リズ・スペルクとハーバード大学の彼女の院生たちは、赤ちゃんがおもちゃを2人の人のどちらから受け取るかを測定した[10]。今はシカゴ大学の教授であるケイティ・キンズラーが企画した研究で、アメリカ人とフランス人の10か月児が2つの同程度に魅力的なおもちゃを、英語を話す大人とフランス語を話す大人から示された。この簡明な測度によって、アメリカ人の赤ちゃんは英語話者から、フランス人の赤ちゃんはフランス語話者からおもちゃを求めて手を伸ばすことがより多いことを示した。前に描いたヒナ鳥のように、赤ちゃんたちもなじんだ音を選好したのだ。

こうした言語やアクセントの選好の研究から、自集団メンバーへの選好傾向は早い時期から生じること、そしてそれが親近性に大きく基づいていることが確証される。こうした指向性は、赤ちゃんに自分と似た、そして安全を提供してくれる見込みの高い人と結び合わせることを促す点で、疑いなく生き残りを支える価値をもち、こうした早期のころから赤ちゃんは社会的な中立地帯を占めているわけではないという明白な徴だといえる。自分と似た者と似ていない者を区別し、特定の人からものを受け取ることで選好の非常に単純な形を赤ちゃんは表している。しかし、乳児の急速に発達する脳は、続々と新たな知識の貯蔵を獲得していき、いつの日かより完成した社会的存在として自立するその基盤を強化するものとして、そうした相互作用一つ一つが建築ブロックとなっているのだ。私たちがこの基盤に与えた名前こそが「アイデンティティ」であり、それぞれの個人にとってユニークなものであり、集団として「われわれ」にあたる特徴と深く結びつき、「彼ら」と区別がなされるのである。

幼児

発達のさらなる段階では、子どもは自分がたとえば女子であり、アイルランド人であり、中流階級で、茶色い目で、運動が得意などといったことがわかるようになる。私たちの同僚の1人は、幼児期の早いうちに、彼女にきょうだいが8人いることを言及すると、知り合いから「あなたはカソリック?」といつも同じ質問を引き起こすことに気づいたという[注3]。彼女は集団間の問題に関心を抱くようになったきっかけとしてこの経験をあげている〔11〕。容易に識別できる地域的アクセントをもっている人はきっとたくさんの「あなたは［　　　］出身?」と尋ねられるこうしたタイプの経験をもっているだろう。いくつかの集団アイデンティティは徐々にしか発達せず、自由に選択できる。たとえば、あなたが運動選手であるか、学者であるかという同一化は、その集団のアイデンティティとなっている活動があなたの得意なことだから、これこそあなたが属する集団なのだということが長年にわたる多くの経験によって明らかにされた後でなければ生じないものだろう。別の部門の「われわれ」と「彼ら」は、きわめてふいに、しかも選択の余地なしに生じるかもしれない。アフリカ系アメリカ人の同僚は2、3歳のころ、別の子どもから「チョコレートでできているんだろうから、なめていい?」と尋ねられたことを思い出している。自分と他の子どもとの違いの発見は、意外な新事実の突然の発覚としてやってきたのだ。

表面的な違い――おなかの星とか肌の色とか、発音とか――は、類似性と差異を認識する能力の開始を刺激する。しかし、いったん言語が働くようになれば、言葉の本当の力が急に集団アイデンティティの意味づけを「刻印（stamp in）する」ことができるようになる。

アイデンティティを確立する言語の使用は、ハーバード大学のアンディ・バロンによる近年の研究でうまく示されている。この研究では、3歳から5歳児が2種類のマンガのキャラクター集団、1つは紫に1つは赤に色を塗られた絵を見せられた。1つの集団は、おもちゃを壊したり、車の衝突を引き起こしたりなどひどいことを行い、もう1つの集団は人を助けたりなど良いことを行った。これらの異なった色、異なった行動をするキャラクターを見ただけでは、子どもたちはその集団に集団アイデンティティを割り当てはしないようにみえた。しかし、2つの集団に名前が与えられたら（これらはNifで、これらはLup）、即座に誰が良い子たちで誰が悪い子たちであるかを理解した。言い換えれば、この年齢では、キャラクターの2つの集団の見かけの違い（紫vs赤）は集団成員性の手がかりと自動的には見なされなかったということだ。しかしいったん集団が名前をもつと、集団間の違いに気づくようになり、異なるカテゴリーに属するものだと理解するのである[12]。これがステレオタイプ化の始まりだ。

性別は集団のメンバーとして自分自身を同一化する強い基盤となる。男性か女性かは子どもたちが区別をつける初期の社会的カテゴリーの1つだ[13]。最近の研究の1つでは、3歳の男児と女児がビデオモニターの前に1人ずつ順に座って、男の子と女の子の顔を見せられた。それぞれが、今まで子どもたちが見たことのない新奇なものと結びつけられていて、ビデオの少年は「ぼくの名前はベン。ぼくはspoodleが好き。spoodleはぼくの大好きな食べ物」と言う。ビデオの少女は「私の名前はベッツィー。私はblicketが好き。blicketは私の大好きな食べ物」と言う。次に実験者はビデオを見ている子どもに「spoodleとblicketとあなたはどっちの食べ物が好き?」と尋ねた。[注4]

クリスティン・シュッツは、幼児の好みの形成に集団成員性の及ぼす影響を観察するために、こうした実験や似たような実験を行った。blicketを好む者とspoodleを好む者の男か女かの集団アイデンティティ(他の実験では、黒人/白人、年長/年少)がビデオを見ている子どもたちに意味のないものであったならば、子どもたちはblicketかspoodleかランダムに選択するだろう。クリスティンが見出したのはそうではなく、この性別の実験では、男児はベンが選んだ品目を65%選び、女児はベッツィーが選んだ品目をもっと頑健に85%も選んでいた。しかし、この集団に基づいた選好の理由は子どもたちの自覚の外だったようで、spoodleかblicketかをどうして選んだのか尋ねたら、子どもたちの典型的な回答は「わからない」というものであり、次に最も典型的だったのは、「それが好きだから!」という回答だった。

シュッツの研究は、小さい子の一見自由な選択は自身のジェンダークラブの誰かの選択に実のところ強く影響されていることを示した。子どもたちが属していると感じる年齢集団などの他の「クラブ」も彼らの選択を支配しているようだ。

この結果をどのように解釈するかは――これによって鼓舞されるか、がっかりするか――、別の問題である。人生のそんなに早くから、食べ物やおもちゃや服の好みについて、「私」と「彼女」の合致が影響力を与えるのは、良いことか良くないことか。もちろん解答は私たちが個人の自由と選択をどのくらい重要な価値とおくか次第である。性別に基づく模倣（あるいは他の集団に影響された行動様式）を自然で適切であり、社会的なエンジンを回すグリースとなる行動レパートリーを学ぶ必要な基盤だと見なす人たちにとっては、社会が伝統的な仕方のままで動いていくことを維持する条件を獲得する良い方法なのだろう。それに対して、一人一人の人は集団によって決定されるのではない独自の道を自由にたどるのがよいという考えを抱いている人たちにとっては、この「マッチング」の結果は憂うべきものであろう。そうした非意識的で自動的な模倣の認識から来る欠陥が選択の幅を狭め、個人やその社会的集団が潜在的にもつ可能性に到達するのを妨げてしまう。

シュッツがこの研究をしている間、興味深い点に気づいた。子どもについてきた親たちは、同性の子どもによって示された対象を子どもたちが繰り返し好む様子に悩まされることはなく、実際、親たちはそうした性別に基づく模倣に安心しているように見えた。しかし、親たちは、選択における人種的なマッチを見たとき、それほど楽天的ではなかった。白人の子どもが黒人の子どもよりも他の白人の子どもが選択したのと同じおもちゃや食べ物を欲しがったとき、親たちは戸惑っているようだった。（この研究が政治的にはリベラルで「ケンブリッジ人民共和国」とさえ呼ばれる環境であるマサチューセッツで行われたことに注意。子どもたちを適切な学校に入れるために、人種的に偏向のない行動を子どもに教えようとがんばっている親たちである。）

性別マッチの影響と、人種マッチの影響とのこの対比的な違いは興味深いものである。これらはアイデンティティに影響する選択ということでは同等ではないということだ。性別マッチのようなある種のものは受け入れられるのみならず、子どもがそれを示すことに安心を抱き、一方、人種マッチのようなことには、文化的社会的文脈によるが、うろたえる反応を受けることになる。（そして結果について言い訳したり、釈明したりしようとする。）しかしながら、大人になってからの達成や機会を決める好みや選択を形成するのに両者とも同等に重要なものである。

いったんテロリストと見られたら、もうテロリスト？

人種的アイデンティティが他者との相互作用に影響するたくさんの仕方に気づくのはなかなか考えさせられるものである。ブレント・ステイプルズが街を歩く人々のなかでヴィヴァルディの口笛を吹くことによって懸念を回避しようとした例（ステイプルズは黒人である）に戻って考えてみよう。人種を含む「われわれ」と「彼ら」の二分法はよしあしの両面の価値をもつ。実際、黒人も白人も自分たちと似ていない他者に怖れを感じやすい傾向をもつ。ニューヨーク大学のエリザベス・フェルプスの研究室で行われた研究では、白人系アメリカ人と黒人系アメリカ人の2つの顔写真を示して、スクリーンにいずれかの顔が表れるたびにちょっと痛いけれども耐えられる電気ショックを指に与えることで恐怖条件づけを参加者に行った（ショック強度は参加者自身に選ばせた）[14]。

心理学の学生はこの手続きはパブロフの古典的条件づけの標準的なやり方であるとわかるだろう。予測どおりショックと連合された顔を見た場合に、ショックと連合されていない顔を示されたときよりも手のひらに多くの発汗を測定できているという証拠に基づいて参加者に恐怖反応を条件づけすることができたといえる。

ショックと連合させた顔写真を見せ続けながら、ショック自体はやめてしまったとき、どれくらいこの恐怖反応が持続するか研究者は探究したかったのだ。そして得られる知見、古典的条件づけの言葉で言えば、恐怖反応の「消去」の容易さ、困難さについて参加者自身の人種が何らかの影響をもつかどうかも検討した。

その結果、白人系アメリカ人は黒人の顔よりも白人の顔に対してすばやく恐怖が消去され、黒人はその逆に黒人の顔からの恐怖の消去が早かった。このことは、状況によって私たちは両方の人種の人を恐怖するようになり得るが（実験でのショックの実施でも現実生活での人の行為からでも）、白人も黒人も自分と同じ人種の相手の方が早く恐怖から回復することを意味する。

この発見から予測するならば、人種についてのネガティブな連合はすべての社会的、職業的状況で持続していくだろうと考えるのがもっともらしいようにみえる。もし黒人の経営者が白人の従業員にかかわる悪い経験をしたとして、その従業員に対する悪感情がその後もずっと、それ以外何もネガティブ感情を強化する出来事が全くなくても続いているのに気づくかもしれない。あるいは、フェルプスたちの研究についてコメンテーターが述べたように、この結果は内集団メンバーが犯したテロ行為はよその集団メンバーが犯した同じようにふらちな行為よりも早く忘れ去られやすいということを示唆するかもしれない[15]。

そうしたネガティブな反応の持続はかつてはサバイバルの価値を有した一方、もうその重要性が失われてしまった組み込まれている反応の1つの例である。友情や共同作業、ビジネスや経済が相互依存的に地球規模に広がる高度なネットワークで結ばれた現代世界では、人種、国籍、文化などの境界を飛び越えて同盟をつくり出す能力は、私たちの幸福や繁栄、生産性に、そしてたぶんにサバイバルにとっても大きな収穫を生むだろう。

最小条件集団

ジェンダーアイデンティティと同様、人種的アイデンティティが重要なものであり続けていることは容易に見てとれる。しかし、私たちが形成する集団アイデンティティはほんとうにばかげたとるに足らない違いに基づいて生じ得る。1970年にイギリスの心理学者ヘンリー・タジフェルは社会心理学の重要な知見の1つを見出した[16]。集団アイデンティティがいかに差別につながっていくか――この場合、内集団に相対的により多く資源を与え、外集団から取り去る――を理解することに関心があった彼とその学生たちは、簡明な実験を行った。最小条件の集団アイデンティティを、過大評価群か過小評価群かを単純に告げることによってつくり出した。何が過大評価、過小評価なのかというと、それはランダムなパターンのドット（点）の数だった。たったそれだけである。

実際には実験参加者たちは本当にそうでさえなかった。参加者たちは知らなかったが、過小評価者、過大評価者というのは実はランダムにラベルづけされたのだった。友愛か対立かの実際的な基盤が何も存在しないことをさらに保証するため、その集団内や集団間のメンバーと何の相互作用もない状況をたしかにつくった。要するに、実験参加者はコンピュータの課題で自分と表面上得点が似ている者、似ていない者の参加ＩＤ番号だけを知らされて、非常に根拠薄弱な集団アイデンティティをつくり出されたのだ。

しかしそんな意味のない違いに基づいても、報酬分配において自集団のメンバーにより多くを与えるという差別が行われることが見出された[17]（これに比べるとキャンプでの色の違いに基づく戦いはもっと重大な違いのように見えてくる）[注5]。

最小条件集団アイデンティティのダイナミクスについてタジフェルが発見したことを毎年毎年学生に教えながら、驚き続けるのである——タジフェル自身でさえそうらしいが。彼の実験結果からすると、集団アイデンティティは真空を毛嫌いするようだ。人や集団と恣意的な結びつきをつくり出し、その結びつきがない他者が存在すると軽く示唆しただけで、「われわれ」と「彼ら」の心理状態が空いている空間を埋めるが如く、急速になだれ込んでくる。線引きがなされ、集団をなす基盤が意味あるものであろうがなかろうが、差別がついてやってくるのだ。

最初の最小条件集団実験は、たとえ自分自身が個人的にそこから得るものがなくても、自分の最小条件集団により多くの報酬を分配することを示しただけでなく、さらに驚いたことには、「われわれ」と「彼ら」との差を最大化するために、分配の損失さえ積極的に認めたということであった。これはより説明の難しい問題であり、たんに集合的な利己性のために自滅的結果を加えているのである[18]。

この発見以来、社会的アイデンティティのさまざまな側面の理解を発展させるために幾多の実験が行われた。個人というものが実にたやすく、また社会的集団にいかに強く結びついていくものかを理解しようとする研究者たちが続々と現れるようになった[19]。私たち自身の関心は、自分たちと似ている者、異なっている者によって喚起される神経的反応を観察するという形をとっている。

ニューロンは「われわれ」と「彼ら」を気にするか？

脳イメージング技術の急速な進展は社会的認知の神経科学研究に重大な影響を及ぼし、「われわれ」と「彼ら」をいかに脳が区別するか、またさらに一般的に他者の心をどのように表象するか調べることを可能にした。そのような1つの研究で、ハーバード大学のジェイソン・ミッチェルは2人の若い男性の顔写真、ジョンとマークをハーバード大学の学生に見せて、この写真とそれぞれの写真につけられている文章に基づいて、印象を形成するよう頼んだ。次が2人の男性について学生たちが読んだ文章である。

ジョンは自分が典型的な大学生だと思っている。ジョンは宗教を尊重しているが、政治的には中道左派である。ジョージ・ブッシュが大統領になったことが今も信じられない。学業的な関心の他に、大学のさまざまな課外活動にいそしんでいる。たとえば、昨年1年間は、学生委員会に参加し、大学協議会の手助けをしていた。卒業後、彼は大学院に戻ってくるまで1年か2年、大学から離れることを計画している。最終的にはやりがいがあって自己実現ができるような仕事につきたいと考えている。

マークは、この4年間、自分をキリスト教原理主義者だと思っていた。彼の中西部の大学キャンパス内の何回かの礼拝に加え、毎日曜日教会に行っている。彼の宗教的信念のため、彼は共和党の強い支持者である。共和党の社会的基盤を強く感じている。実際前回の選挙ではキャンパスの共和党員グループの活動的なメンバーであり、さまざまな募金イベントを通してブッシュの選挙運動への募金を助けた。卒業後は、腰を落ち着け、身を固めて家族をもつことを望んでいる。職業としては、将来の妻を専業主婦にして大家族をもつことのできるような仕事を希望している。

実験参加者はこれら2つの記述を読んで、fMRIで脳イメージングできるように磁気装置のなかに横たわりながら、ジョンとマークについての数十の質問に回答した。次がたくさんの質問のなかの典型的な2つの例である。

ジョンは感謝祭のときに帰省するのをどれくらい楽しみにしていると思いますか。
どれくらいマークはハリウッド映画よりもヨーロッパの映画をいいと考えていると思いますか。

たいていの人はジョンの質問に回答するのに要するニューロンとマークについて回答するためのニューロンは同じものだと仮定するのが道理にかなっていると思うだろう。しかしこの研究で観察された脳活動では、そうでないということが示された[20]。

脳はこの他者について考えるのに、異なる2つのクラスターのニューロンを用いていることがわかった。そしていずれのクラスターが活性化するかは、この他者とどの程度同一化するかに依っていた。この場合、主としてリベラルな東海岸の学生たちはマークよりもジョンに同一化しやすかった（先に施行された質問で測定されている）。ジョンに同一化した者たちでは、ジョンについて考えることは、腹側領域の内側前頭前皮質（ｍＰＦＣ）のニューロン群を活性化させていた。ジョンに同一化していた者では、マークについて考えると、ｍＰＦＣの背側領域にあるニューロンの異なる一群を活性化させていた。

大雑把に言って脳の同じ領域のなかの2つの別の領野が用いられていることは恣意的なものではないようだ。ダートマス大学での研究で、ｍＰＦＣの腹側領野は、他者についてよりも自分について考える際により用いられることが知られている[21]。ハーバードでのこのミッチェルの研究結果を拡張すれば、私たちは自分と似た人が何をするかを予測する際には自分の場合と同じ脳領域を活用するということになる。自分自身に結びつく脳領域をこのように用いることを心理学者は他者の心の「シミュレーション」と呼ぶ。しかし、明らかにこの脳領域を用いて考えるのは、その人物に自分が同一化できるときに限られている。

誰について考えているか、その人物にどれくらい同一化しているかに応じて異なる脳領域にアクセスしていることに私たちは気づいていないので、この結果は以前、子どもたちが集団成員性によって将来の可能性の達成を制限されることを論じたのと同じような不穏な可能性をもつことを示唆している。たとえば裁判の判事について考えてみよう。彼女は日常的に他者についての決定を行わねばならず、自分と似た人もいれば、全く似ていない人もいるだろう。キャリアウーマンが夫婦間の問題を経験している場合（自身と類似している）と、同様の状況にある仕事をしている男性（自身と似ていない）とで考えるときに活性化される神経的プロセスが異なることによってその判断が影響を受けるかもしれないことをどうやって考慮したらいいのか。

彼女が考えているのは誰についてであるのかにしたがって別の脳領域が喚起されることを教えてくれる身体感覚などないので、こうした選択的な神経活動がどのように決定に影響するか自覚することはまずできないのである。たとえば、さきほどの仕事をしている男女の係争の件で親権を認める決定を行うのに、彼女自身の同一化、一方を他方より自分と近しく見ることによる影響についてはどうだろうか。その影響はありそうだと考える方がもっともらしいのではないだろうか。

カーラの手

最小条件集団でのアイデンティティの現象を検討した心理学者ヘンリー・タジフェルは、自身の第二次世界大戦の経験から偏見の心理学に関心をもっていた。ポーランドにユダヤ人として生まれ、肉親の者たちすべてをホロコーストで失い、戦後、それまでの化学の仕事を捨て、心理学を研究するようになった。彼のもともとの偏見についての関心はナチの反ユダヤ的ジェノサイドによって喚起されたが、「われわれ」と「彼ら」のアイデンティティがとるに足らない基準ででもでっちあげられることを理解し、外集団を犠牲にして内集団メンバーにより多くの報酬を割り当てるといったヒトラーよりずっと些細な形で表れるが、それでも差別される者に高いコストを課すものでもあることを知るに至った。

内集団成員性に基づく資源分配の問題は、マーザリンの以前の同僚の話の鮮明な記憶へとつながる。カーラ・カプランは1980年代後半、イェール大学のアメリカ文学を専攻するまじめな若い助教授だった。彼女は二十代後半だったが、実際の年齢よりも若く見えた。カーラはキルト制作に熱を入れていた。布のパッチワークをしていると、パタンと色との夢のような世界にのめり込み、その創作の世界以外見えなくなってしまうくらいであった。

ある日の夕方、キッチンでクリスタルのボウルを洗っているとき、うっかりと手を滑らせてボウルが落ちた。ボウルをつかもうとしたが、ボウルは流しに落ちて割れて、そのとき、かけらの鋭くとがった角が彼女のてのひらから手首にかけて切り裂いた。血が床一面に噴き出し、ボーイフレンドが急いで包帯をあててから、大学と提携しているイェール・ニューヘブン病院の救急ルームに車で連れて行った。

救急ルームでカーラのボーイフレンドは、当番でいた研修医に、キルトづくりは彼女にとって非常に大切なことなので、彼女が大好きなキルトづくりに必要とされる精細な手の動きをこの傷が損なわないか心配だと念を押して伝えた。医師はこの懸念を理解したようで、すばやく縫合すれば大丈夫だとの確信を述べた。

医師がカーラの手の縫合の準備をしていたとき、近くで作業していた学生ボランティアがカーラに気づいて声を上げた。「カプラン教授！　こんなところで何をしているんですか」と。するとこの声によって医師の作業が止まった。「教授？」医師は尋ねた。「あなたはイェール大学の教授なんですか？」　たちまち、カーラは搬送台に乗せられて、病院の外科部局に連れて行かれた。コネチカット一優秀な手の外科医が呼ばれて、何時間にもわたる手術で医療チームはカーラの手を完全な状態に復元した。幸い、カーラの手は完全に回復して、タイプを打つこともキルトづくりをすることも、他の何でも以前と同じように精細に動かすことができるようになった。

それほど明らかではないかもしれないが、このカーラの救急処置での「われわれ／彼ら」の差別を見出すことができるだろうか。マーザリンが初めてこの話を聞いたとき以来、これは日常に潜む非意識のバイアスの複雑で象徴的な例として頭にこびりついて離れない。ここにあるのは人を傷つける例ではなくて、人を助ける例であるので、医師が「イェール大学教授」と認識したところから引き起こされた差別行為を見つけにくい。このキーワードが触媒となって、医師と患者とで共有される集団アイデンティティの認識が生じ、キルトづくりの血まみれの手からエリート的治療の資格を備えたイェールの内集団メンバー仲間へと急な転換が生じたのである。

この話を確かめるため、最近カーラに手紙を書いて尋ねた。すると、カーラは次のように詳しく教えてくれた。「突然彼らは、ニューイングランドの有名な手の専門家に救援を求めた。全く180度の方向転換だった。私がキルトをつくる人だということは、私の右の親指の神経を修復することが必要だということについて、彼らには何の意味ももたなかった。だけど、イェールの教員であることが高価で複雑な手術に値することだった」

もしカーラがカーラでなくて、カールであって、よれよれのツイードのジャケットを着て、ポケットからパイプが見えていて、それで病院を訪れていたら疑いなく違っていただろう。学生ボランティアが内集団だという認識を引き起こす必要もなかっただろう。[注6] 少し離れたところからカーラのケースを眺めたときに初めて、イェール大学教授をたんなるキルト制作者より手厚く治療するという決定のなかで倫理基準が貶められたことが明らかになる。すぐ近くで見ると、たいていの観察者は医師のとった行為は価値ある患者が良い治療を受けたという賞賛に値するものに見えただろう。ラディカルな示唆があるとすれば、集団間差別というのは、あからさまな外集団への攻撃行為ということはめったになく、むしろ、内集団に対する日常的な援助行為に表れていることの方が多いのではないかということだ。

キルト制作者としてのカーラは適切な治療の欠如によって差別された。付録１で私たちが記したいくつかの結果を見てほしい。１９７０年代に行われた援助行動研究の多数の実験結果である。これらの研究では、白人系アメリカ人は一貫して黒人系アメリカ人よりも援助を多く受けている。これらの研究で黒人系アメリカ人に害を与えているのは、行為しない（非行為）という結果――援助の不在であった。援助を受けていた白人系アメリカ人の得ていた利益をもらえないという形で黒人系アメリカ人は不利益を被っていた。こうしたあり方を私たちは、「隠れた差別」と呼ぶことができるだろう。それはカーラの手の外科手術の話のなかに隠れていることが示された差別と同じ類のものである。差別はいつも明確に比べられる形で姿を現さないので認識することが難しい。助けるか助けないかその一瞬の一回きりの結果のなかに見出さないといけない。これらの行動は引き続いて生じることもあり、そうした場合には、誰かは助けられ、誰かはブラインド・スポットに入ったまま置かれて助けられないといった事実を見ることが可能になる。実際、カーラの話のなかで「われわれ」と「彼ら」のバイアスは、少なくとも４つの仕方で隠されていたといえる。そのうち２つは私たちがずっとここまで「心に潜むバイアス」として定めてきたもの、つまりバイアスをもっている本人の意識から隠れているものという線に沿ったものである。

第一に、１つの集団（職工）よりも他の集団（イェール大学教授）のメンバーを利するという潜在態度に救急ルームの医師は無自覚であったかもしれないという意味で、その医師自身から隠れていた。第二に、これはやはり医師自身から隠れていたことによるものだが、明白に何か傷つける悪いことは何もしていないという事実によってバイアスを示したこと、イェール大学の教授であるカーラに行い得る治療の2つの選択肢のうち良い方を選んだという形で示したバイアスに彼自身気づきにくい状況であった。

バイアスが隠れている第三の側面は、医師の行為によってこの状況では誰も傷ついていないということだ。影響を受けた唯一の人物カーラは、イェール大学の教授であるという彼女のアイデンティティの新たな発覚によって助けられた。最後に、この状況では明確に不利益を被る集団を容易に特定できなかったということである。どういった集団が差別されたかあえて言えば、「同じような特別の治療を望んでも受けることができなかったすべての人たち」から成る集団と定義しなければならないだろう。

カーラの物語の重要性は、犯行によってではなく、脱落した行為ととらえることによって、いかに心に潜む隠れたバイアスが働くかの意味を拡張していくことができる点にある。そしてこの話の主役では医師のような、そうした行為を省略する権限のある人というのは、だいたいにおいて援助は賞賛に値すると信じている善良な人々だということにもまた気づかせてくれる。私たちが言うことのできる限りにおいては、医師はキルト制作者としてのカーラを差別する意識的意図をもっていなかった責任ある治療を行う専門職の人間だった。それにもかかわらず、間違いなく差別はなされ、もしカーラが内集団メンバーであると認識されなかったとしたら、彼女の手に対してなされたかもしれない傷害というのは現実的なことだった。

カーラの話から得られる教訓は、内集団のメンバーを援助するといった、明らかに意図された種類の行動から生まれる差別は、内集団メンバーから外れた者たちだけでなく、内集団メンバーそのものである人たちにとっても重大な影響があるということだ。そして、心理学者として、外集団に向けられた否定性や敵意の表現を探すという伝統的な方法で隠れたバイアスを研究するならば――燃やされたりした外集団の教会やモスクの数を数えるといった測定を行っていたら、こうした隠れたバイアスが現状で維持され、はびこっているさま、社会の下位の階層の人々が、生まれながらその地位のために特権的に使える人たちには利用できている資源を剥奪されているその様子が見えなかっただろうということを学んだのだ。星ありのスニーチイズはいつも星なしのスニーチイズより良い食べ物なんかを手に入れていたのだから、それは驚くべきことではない。

内集団にいることで利益を受け取ることはだいたいにおいて可視化されにくい傾向がある。そして、これがおそらく支配的な多数派の集団が、その利益のことを指摘されるとしばしば本当に気絶するほどの反応をする理由なのだろう。ブラインド・スポットは差別と特権の両方を隠蔽し、差別する側もされる側も、特権をもつ者ももたざる者もそれに気づいていないのである。社会環境を意識的に平等に、公平にしようとする試みはどんなものであってもかなりの驚きをもってそうした抵抗に遭うのだ。

訳注

1　ドクター・スースの絵本に登場する鳥のような動物。アニメーションもある。

2　イギリスのプリマスを発ったメイフラワー号によってピルグリムファーザーズは1620年、北アメリカ、マサチューセッツのプリマスに到着。102名の乗員がいたがそのおよそ3分の1ほどがイギリス国教会から迫害を受けた分離派ピューリタンであり、信教の自由を求めて「新大陸」にわたり、キリスト教徒にとっての理想的な社会の建設をめざした。このため、北アメリカへの入植はすでにあったが、メイフラワー号はヨーロッパからのアメリカ移民およびアメリカの植民地化のシンボルといえるものとなり、現代のヨーロッパ系アメリカ人の多くにとってもこのときのピルグリムファーザーズを「祖先」という位置づけで敬愛する心情がある。

3　カソリックでは教義上堕胎を禁じられているので、そうした教えに忠実な家庭では、避妊せず、堕胎しないので、子どもの数が多くなりがちである。イギリス、アイルランドあたりでは、旧教、新教対立がコミュニティとして深刻であるので、そうした違いが強く認識されがちである。一方、プロテスタントの多いアメリカにおいては、福音派を中心とするいわゆる宗教保守、キリスト教右派と称される人々が中絶反対を強く唱えているが、彼らはプロテスタントである。

4　英語では人称代名詞がIや my で性による違いはない。

5　アメリカの子どもを集めたサマーキャンプなどの催しでは、よく取り入れられる手法で、チームを色で分け、チームの歌を歌わせたり、いくつかの競技で競わせ得点の高い方が勝者となる。協同と競争のテーマで名高いシェリフの泥棒洞窟実験は、こうした伝統を取り入れて行われた経緯があるが、彼らの実験では色ではなく、チーム名の呼称や旗印によって同一化を行わせている。

6　風体の特徴から、はじめから言わなくても大学教授だと認識されるという意味である。

第8章 バイアスをつくり出すマシーンといかに闘うか?

ワシントン大学の心理学部は、デジタル時代の副産物として歓迎すべきすばらしいサービスを提供している。古い本から電子書籍を制作しているのだ。最近、トニーが40年前の本のある章の電子版を要請したところ、ファイルが来たら偶数ページのテキストの右端1、2文字が全行にわたって印刷されていないことに気づいた。トニーはこの問題を学部の事務官に引き渡し、正すように要請した。その日中に電子ファイルは再び届けられたが、同じ問題が生じていた。彼はもう一度それを差し戻し、何も直っていないことについていくらかの驚きを添えて注意した。たしかに簡単に直すことのできることだったはずだ。3度目に戻ってきたとき、全ページが適切に複写されていた。

何が起こったのか興味に駆られて事務室に立ち寄って、どういった問題が起こっていたのか尋ねた。すると、回答として、「賢い」コピー機がすべてのページが同じ余白をもっているはずだと「想定した」のだが、電子バージョンは偶数ページと奇数ページで余白のあり方が違っていた本から作成されたのだった。偶数ページのテキストは奇数ページよりもみんな右に寄っていたのだ。最終的な対処法はこうであった。偶数ページと奇数ページの余白が同じになるように紙のコピーをつくり、それをもとにして電子バージョンをつくるのだ。

この解決策を考案した事務担当官は優れた観察を述べた。「秘訣はマシーンを出し抜いて負かすことです」。マシーンを負かすということの考えは、人の脳に住み着いているマインド・バグを出し抜いて負かしたいという私たちの大きな挑戦に合致するエッセンスをとらえている[1]。自動的で反射的な私たちの思考パターンからの意図せざる結果を乗り越えることを可能にする技術を考案するのに、私たちの熟慮的、分析的な心をうまく使うことができるだろうか。言い換えれば、私たちは自らの非意識のバイアスのからくりを負かすことができるだろうか。

ジェンダー・マインド・バグを負かす音楽家のガイド

1970年代には、アメリカの有名な交響楽団では女性の演奏家は10％以下しかいなくて、採用される新人の20％未満だった。さして多くの人がこのことを懸念材料だと考えているわけではなかった。多くの人が女性より男性の方が音楽的天性に恵まれていると思っていた。その証拠として、誰でもすぐに世界的な音楽の巨匠の名前を思い出してあげることができる。スヴャトスラフ・リヒテル、ダヴィッド・オイストラフ、ウラディミール・ホロヴィッツ、パブロ・カザルス、ムスティスラフ・ロストロポーヴィチ、ユーディ・メニューイン、ヤッシャ・ハイフェッツ、セルゲイ・ラフマニノフ、グレン・グールド、フリッツ・クライスラー。それがすべて男性だということである[2]。

けれども、もしかしたらそうでないかもしれない。音楽の巨匠における男性優位は別の視点で考えられるかもしれない。天賦の才よりもむしろ、男性において、その才能を認識し、奨励し、促す文化の恩恵による結果なのかもしれないのだ。しかし、そうした考え方は、アメリカにおいてフェミニズムがそれなりの文化的な力になり、そうした不平等に気づき、異議が唱えられるようになったおよそ40年前までは、ほとんど誰もそんな風には思っていなかった。ボストン交響楽団は最高のトロンボーン奏者を選抜するのに、本当に最高の才能を選抜し得ていたのか。そうでないとしたら、楽団は最高の音楽家を見分けるのをブラインド・スポットが妨げていたかどうかどうしたら知ることができるだろうか。

長い伝統のなかでオーケストラの応募者はオーディション委員会——だいたいオーケストラの団員から選ばれた専門家である——の前で実際に演奏することによって競っていた。１９７０年代あたりから、アメリカのいくつかの有名楽団が実験的に新しい手続きをとり始め、委員と応募者の間についたて（スクリーン）を置いて、音は聞こえるけれども応募者が見えないようにしたのだ。この手続きは別段、女性が差別されているからといった疑念によってとられた措置ではなく、むしろ、特定の著名な先生の生徒たちに選抜が有利に傾くことの方が懸念されていたのだった。

しかし、それからの20年間で興味深い結果が得られた。ブラインド・オーディション採用の後、有名楽団に雇用された女性の割合は、20％から40％へと2倍になったのだった。そういうことから思い返せば、「巨匠＝男性」というステレオタイプは妥当なものではなく、最も才能ある音楽家を採用するオーケストラの選抜力を害するような強力なマインド・バグだったのだと見て取ることができる。オーケストラ雇用のブラインド・オーディション導入をめぐって際立つことは2つである。第一に、彼らは思わず実験をやってしまったのだ。専門家のほとんど誰も自分がテストする能力に疑念を抱いていたわけではなかった。第二に、改善は簡単で費用も安いものだった——たった一枚の布である。この特定のマインド・バグを負かすには自覚、改善の意志、そして改善の方法が必要であったが、それはそれほど複雑なものでも費用のかかるものでもなかった［3］。

マインド・バグを負かす解決法のさらなる探求

疑いなくブラインド・オーディションは、「巨匠＝男性」のステレオタイプのマインド・バグを負かして、効果的に解決する非常に良い方法だった。だから、ほかの状況でもうまく働くような似たような戦略を考えてみよう。たとえば、高校や大学の先生は、生徒のレポートを書いた者が誰だかわからずに評定することができるだろう。そんな風にどんな種類の記述形式のテストでも対象が誰だか知らずに評定をつける方策をとることができる。

残念ながら、このブラインド戦略は、採用の決定や業績の評価のような多くの仕事場面での状況においては、とることができない。応募者は履歴書、身上書を名前を削除した形で提出することができるかもしれないが、性別などの多くの重要なほかの情報は残されたままになるだろう。たとえば、女子サッカーチームのキャプテンをしていたという記述は性別を明かしてしまうだろうし、推薦状でもファーストネームを伏せていても繰り返しそこに表れる代名詞によって性別が知られてしまう。

そして、たいていの採用状況で応募者との個人面接をなしですませることは非常に難しいだろう。従業員の勤務評価ということになれば、評価者が評価の相手を知らないでできることはまずない。同様、ヘルスケアや犯罪者の裁判、住まい探しなどすべての対面的なやりとりが生じるいろいろな状況では、マインド・バグが差別を生み出してしまうことが起こるけれども、そういった状況にブラインド戦略を拡張していくのは難しい。医師は患者を見ることなしに治療することはできないし、判事も匿名で見えない被告人を裁くようには求められていない。住まいでも個人的に訪れることなく、デジタルの世界でたくさんの情報を得ることはできるけれども、最終的に貸し手、売り手に自分を明かさずに契約することは不可能である。現在の技術では以前よりも誰であっても個人情報を得るのがたやすくなってしまっている。その人の名前がわかっていたら、インターネット上の検索によって個人的な情報を容易に探し出すことができる。

マインド・バグは根絶できるのか

マインド・バグを出し抜いて負かすのではなく、コンピュータ・プログラマーがバグを取り扱うのと同じように扱えないのだろうか。ただ、バグを特定して削除・消去する。残念ながら、心に潜むバイアスをもたらすマインド・バグを取り除く効果的な方法は確立していない。

私たちはマインド・バグを破壊するのが容易か困難かそういった探究でジェットコースターに乗っているかのように振り回される経験をしてきたといえる。1990年代後半、IATが新しく現れたとき、マーザリンとトニーは数え切れないくらいテストを行った。その結果、私たちがもっていたくないような連合をもっていることが次々と明らかになっていくのはがっかりすることでもあったし、繰り返しデータをとっていくなかで、時間が経ってもほとんど変化しないということにも一層落胆することであった。心に潜むバイアスに気づくことはそのバイアスを根絶することの助けにはならないようだった。少なくとも、継続的に取り続けているテストに変化はみられなかった。こうしたIATの初期の知見から、IATで測定されるマインド・バグはかなり変化しにくいものだと考えられた。

私たちが自分自身の心に潜むバイアスも根絶することができないで意気がくじかれつつあったちょうどほぼ同じころ、他の研究者たちがIATで測定されるマインド・バグを弱め、できれば除去することを目指して考案した手続きによる実験を開始していた。最初の試みを行った研究者の1人が、ニランジャーナ（ブージュー）・ダスグプタであり、彼女は1990年代後半そのキャリアの最初の方で私たち2人と一緒に研究を行っていた。

ブージューは有名なアメリカ人20人の顔写真を用いて新たな実験を考案した。マルチン・ルーサー・キング・ジュニア、コリン・パウエル、マイケル・ジョーダン、デンゼル・ワシントン、ビル・コスビーなどの10人の有名な黒人系アメリカ人の写真を呈示される課題を行うことで、白人への自動的選好を人種IATで減じることができるか検討した。各人について2種類の記述を用意し、両方ともポジティブなのだが、1つは正しい記述、1つは誤った記述を示した。実験参加者は正しい方を選ぶよう求められた。たとえば、コリン・パウエルの写真には、「前の統合参謀本部議長」（正解）と「アメリカの国連大使」（不正解）という2つの記述がついていて正解を選び取るよう求められる。こうした10名の黒人系アメリカ人の写真に混ぜられて、10名の悪名高い白人系アメリカ人の写真がランダムに呈示された。それは、連続殺人犯のジェフリー・ダーマー、テッド・バンディ、チャールズ・マンソン、テッド・カジンスキーや大量殺人犯ティモシー・マクヴェイらを含んでいた。10人の白人系アメリカ人の写真にも2つの記述から正解を選ぶようになっていて、両方ともかなりネガティブな記述であった。カジンスキーの場合では、「小包爆弾を用いて傷害、殺人を行ったユナボマー」（正解）と「有罪となった小児性愛者」（不正解）というものである。20枚の写真すべてについて2回ずつ選択肢を選んだ後（それぞれを十分呈示することを保証した）、実験参加者は人種

ＩＡＴを行った。

自分自身のＩＡＴ得点を改善するのも手に負えないで、変化の可能性には懐疑心をもっていたトニーは、ブージューの手続きがうまくいくか疑っていたので、うまくいったら5ドル即金で払うと言っていたら、本当にすぐ払う羽目になってしまったのだが、全く後悔していない。10人の立派な黒人アメリカ人と10人の卑劣な白人アメリカ人の写真を見た実験参加者は、立派な白人の写真か花や虫の写真を先に見せられた対照群に比べて、本当にＩＡＴで「白人＝良い」連合を弱めたのだ。

ブージューは今度は、マザー・テレサ、ウォルター・クロンカイト、エレノア・ルーズベルト、アルバート・アインシュタインといった望ましい10人の高齢者の写真を実験参加者に同じように見せた。そして望ましい高齢者たちを見た実験参加者は、望ましい若者の写真を見た参加者よりも、ＩＡＴでの「若さ＝良い」連合が弱まった。これらの結果は、ＩＡＴで測定される非意識のバイアスの変化可能性、柔軟性について、そしてマインド・バグを根絶する見込みについて、私たちの考えを即座に変えたのだった[4]。

ブージューの実験とほぼ同時に、他の研究室の取り組みによっても、比較的単純な手続きで潜在態度、潜在ステレオタイプを修正することができるのだと勇気づけられる結果が見出されるようになった。コロラド大学では、イレーヌ・ブレアが大学生男女に「強い女性とはどんな人か想像してください。その人はなぜ強いと思われているのか、どういったことが優れているのか、そしてその人がどんな趣味や活動を楽しんでいるか、数分間かけて想像してみてください」というような教示で簡単な想像作業をしてもらった。こうした簡単な心的作業によって、ＩＡＴで測定される「男性＝強い」ステレオタイプが効果的に弱められたのだ。この結果は、実験群のＩＡＴ測定値を別の心的作業に従事する対照群と比較することで一層明瞭になった[5]。

現時点で私たちが科学の世界にいる非常に魅力的な点として、研究的な証拠によってそれまでの考えが変えられてしまうということがある。この例はまさにその瞬間であった。現存する連合を変化させるのは困難な作業を長い期間かけて行わないといけないだろうという私たちの当初の信念は改訂を求められることになった。心に潜むバイアスのマインド・バグはちょっとした介入によって弱められることをデータは示していた。おそらくこうした実験研究で用いられたささやかな形の介入を繰り返し適用していくことが、マインド・バグを根絶していく有効な道筋になるのではないかと思われた。

私たちは自分自身の心に潜むバイアスを減じるのに、どういう手順をとったのかしばしば尋ねられることがある。マーザリンは1つの方法を見出した。変化可能性を示す結果の集積から考えて、そして、自分のマインド・バグをいくらか取り去ることを願って、多様性に富む人々を並べた画像をコンピュータのスクリーン・セイバーとして作成した。こうした画像によって日常的に出会う限られた人々の範囲に抗して、世界中の多様性に富む実際の範囲を自覚し続けるのにまずまずの貢献をするだろうと考えた。マーザリンは反ステレオタイプ的な画像も好んだ。背の低いはげた経営者も彼女の好きな反ステレオタイプ的画像の1つだ。雑誌「ニューヨーカー」の表紙にあった赤ちゃんに授乳するヘルメットをかぶった建設労働者の女性の絵というのもある。彼女のねらいは、ほかの日常生活では出会ったり、メディアで見たりすることで強められてしまうステレオタイプ的連合への対抗となる連合をつくり上げることである。

ブージューの研究から10年以上が経ち、彼女の行ったような実験と類似した実験はいまだに同じような結果を生産し続けている。これらの一貫した結果の有望さとともに、私たちは心に潜むバイアスマシーンを解体するやり方を理解しているのかどうか結論を下すにはさらに高い基準を設けなくてはならない。残念ながら、私たちが確信がもてるほど、持続的な変化をもたらす介入の仕方はこの10年間の研究からはまだ得られていない。ＩＡＴで測られる連合強度の持続的変化を示した最もうまくいった実験は、クモ恐怖症を減弱する３週間に及ぶセラピー・プログラムの効果の研究で、プログラム完遂１か月後の恐怖症減退が確認されている［6］。

ダスグプタやブレアや他の研究者たちの研究で観察された変化というのは、ゴムの伸び縮みのような変化として理解すべきものではないかと今は疑っている。伸ばされた輪ゴムのように、これらの実験で修正を受けた連合は、すぐにもとの姿に戻っていってしまうのではないか。そうした伸縮自在な変化は当然のものであり、効果を発揮してほしい折には、前もっていちいちまた改めてその修正措置を適用しないといけないようなことになる。そのようなマインド・バグの抑制は有用ではあるが、根絶というには程遠い。

他に若干良い発見もある。ブージュー・ダスグプタは、女子大学生が女性教員の科目をとってそうした実例に日々接していることで、「女性＝リーダー」「女性＝数学」といった連合が強められていることを見出した。女性教員の科目を多くとることで、ステレオタイプはより弱められるという。ウィスコンシン大学のパトリシア・デバインの行った未公刊の実験では、人種IATに見る白人選好を減じるねらいの多段階のトレーニング手続きを検討している。トレーニングの6週間後までステレオタイプの減退を彼女は確認した。こうした有望な研究結果にもかかわらず、私たちはマインド・バグを圧倒的に持続的なものとして考えるようになっている[7]。

少なくとも今のところ、マインド・バグの変化を発見する必要があるだろうから、このマシーンを出し抜いて負かす戦略を考えるところに立ち戻るのだ。根絶するというよりむしろ出し抜いて負かす可能性はいろいろなところで、特に不治の病への対処などで有効である。たとえば、マラリアにおける出し抜き戦略は蚊帳の使用や病原菌をもつ蚊の不妊化などの予防的方略を含み、HIVでの出し抜き戦略は、性行為による感染を防ぐためのコンドーム使用やさまざまな抗レトロウィルス薬の利用などを含む。

迂回することによってマインド・バグを負かす——考えないで行うことによる解決法

第6章でジョアン・Aのことを記した。彼女の担当医であるDr・Mは、ジョアンのことを循環器系の健康について懸念する必要のない48歳の女性と考えていた。医師の判断は、中年の男性に比べて、中年の女性は心臓病のリスクが低いという妥当な医学的知識に一部基づいており、それと同時にジョアンの体重の重くないこと、運動レベルが高いことを知っていたことに基づいていただろう。ジョアンの要請にしたがって、血中コレステロールの検査を行ったところ、Dr・Mは確率的な予期に反して、ジョアンのコレステロール・レベルは治療が必要なくらい高いことを発見した。

このジョアン・AとDr・Mとのエピソードは、およそ25年前に起こったもので、今日よりも女性の心臓病リスクに気づいていない時代のことであった。現在では、女性のリスクレベルは概して男性よりは低いものの、たとえその女性がやせていても、よくスポーツをする人であっても検診を行うに十分な重要なリスクをはらんでいるものと認識されている。結果として医療の専門家はコレステロール検査の別のアプローチを採用した。国立心肺血研究所（NHLBI）によって公布されたガイドラインは20歳以上の全員が少なくとも5年に一度血中コレステロール・レベルを検査するよう勧めている。もちろん、NHLBIのガイドラインはたんにガイドラインにすぎなくて、義務ではない。日々の営みのなかでは、いまだにいくらかの医師たちは「女性＝低リスク」ステレオタイプに基づいてコレステロール検査の助言を疑いなく行っている。しかし、近年のガイドラインに従おうと考える医師たちは、もはや中年の心臓発作の可能性について何の予見も判断もしないようになっている。定期的な検査を勧めることはもう考える余地のない自動的な対処になっているのだ。ガイドラインを用いることで医師は男性・女性の相対的リスクなど個人的な知識を考慮する必要がなく、ステレオタイプの不適切な適用の可能性を減じることができる。

「女性＝低リスク」というステレオタイプが負かす必要のあるマインド・バグであることは容易に気づくだろう。しかし、そのステレオタイプが負かさなければならないことだと納得するのがもっと難しい状況もある。例として、最近、アメリカン・スタッフォードシャー・テリア数匹をもつ飼い主が、自分のペットのネガティブなステレオタイプに対抗するキャンペーンを考えるためにトニーの助けを請うた。この犬種が広くピットブルとして知られている犬だと知るまでは、読者は不審に思うかもしれない。[注1]

アメリカでは、ピットブルはおそらく登録されている犬の1〜2%程度だろうが、報告されている犬に噛まれた事件の25%以上を占め、それによる死亡事故にも同じように高い率を占めている（複数のソースによる）。ワシントン州のシアトルは、シアトル在住者と噛まれた被害者が反ピットブルのウェブサイトを立ち上げてから、ピットブル敵対者において最近注目されるところとなった。おそらく他の都市でもよくあるように、シアトルでもアニマルシェルターで安楽死させられる犬のおよそ半数がピットブルである。こうしたステレオタイプに対抗し、広く行われている安楽死を防ぎたいというのが、スタッフォードシャー・テリアの飼い主がトニーに依頼したことであった[8]。

みなさんは、ピットブル＝物騒というステレオタイプをもっているだろうか。もっているとしたら、ピットブルについてのあなたの見方を変え、それにしたがってあなたの行動を修正すべきなのだろうか。私たちはその解答を見つけるのに、みなさんにこの問いを別の3つの質問に置き換えてみせることで助言することができる。3つのうちはじめの2つは解答可能である。（1）ピットブルは平均して他の犬種よりも危険であるか？　これはイエスと答えることができる。つまり、このステレオタイプはいくらかの妥当性を——攻撃的な性質は配慮に富んだ訓練を受けたか、非人道的な扱いの訓練を受けたかによるというピットブル側の主張による制限を受けたとしても——もっていることを意味する。（２）すべてのピットブルは危険であるか？　これはたしかにノーである。多くのピットブルは、愛されているペットであり、子猫のような他のペットと同様、子どもとおとなしく、安全に遊ぶことができる。（３）自分自身で解答を考えなくてはならない問いはこうだ。見知らぬピットブルに初めて会ったとき、危険だと仮定して扱うべきか？

この最後の問いの答えを考えるにあたって、中年女性に対する心臓病リスクという例を３つのパラレルな問いにして考えてみよう。（１）中年女性は中年男性に比べて心臓発作が生じにくいか？これはイエスだ。ステレオタイプはいくらかの妥当性がある。（２）すべての中年女性は心臓発作のリスクが低いか？　これはノーだ。多くの中年女性が心臓発作に陥っている。（３）中年女性を診た場合、医師は心臓発作のリスクがないと仮定すべきだろうか。すでにわかっている通り、そしてＮＨＬＢＩのガイドラインが今や成文化して、20歳以上の誰でもが定期的なコレステロール検査を行うように勧めているように、この３番めの問いに対する答えはノーである。

多くの読者にとっても難しい問題だろうと思うので、私たちはこのピットブル問題について思案している。コレステロール検査を勧めるＮＨＬＢＩのガイドラインと同じように、他の犬種とピットブルとを同等に扱うことができるような考えずにできる解決法を見つけ出すことは難しいだろう。中年女性とピットブルの2つの状況を同じような例として扱うことにも多くの読者は抵抗を感じることだろう。おそらく、他の犬種と異なるやり方でピットブルを取り扱うことはもっともだと思うのではないだろうか。

こうした議論を広く行うために、あえて両者を同等に提示してみせたのだ。自分たちでは両方の議論ができると思っている。2つのカテゴリーを同等のものとして扱うならば、それはすなおなやり方ではある。両者ともステレオタイプの働きを表しており、そのカテゴリーに含まれる個別のメンバー全部にあてはまる特徴としては扱えない。同等に扱ってはならないという考え方では、「ピットブル＝獰猛」連合は実際たんなるステレオタイプ以上の意味があるのではないかという議論が可能であろう。ガラガラヘビすべてにとって毒性のあるという性質が本質的な性質であるのと同じように、獰猛さはピットブルにとっての本質的な性質だという妥当性の高い連合であるのかもしれないという具合に。しかし問題は、獰猛さはけっしてピットブルの本質的な特徴ではないとたしかに知られているわけで、ピットブルのうち少数派を越えるくらいの特徴づけとして獰猛な性質を考える十分な証拠はない。

ピットブルを他の犬種と違ったように扱うことを防衛的に正当化する最善の言い方は、恐怖の観点から、「ピットブルと出くわして死ぬことを怖れるという正当な理由でピットブルにかかわりたくない」というものであろう。このように考えれば、ピットブルに対する反応は、ステレオタイプというよりは恐怖症の性質を帯びているといえる。ステレオタイプではなくて恐怖症とラベルづけすることが重要なのは、そうすることで嫌悪の原因が、犬の性質の方にあるのではなく、犬を怖れる人の方の性質と見なすことができるからだ。しかしピットブルの代弁者はそのような恐怖症による正当化を納得できないものと見なすだろう。

犬の攻撃性について簡単に検査できるような世界があるならば、検査にパスすれば、医師がその身分の印として首の周りに聴診器をかけているのと同じように、その攻撃的でない犬は、合格の検査結果を目に見える印としてまとっていればよい。この想像の世界は今の現実世界から完全に遊離したものではない。犬の攻撃性の検査は実際に存在するからだ。けれども、妥当性の高いテストには訓練された人員と標準化された検査状況が必要で、今のところあまねく施行するのは実際的でない［9］。

コレステロール検査においてするかしないかの判断をなくすガイドラインを用いることは、ジョアン／Dr・M／コレステロール検査の状況でのマインド・バグを迂回する方法になるけれども、ピットブルのステレオタイプを抽象的に同型であると扱うのは実際的ではない。一般的にマインド・バグを負かすのに、1つ良い方法見つけたからといって、それをどんどん他のケースにも適用していくのは無理がある。もっとたくさんの良い方法が必要だ。これからの数年で、マシンを負かす良い方法がどんどん見つかるような新たな研究の波がきっと押し寄せてくることだろう。

数学的な方法でマインド・バグを負かす

検査というのは、うまくできれば血中コレステロールであっても犬の攻撃性であっても、数字でスコアが出るという利点がある。したがってテストは万能薬のようにみられやすい。数字で表された判断はバイアスのない客観的な扱いであると保証しているように思いたくなる。しかし数字それ自体は、心に潜むバイアスのマインド・バグやもっと考えた上でのバイアスから逃れることを保証するものではない。それは、２００２年のソルトレークシティの冬期オリンピックでのフィギュアスケート競技で十分明らかだろう。９名の審判団による数字の得点は国際的なスキャンダルを引き起こした。

フィギュアスケートの国際競技では複雑な採点システムが用いられており、スケート演技の構成要素について各審判は多くの数的判断を下さなければならない。これらの判断は2つの基本カテゴリーに分類される。テクニカル・メリットとプレゼンテーションだ。バイアスの影響を受けやすいと長らく思われていたこの採点システムは、ソルトレーク・オリンピックのペア競技でロシアペアに金メダルを授けたことでその評判は地に落ちた。その場で見ていた人、あるいはテレビで見ていた人ほとんどすべてにとって、明らかにカナダペアに劣っていたからだ。

競技終了後まもなく、審判団のなかのフランス人審判が、ロシアペアを支持する引き替えに、別の競技会においてフランス人スケート選手を支持してもらう談合が行われていたことを認めたと報じられた。競技終了後一週間以内に、国際オリンピック委員会、国際スケート連盟（国際的なアイススケート競技会を主宰、統括する）の執行役員は、カナダペアにも第二の金メダルを与えることを決定した。数的なシステムの名誉は傷つけられ、同時にこの決着は不十分な対処だと多くの人から見なされてもいた。

２００２年のスキャンダルに引き続いて、国際スケート連盟は採点システムの徹底的な見直しを行い、より客観性のある方法を構築しようとした。しかし、数か年これを実施してみて、新たなシステムも限られた改善でしかないようだ。新たなシステムは、テクニカル・コンポーネントで、スピンやジャンプの完全な成功をビデオで確認できるようにすることによって主観性やバイアスを消し去ることに近づいた。しかし、プレゼンテーション得点に代えて新たにつくられたプログラム・コンポーネントはまだ主観的要素が大きく残されていて、バイアスの影響を受けやすい。そしてもちろん、数字の使用自体は票の交換や他の収賄などの計画的汚職を防ぐ何の手立ても提供しない[10]。

善良な人々の心に潜むバイアス――内集団ひいきを理解する

この本の副題にある「善良な人々」とは、善良な特性をもつとともに、人種的な選好も意識的にはもっていないような人々のことである。自分のことを平等主義者だと思っていながら、それでも人種ＩＡＴにおいて自動的な白人選好の結果を示す。こうした人々はけっして少なくはない。インターネットで人種ＩＡＴを行った１５０万人以上の白人アメリカ人のうち40％が、自動的白人選好を示しながらも顕在的には平等主義信念を表明するというこのパターンを示していた。

社会心理学者のサミュエル・ガートナーとジャック・ドビディオは、「回避的（嫌悪的）人種主義」と呼ばれるアメリカ人の一部の人たちについて継続的な研究を行ってきた。こうした人たちは、自身のことを平等主義者だとまじめに考えている白人系アメリカ人であり、しかし、ちょっとした場面で、たとえば黒人より白人に対してより手助けを行うなどといった形での人種差別を示してしまうのだ。「回避的人種主義」というラベルの「回避的」という部分は、ガートナーとドビディオの次の仮定を反映したものである。すなわち、こうした白人の平等主義者にとって、異なる人種の人たちとの相互作用は不安や居心地の悪さを喚起するので、かかわり合いをもつよりも避けたり、かかわりから引き下がったりしてしまいやすいというものだ。

私たちは、ガートナーとドビディオの回避的人種主義という理論的考え方を認めるけれども、それに対して違うラベルを与えたいと思う（付録1では、人種にかかわる問題へのラベルづけについてさらに多くのものを取り上げている）。そういうラベルを選ぶ理由は、ＩＡＴで自動的な白人選好を示してしまう多くの人たちに「人種差別主義」というラベルを貼るのは不当だと思うからだ。このような症状を示す人々に対するラベルの代替案は「居心地の悪い平等主義者（uncomfortable egalitarian)」というものだ。

このような居心地の悪い平等主義者についてのいくらかの所見を私たちはもっている。第一に、そうした人々は本当に大勢いて、私たちはまじめに自分自身をそれに含めて考えているつもりだ。今のところ、私たちの見積もりは、40%以上の白人系アメリカ人とアジア系アメリカ人、そしておそらくもう少し少ない割合のラテン系アメリカ人、それから実質的に少ないけれどもけっして無視できる割合ではないくらいのアフリカ系アメリカ人がそれに含まれるものと考えている。

第二に、白人と黒人に対してとられる異なった振る舞いは、黒人系アメリカ人に経験されている不利益のうちかなりの割合の要因になっている（付録2でより詳細な議論をしている）。第三に、そして最も重要な理由が、居心地の悪い平等主義者は、自らの白人と黒人に対する振る舞いの違いが、黒人の経験する不利益に何らつながっているものではないと思っていて全く何も気づいていないということだ。

第7章でカーラの手を治療した医師の話と居心地の悪い平等主義者を論じることには大きな飛躍があるように見えるかもしれない。しかし、実際にはその結びつきはかなり近いものであり、居心地の悪い平等主義者が自分が差別的なことをしているのに全く気づかないのはどうしてなのかについて洞察を与えてくれるものである。居心地の悪い平等主義者たちは典型的な「善良な人々」であり、非意識のバイアスをもっている。彼らは自分たちが人の助けになっていると思っているが、その助けは限られたものであって、人種間のかかわりで感じられる居心地の悪さの影響を受けている。

その援助の対象は自分と似た範囲の人、自分の友人や知り合いの輪のなかにいる人々――言い換えれば自動的に好意が向けられる集団――だけにほぼ向けられたものでしかないということから彼らの差別的行動は表れている。

第7章のカーラの手の話では、医師はカーラとの内集団的結びつきに気づいたとたんその行動は変化したが、その後行った特別な援助が、年齢、性別、人種あるいは社会的階層による健康管理上の不平等に資するものだとは全く認識していなかった。自分の意識としては患者を救うために特別の配慮、医師がなすべき種類の明らかに良いことを行ったとしか考えていないだろう。この医師と同様、居心地の悪い平等主義者はこうした内集団メンバーとのかかわりのなかで慰めや援助を与えるが、それが外集団メンバーに対するレベルと見合わないということに気づかないままでいる。

読者は、私たちがこうして居心地の悪い平等主義者が援助の差し伸べ方が異なっていることをもって差別とラベルづけすることに疑問を感じるかもしれない。内集団メンバーを援助する行為を差別行為だと呼ぶのをどのように正当であると説明できるだろうか。まずはいくつかの内集団のタイプを区別することが必要である。

もしあなたが親であれば、自分の子どもに食べ物や服や安全な家、それから学習についてのいくらかの援助を与えて、近所の子どもに同じような援助を何も与えなかったとしても、誰も（私たちを含めて）あなたが差別をしたと非難したりはしないだろう。同じように、あなたが見知らぬ人ではなくきょうだいに腎臓を提供したとしても誰も差別と非難しないだろう。

ところがもしあなたが人事部長の役職にあって、職を大学の同級生や教会の友人に提供したらどうだろうか。そうすることによって、あなたが個人的に知らないだけで、国籍や宗教、人種、民族の異なるもっとその職への資格を備えた人物を含む他の応募者を拒絶してしまうかもしれない。法的にもこれは差別である。もしあなたが病院の移植委員会の委員である医師であって、移植待ち患者のリストで宗教の異なる資格のある患者に先んじて宗教を同じくする患者を先に回したとしたら、差別行為と見なされるだろう。もしあなたが校長先生で、能力が同等、もしくはより優れた業績をもつ人種の異なる先生を差し置いて同じ人種の先生を昇進させたとしたら、やはり差別と見なされるだろう。

この対照的な2つのパラグラフの例はとてもわかりやすいものである。もっと難しい状況はこの2つの中間、明白に差別でないもの（我が子に対する親の援助）と明白に差別であるもの（縁故採用のような）との間に位置する場合である。すでにある自分の集団の社会的有利さを増大させる、意図せざる効果をもち得るが、完全に高潔な行いの例を次に考えてみよう。

あなたがもし白人系アメリカ人でたまたまおもに白人系アメリカ人の貧しい人々を援助する意義深い慈善団体への寄付を企てたと考えてみよう。意識して計画したわけではないが、人口統計上のカテゴリーですでに有利な集団に対してあなたは利益を積み増すことになる。何ら市民権について法的に違反を犯したわけではないが、あなたの行為は白人系アメリカ人の相対的有利さに寄与するし、それゆえ他の集団の相対的な不利益にも資することになる。多くの人が同じように振る舞えば振る舞うほど、こうした累積効果はとても大きなものになっていく。

もう1つの例を示そう。あなたが銀行の貸し付け担当だとして、銀行が受け取っているローン申し込みのなかに個人的な友だちのもの、あるいは親戚、クラスメートなどがいて、同僚に「ちょっと注意してもらうと助かる」と言ったらどうだろうか。あるいは、あなたが大学の教授会メンバーで友人の息子や娘のために入試課に推薦状を書いてくれと頼まれたらどうだろう（私たちは頼まれたことがある）。

このような状況は、便宜を図れる有力な関係――資金力や社会的階層、職業、ほかの不平等に分配されているエリート的身分証明の力によって――をもつ者ともたない者に世界を二分することになる。このような関係を用いて援助する行為は、すでに有利な者たちをさらに有利にしていくという副作用をもち得る。

研究を進めてきた結果、差別への理解は徐々に深まっていき、今描いてきたようなタイプの選択的な援助、私たちの領域で親しまれてきた用語で言えば、「内集団ひいき」としてとらえられるようなこうした援助こそが、黒人系アメリカ人や他の不利益を被っている集団の人たちが経験する相対的な不利益に実のところ最も寄与している要因なのではないかと考えるに至った。そう、いくらかの人は、こうした不利益を被っている集団の人々を意図して積極的に傷つけようとするし、そのような損害を与える行為によって、その集団の不利益が確実にもたらされはするが、そうした明瞭に偏見的な人々というのは今のアメリカにおいて少数者でしかない、それもきわめて少数の人々なのだということもわかっているのだ。

そもそも援助を与える力というのが、黒人よりも白人に多く偏っている社会において、内集団ひいきが援助の規範ともいうべき通常の行為であるならば、それは間違いなく白人有利に導かれていってしまう。内集団ひいきが累積していくと、社会学者のロバート・K・マートンがマタイ効果として描いたアイデアそのものになる。「富める者はますます富み、その分貧する者はますます貧する」[11]。

もしあなたが平等主義者で、社会的なプレイを行う環境を平等にすることに役立つような援助をしたいと願っていたとしたら、マタイ効果を避けるために何ができるだろうか。ここにまさにそうした行為の秀でた実例がある。私たちの友だちの1人が、このように利他心に基づく行為が意図せざる結果としてすでに相対的に有利な者たちをさらに有利にしていくのだという私たちの説明を聞いて、彼女は今しも自分の大学に寄付を行おうと考えていた相当額の資金の意味するところをひとしきり思い巡らした。彼女の大学は長い歴史をもっていたが、差別のない人種統合的な方針をもっていて、それでもなお黒人学生よりも白人学生がかなり多く、それゆえ彼女の寄付金は最終的に彼女の意図とは全く異なって、白人の利益を増す効果に結びついていくのだ。

この状況で寄付を行ったとしたら、どうなるだろうと彼女は自問した。そして、すばらしい構想力を用いて（費用も余分にかかったが）、このジレンマを解決した。当初の意図に基づいて大学への寄付を遂げるとともに、同額の寄付金をアメリカ黒人大学基金にも投じたのだ。興味深いことに、彼女は内集団ひいきをもたらすマインド・バグを負かすのでもなく、除去するのでもなく、たんに中和してしまったのだ。

自滅的なマインド・バグを発揮せずにいられるか？

男性の方が仕事ができるとか、科学、数学、音楽の能力が優れているといったステレオタイプをたいていの女性は認めない。こうしたステレオタイプを女性たちは承認していないので、ジェンダー－キャリアＩＡＴ（第6章で皆さんも試みてもらったと思うけれども）を行うことで多くの女性たちは目を見張った。自分自身が、「女性＝家庭」「男性＝仕事」という強い自動的連合をもっていることを発見するのだ。「男性＝仕事」連合は、高い地位にいる男性たちがその結びつきに頼って、女性たちの家庭外の職業的な昇進を妨げているので、そんな風に女性の仕事に悪影響を与えているのだろうと思うかもしれない。しかし、そうした理由だけではなく、それは最も重要な理由でさえないかもしれない。

近年、自動的なジェンダー・ステレオタイプは、自分自身に向けられたときに、女性の仕事に対して逆風的な影響を発揮する可能性のあることが見出されるようになった。自分に向けてステレオタイプを適用してしまう危険にさらされているのだ。「女性＝家庭」「男性＝仕事」というマインド・バグは、フルタイムの仕事を追求していくのに伴う不安や子育てに労力投資をもっとしないことにまつわる居心地の悪さという出所のよくわからない無自覚な影響を通して、巧妙に、また持続的に維持されているのかもしれない。

他に存在する自滅的なマインド・バグとして、「高齢者＝弱い」というステレオタイプがあって、高齢者が健康を損なう要因と関係しているのではないかといわれているし、人種的ステレオタイプとして、アジア系や白人を黒人やラテン系よりも学業的達成と強く結びつけるものがある（第5章で記した通りである）。後者のステレオタイプは、実際黒人とラテン系の人々を学業的な追求から遠ざける影響がみられるものと広く考えられている[12]。

実のところ私たちは自分自身に向けられたマインド・バグを除去するにしろ、出し抜いて負かすにしろ、そのやり方についてまだわかっていない。しかし、役割モデルに接することによって修正可能であることは、女性教員から数学の授業を受けることで、「男性＝数学」ステレオタイプが弱められたという女子大学生についてのダスグプタの研究から見出されている。ワシントン大学では、同僚のサプナ・チェリアンが、女性とコンピュータ科学の仕事との結びつきを強める（少なくとも一時的には）状況的な介入を示してみせてくれている。彼女の行っている方法は驚くほど簡明なもので、典型的に女性的な室内装飾をコンピュータ科学の教室に取り入れるというものだ[13]。

マスメディアは反ステレオタイプ・モデルの潜在的宝庫である。たとえば、魅力的で健康な活力のある年配者を露出することによって、「高齢者＝弱い」という自動的連合に基づくマインド・バグに対抗してくれる。近年アメリカ退職者協会の雑誌の表紙に六十代の魅力的な男女の映画スターがしばしばあしらわれているというような激励もその1つの証拠だろう。オプラ・ウィンフリーの四半世紀にも渡る国内メディアへの出演は、さらにバラク・オバマの大統領選出にも引き継がれ、アメリカのメディア空間を占拠し、アフリカ系アメリカ人の自人種に対するステレオタイプを改変するのに役立っている。

しかしながら、自分自身に向けているマインド・バグが他者に向けられているものと全く同じように持続的であることは疑いない。自滅的ステレオタイプのマインド・バグに打ち勝とうとする試みは、スコットランドの詩人ロバート・バーンズによる18世紀の詩を思い起こさせる。彼が言っていたのは異なるバグであった。教会の前の席に座った上品な婦人の帽子のてっぺんにしらみがうろついているのを見て、バーンズは有名なフレーズで締めくくる「しらみへ」という詩を書いた。このすてきな女性が私が彼女を見るように、自分自身が見えていたらどうだろうか。もっといえば、私たちみんな他人が見ているように自分が見えたらどうだろうかと彼は想像したのだ。

ああ、神様が天賦の才を与えてくれないものか、
他人が私たちを見るのと同じように私たちが自分自身を見る力を！
そうすればたくさんの失敗やばかげた考えから
私たちは解放されるのに。
服装や歩きぶりの気取りさえ私たちから消えるだろうに、

そして信心深さまでも！注2

自分自身の属する集団についてのステレオタイプであるようなここまで記してきたマインド・バグがたまたま、本当に他人が私たちを見るように自分自身を見ることを起こしてしまうのだ——たとえそれが意識的に気づかないなかで見たとしても。社会的なステレオタイプを自分たちにあてはめるという形をとったとき、「他人が私たちを見るように私たち自身を見る」ことは、バーンズが想像したような好ましい結果（失敗やばかげた考え、服装や歩きぶりの気取った様子から逃れること）をもたらしはしないことが歴然としている。

文化的なステレオタイプを自分自身にあてはめることから来るあり得る損害を認識することから、バーンズの詩を書き直すことができる。私たちの改作は、他人が私たちを見るようには自分たち自身を見ないという価値を歌い上げている（スコットランド古語ではなくて、現代英語だけれども）。

マインド・バグへ

ああ、神様が私たちをのがれさせてくれないものか、
他人が私たちを見るのと同じように私たちが自分自身を見ることから！
服装や歩きぶりに表れるたくさんの失敗や限界から

私たちは解放されるのに。
目指すことや計画することは私たちを楽しくさせるだろうに、
そして希望することも！

マインド・バグ、ブラインド・スポット、マシーン、そして善良な人々

私たちは、マインド・バグという考えを導入することからこの本を始めた。それは、そうするつもりのなかった状況に適用されたとき、うまく働かないような心的な算術的習慣に対してコンピュータ科学者クルト・ヴァンレーンが名づけたのを借りてきた用語だ。私たちは、ヴァンレーンの考えを数学領域から大きく拡張して、望まない結果、意図しない結果を引き起こす心的な自動性を広く含むように考えた。マインド・バグを生み出すような自動的メカニズムはたいていの適切な状況ではうまく働くものであるが、慎重な意識的注意が求められるような課題状況では失敗し得る。

「はじめに」で述べたように、網膜のブラインド・スポット（盲点）という言葉をメタファーとして用いて、心に潜むバイアスを視覚上生じるギャップになぞらえることにした。もっとよく用いられるブラインド・スポットの有用なメタファーは、自動車ドライバーによく知られているもので、車のサイドミラーに映る範囲についてのものがある。いずれ新たな装備としてのレーダーがサイドミラーのブラインド・スポットに近づいてくる車両を検知して信号を発するだろう。センサーが何

か物体を感知すれば、ドライバーは衝突事故などを避けるように高められた注意モードに入るよう警告される。

ブラインド・スポットに潜むバイアスである心的連合を検知する手段としてIATは、自動車の新たな装備と共通の特性を有している。車の装備と同様、IATの測定も、意図せざる差別を避けたいと願う者に注意を促進する警告を発することができる。今はまだできないけれども、IATの未来の子孫では、リアルタイムにブラインド・スポットを監視し、何か重要な決断を行う際、潜んでいるバイアスによってそれが意図せず汚染される怖れが生じたときに警告を発するように働いていることを想像することもできる。

今のところ、心に潜むバイアスから生じる意図しない差別を避けるのに利用可能な戦略は、サイドミラーのブラインド・スポットに入ってくる車両との衝突を避ける方法に比べて簡単なものではない。それでも、心に潜むバイアスと闘う良い武器はいくつかある。交響楽団での女性の成功を劇的に後押ししたブラインド・メソッドは、よく知られた1つの成功戦略だが、こうした方法が有効に働きそうな多くの状況においていまだ利用されていない。もう1つ利用されていない戦略は、「考えずにできる」解決法で、心に潜むバイアスであるマインド・バグが働きそうな判断場面からそうした誤った思考を取り除く、確実な指標を開発する方策である。うまく開発された指標をきちんと適用したならば、心に潜むバイアスが働く余地はほとんどなくなるだろう。

私たちは、これからの何年かの年月で、マインド・バグを根絶あるいは負かす方法について、着実な研究の蓄積を期待する。（現在のところは）マインド・バグを完全に根絶することへの楽観はできないけれども、同じくらい、マインド・バグを負かす方法を発展させ、精錬させる研究の前途についても悲観的になることはない。

効果的にマインド・バグを負かす方略がまだ存在しないような状況のなかでも最も厄介なのは、内集団を自動的にひいきしてしまうがために意図せず外集団メンバーを不利に置いてしまうといった類の日常的な社会的相互作用である。この本の副題の「善良な人々」の多くは、心に潜むバイアスであるマインド・バグがいずれ克服されるのを望んでいることだろう。

それを成し遂げるには、まださらに考えていくことが求められている。

訳注

1　ピットブルは、獰猛な番犬とされ、飼育が禁止されている国や州もある。アメリカでは犬による殺傷死の第一位。厳密にはピットブルは、先に文中にあるアメリカン・スタッフォードシャー・テリアをブルドッグなど他の犬種と交配させてできた派生種であり、アメリカン・スタッフォードシャー・テリアはペットとして改良された犬種であった。アメリカン・ピットブル・テリアは闘犬として用いられることがあり、ステレオタイプ的印象として、攻撃的、凶暴というイメージがもたれている。両者は近種なので混同されることも多い。

2　『ロバート・バーンズ詩集』　ロバート・バーンズ研究会編訳　国文社（２００２）。

付録1 アメリカ人は人種差別主義者か？

人種差別は今日では大きな問題ではなくなった。もはや良識のある人で人種差別的な考えを支持する人などいないし、社会的に重要な人物で人種差別的な考えについて説く人などいない。人種差別問題は今や急速な勢いで過去の悪い記憶となっている。

――トニー・スノー（直後にジョージ・ブッシュ大統領の報道官に就任した）、2002年10月

私は日頃、人種差別についての話を耳にする機会は多いのに、実際にそれを目にすることがほとんどないことに驚いている。

――ディネシュ・ドゥスーザ（「アメリカのどこが優れているんだろう？」）

1960年以降に生まれたアメリカ人には、1930年からさかのぼって40年の間、黒人系アメリカ人へのリンチ殺人が年に平均50から100件起こっていたという事実を理解するのは難しいか

もしれない［1］。現代の若者でも、1964年に公民権法が制定される前には、アメリカの多くの州が、学校、バス、ホテル、レストランなど公共の場所で白人から黒人を隔離することを許可したり義務づけたりする法律があったこと自体は知っているかもしれない。しかし今となっては、そのような差別が起こっていた世界は想像できないほど遠くに思える。スノーとドゥスーザの言葉は、過去50年間の間にアメリカ社会が劇的に変化したことを示している。そしてアフリカ系アメリカ人が大統領として選ばれている現状では、彼らの言葉はアメリカの人種差別というトピックについての適切な最終文言であるようにも思える。

しかし科学者の多くは、スノーとドゥスーザの言葉は、現象の表面しかとらえていないと考えている。この付録では、この100年近くの間に行われた人種に対する態度研究を紹介する。今日、科学者の多くは、人種差別は消滅したのではなく、むしろ「より見えづらい」形に変容しただけだと考えているが、その理由は歴史を学べば理解できる。このような進化した形態の偏見は、以前に比べて見かけはマイルドになってはいるが、人種差別の源として強力であり続けているようだ。

1950年以前に広まっていた公然の人種差別

アメリカで人種差別に焦点を当てた最初期の研究は、国内のあらゆる民族や人種集団についての偏見を扱っていた。社会学者エモリー・ボガーダスは、人種差別的態度の研究を科学的に行った最初の研究者であった。１９２０年代初頭、彼はアメリカ人に、40種類の「人種」（現代のアメリカ人であれば「人種」というより「国籍」や「民族」と呼ぶであろう集団）グループのメンバーと、どの程度親密になりたいかを問うた。図１に示した集団たとえばギリシャ人、メキシコ人、黒人など――は、ボガーダスが最初の研究において新しく作成した社会的距離尺度を用いて尋ねた40の集団のうちの３つである。ボガーダスの１７２５人の回答者の半数よりもかなり多くの者が、ギリシャ人、メキシコ人、黒人と接触することは最も遠い種類のものであっても快く思わ

直感で、下記のそれぞれの人種（集団としてであり、知り合いのなかで最も良い人や最も悪い人を想像しないでください）の人が、下記の集団に入ることを快く思う場合に、X印をつけてください（複数選択可）。

	結婚して自分の家族になる	同じ趣味の同好会に参加する	近所に住む	アメリカで働く	アメリカの市民権を取る	アメリカ国内を旅行する	アメリカに入国する
メキシコ人	＿＿	＿＿	＿＿	＿＿	＿＿	＿＿	＿＿
ギリシャ人	＿＿	＿＿	＿＿	＿＿	＿＿	＿＿	＿＿
黒人	＿＿	＿＿	＿＿	＿＿	＿＿	＿＿	＿＿

図１　ボガーダスの社会的距離尺度（３集団についての例）

ないと回答している。つまり彼らは、それらの集団のメンバーがアメリカを訪問することでさえ快く思わない、と回答したのだ。

数年後、心理学者ルイス・L・サーストンは「国籍選好」尺度を作成した。彼はシカゴ大学に在籍する白人男性の学部生239人にこの尺度に回答させた。図2はサーストンの回答者に示された質問紙の一部である。図2のように、サーストンの回答者は、1対ずつの国籍についてどちらがより好きかを尋ねられた。サーストンが研究対象としたのは21の国籍であったため、それらを対にした可能なすべての組み合わせは210対あり、回答者はそれらについてどちらが好きかを回答した。各々の回答者の210の判断を統計的に分析し、サーストンは21の集団それぞれについての人々の態度を得た。

この研究は、人種や国籍についての態度を調べるために行われるものです。あなたの課題は、各々の国籍や人種ペアについて、自分がより関わりたいと思う方に下線を引くという簡単なものです。たとえば、最初のペアは下記です。

ギリシャ人ーメキシコ人

全般的に、もしあなたがメキシコ人よりもギリシャ人とより関わりたいと思うなら、ギリシャ人と下線を引いてください。もしあなたがメキシコ人とより関わりたいと思うなら、メキシコ人と下線を引いてください。選ぶのが難しい場合でも、どちらかに下線を引いてください。もしも2つの国籍が同じぐらい好きであるなら、このアンケートのなかで、その2つの国は同じぐらいの数の下線が引かれることになるでしょう。どちらかわからないという場合でも、必ずどちらかに下線を引くようにしてください。

アメリカ人ーヒンドゥー人

イギリス人ースウェーデン人

黒人ートルコ人

図2　サーストンの1928年の国籍選好研究で使用された210対の判断（4対についての例）

ボガーダスが検討した40の「人種」のうちの20は、サーストンが検討した21の「国籍」に含まれていたため、これらの2つの測定法を使って測定した人種への態度の結果が類似しているのは当然かもしれない（図3）。

図3の右上にはアメリカ人がある。ボガーダスの多くの回答者は、アメリカ人が「結婚して自分の家族になる」こと、つまり尋ねられたなかでも最も親密な関係になることを歓迎していたよう

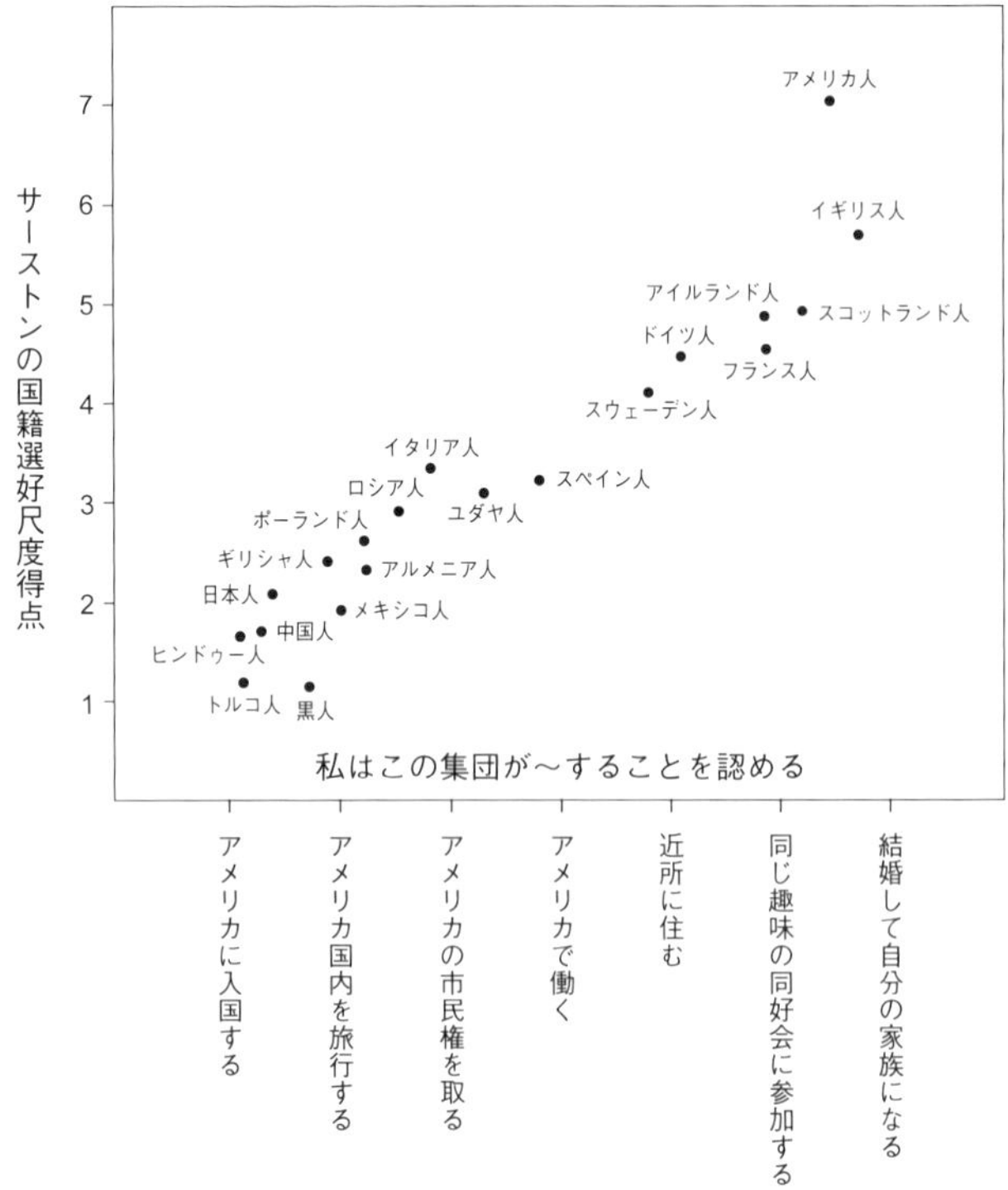

図3　ボガーダスとサーストンの研究結果の関連性

だ。この知見と類似して、サーストンの回答者のほとんども、他の19の集団に比べてアメリカ人をより好んでいた。

図3の左下に、トルコ人が位置している。この低い得点は、サーストンの回答者は、どの国籍の人でもトルコ人より好むと答えた、ということを意味する。ボガーダスの回答者も同様に極端であった。つまり、ほとんどの回答者は、トルコ人はアメリカに入国して欲しくないと考えていたのだ。サーストンの回答者は、黒人にはトルコ人よりもさらに低い得点を与えていた。しかしボガーダスの測度では、日本人、中国人、トルコ人、ヒンドゥー人という4つの集団は、黒人よりもさらにアメリカから出て行ってほしいと判断されていたことがわかる。もしかするとこの違いは、ボガーダスの参加者は「黒人たち」はすでにアメリカに定住しているので、彼らを排除することは国外退去というたいへんな作業が必要になり、入国拒否よりも大ごとだと思ったために起こったのかもしれない。

ボガーダスとサーストンの知見が類似していることは、図3でほぼ一直線が左下から右上に見られることからもわかる。つまり2人の研究者は異なる方法を用いたが、基本的に同一の心理現象をとらえていると考えることができる。この心理現象とは、1930年代の社会心理学者たちがさまざまな集団に対して「態度」と呼び始めていたもので、2人の研究者はその態度について類似した測定結果に至ったのである。

この単純なグラフから導き出される1つの動かぬ結論は、あまり好まれていない集団に対しては、ネガティブな印象が極端になる、ということである。たとえば、ボガーダスの回答者の多くは、20の集団のうちの半分以上について、同業者として働いたり隣人になることを快く思わないと回答しているのだ。

1950年以前のアメリカ人が人種に対しネガティブな態度をもつことは、1929年にE・D・ヒンクリーが、「黒人に対する態度測定尺度」を開発してからより明らかなものとなった。この尺度では、アフリカ系アメリカ人についての32の文章について、回答者に賛成か反対かを尋ねるものであった。そのうちの6つを図4に示す。[注1]

文章1「教育を受けた黒人は教育を受けた白人と比べ、裁判所でそれほど面倒を起こさないし、被扶養者[注2]や障がい者[注3]にもなりにくい」について考えてみよう。現代のアメリカ人のほとんどは、この文章の表現について、望ましくなく不愉快なものであり、賛成や反対のいずれにせよ回答するのが難しいと思うだろう。しかし、ヒンクリーの回答者は回答に抵抗がなかったようだ。この文章を支持することは、彼らが黒人系アメリカ人に対して好意的な態度をもつ証拠であると解釈された。

次に文章6「黒人は知的に障害があり、その社会レベルは高等動物より少し上の程度である」について考えてみよう。ヒンクリーの研究で使われた、ここに示していないいくつかの項目と同様、この項目は現代アメリカ人にとっては表現が侮辱的すぎるため、このような項目が含まれた調査への現代の回答者の反応は、調査用紙を破り捨てるか、このような調査を行う研究者は解雇されるべきだと主張するかのいずれかになるのではないだろうか。

これは黒人に対する態度の研究です。次のページから、黒人に対する異なる態度を示す16種類の文章があります。
その文章に賛成するなら＿＿＿＿にチェック印をつけてください。
その文章に反対するなら＿＿＿＿に×印をつけてください。
どちらか判断できない場合は、？印をつけても構いません。

これはテストではありません。こういった問題については、何が正しい意見で何が間違った意見かということはなく、人によって考えが違うものです。
あなた自身の態度について、賛成の場合はチェック印、反対の場合は×印をつけてください。

＿＿＿＿1. 教育を受けた黒人は教育を受けた白人と比べ、裁判所でそれほど面倒を起こさないし、被扶養者や障がい者にもなりにくい。

＿＿＿＿2. 黒人は白人よりも身体的には優れており、その他の点においては白人と同等である。

＿＿＿＿3. 黒人は白人と社会的に平等となりうる能力を備えているが、訓練を受けるまではそのように認識されるべきではない。

＿＿＿＿4. 黒人のスピリチュアルな生活が豊かであるのは、その性質に欠点があることへの代償である。

＿＿＿＿5. 黒人を白人と同等のレベルまで教育したとしても、両者の間には超えられない溝が存在する。

＿＿＿＿6. 黒人は知的に障害があり、その社会レベルは高等動物より少し上の程度である。

図4　ヒンクリーの、黒人に対する態度尺度のうちの6項目

ボガーダス、サーストン、ヒンクリーの研究の結果から、20世紀の最初の数十年のアメリカ人は強い人種的偏見をオープンに表現することに慣れていたことがわかる。実際に、21世紀初頭のアメリカでは他の人種に対する「不寛容」を表現することが道徳的に不適切であると考えられているのと同様に、20世紀初頭のアメリカの文化的風潮では、他の人種に対する「寛容」を表現することが道徳的に不適切であると考えられていたのである[2]。

人種に対する態度の進化 1950〜2000

20世紀後半になり、調査研究についての科学的手法が発展するにつれ、研究者たちは過去数十年にわたって用いられてきた質問紙法の技術を改良し、アメリカ人の人種に対する態度について検討し続けた。彼らはますます黒人－白人関係に注目するようになり、当時最も集中して研究された偏見の形態となった。そしてその状態は現在まで続いている。人種や他の対象に対する態度の経時的な変化を検討するため、研究者たちは数年ごとに同じ質問を繰り返す調査研究を行ってきた。次のQ1とQ2は、1960年から2000年にかけての40年間に調査で何度も用いられてきた質問の例である。それらの期間に生じた反応の変化は、20世紀後半に行われた多数の他の研究結果と同じ傾向を示している。

Q１　あなたは、白人の生徒と黒人の生徒が同じ学校に通うべきだと思いますか、別々の学校に通うべきだと思いますか。

Q２　あなたは、白人は黒人を近所から閉め出す権利をもち、黒人はその権利を尊重すべきだと思いますか。

図５は、Q１とQ２に対する白人系アメリカ人の40年間にわたる回答を示したものである。１９６０年代前半には、人種統合学校に賛成するのは白人系アメリ

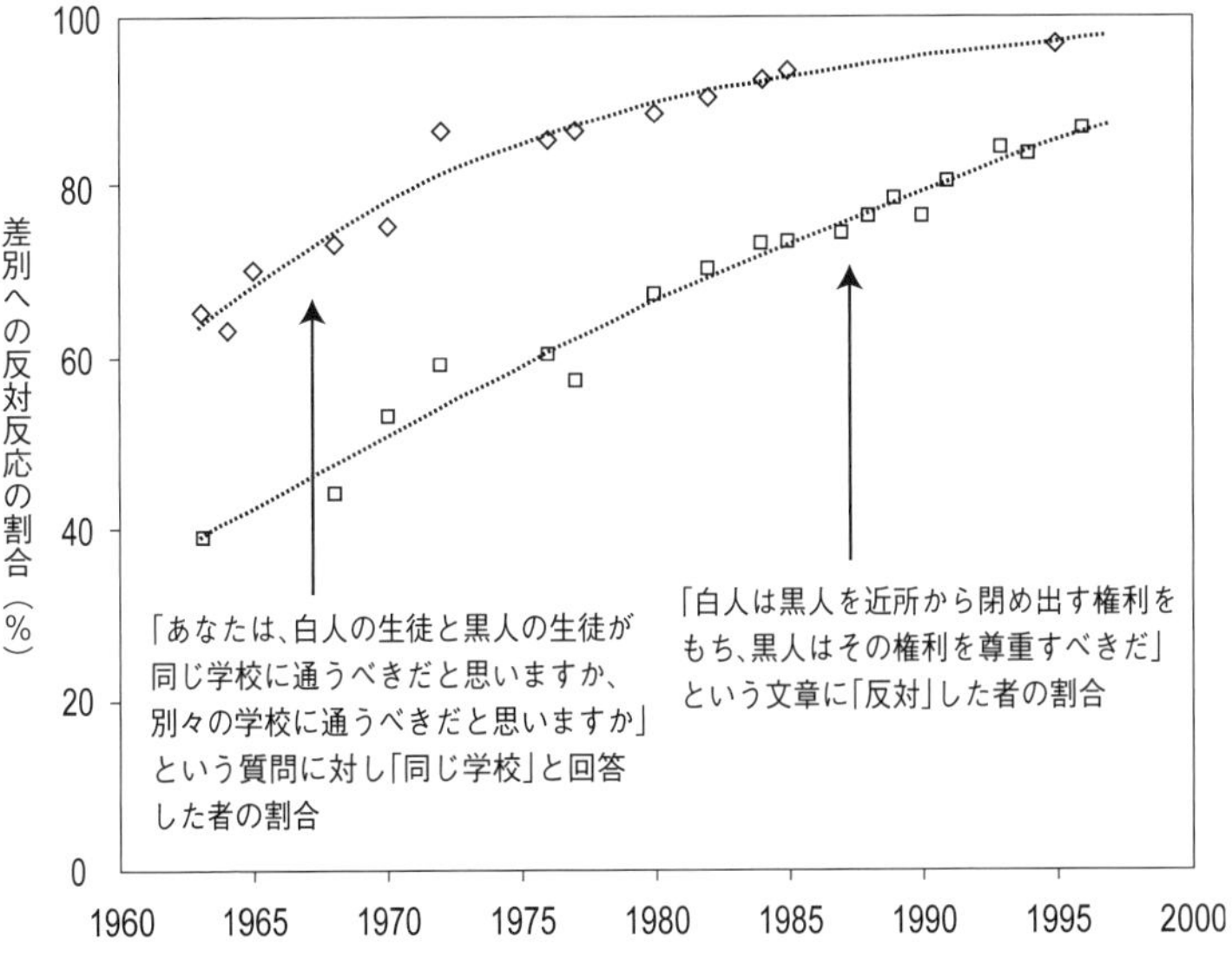

図５　白人系アメリカ人の人種差別への反対意見の増加（1963-1996）
データ出典：Schuman, H., Steeh, C., Bobo, L., and Krysan, M. (1997) *Racial attitudes in America.* Cambridge, Mass.: Harvard University Press. Table 3.5A.

カ人の60％ほどだけであった。しかし１９９５年にはほぼ１００％がその考えを支持しているのである。その後、この質問項目はもはや情報価値がないと判断され、質問群から取り除かれている。居住区の統合についての白人系アメリカ人の支持も同様に、年を経るごとに急激に上昇しており、１９６０年代前半には40％以下であったものが、１９９０年代には80％以上になっている。

次に示したＱ３とＱ４は、アメリカ人の人種に対する態度を調べる調査で繰り返し尋ねられてきた質問である。これらの質問は黒人系アメリカ人に対し政府が援助することの適切性について尋ねている。

Ｑ３　ワシントンの政府は黒人や他のマイノリティ集団の社会的、経済的な地位を改善するために、可能な限りの努力を払うべきだと思いますか？

Ｑ４　黒人はたいへん長い間差別を受けてきたので、政府は彼らの生活水準を改善するために援助する特別な義務があると思いますか？

読者は、図５のＱ１やＱ２でみられるように、このような黒人系アメリカ人への質問に対する回答も、経時的に好ましく変化していくだろうと推測するかもしれない。しかし、図６が示す通り、30年にわたってＱ３とＱ４に対する回答は平坦なままである。上の線は少し上昇しているが、これは、政府のアフリカ系アメリカ人への援助に対し徐々に反対が増えていることを示す。下の線はアフリカ系アメリカ人への援助に対する反対が多数派である状態が、調査された30年間で変わらないことを示している〔3〕。

　1960年から2000年の間、白人系アメリカ人は人種統合についての支持表明を着実に増加させていると同時に、マイノリティへの政府援助に一貫して反対を表明しているというのは、何を意味するのだろうか？　この並列的な判断傾向を解釈するにあた

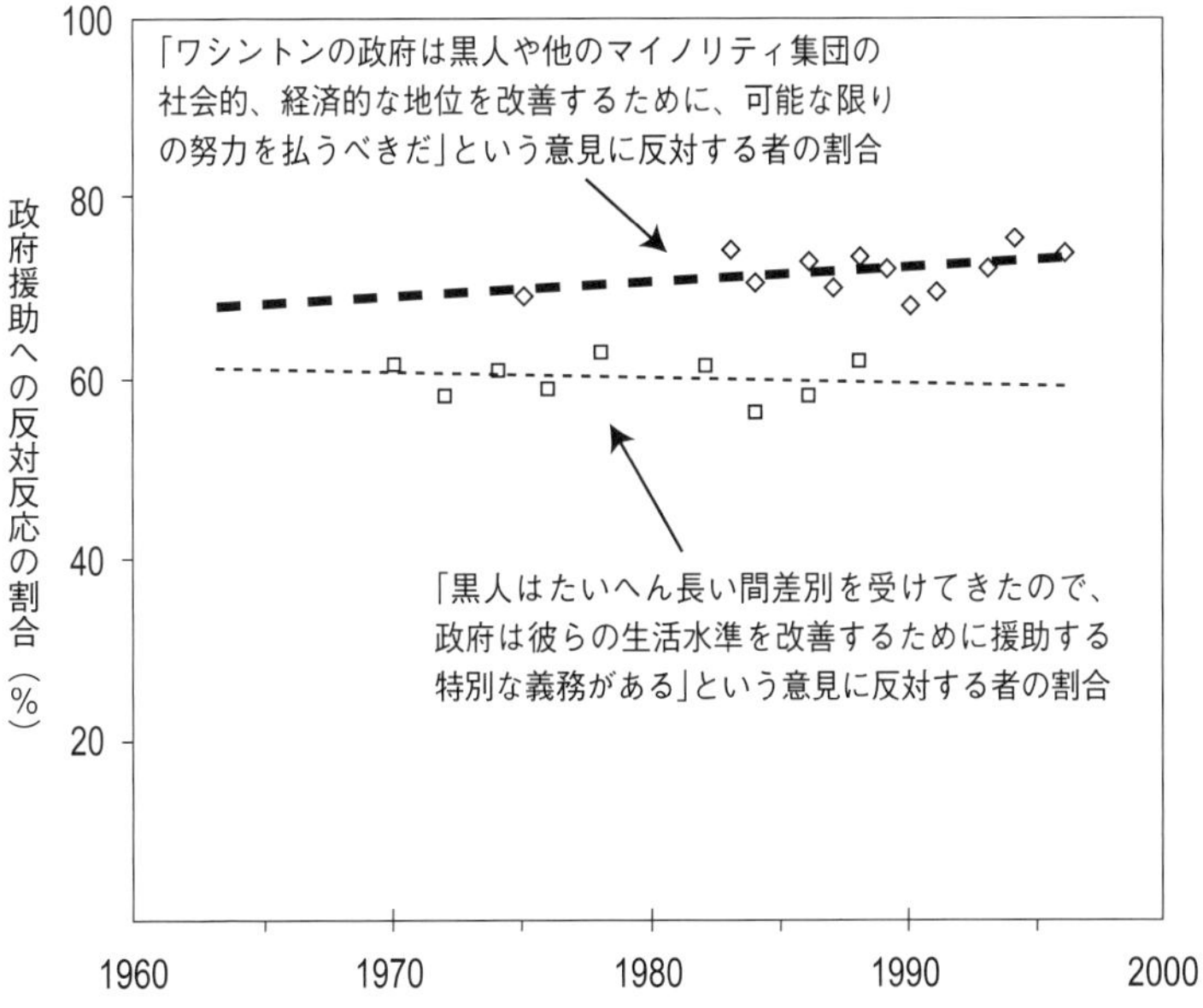

図6　マイノリティへの政府援助への白人系アメリカ人の変わらない反対（1970-1996）
データ出典：Schuman, H., Steeh, C., Bobo, L., and Krysan, M. (1997) *Racial attitudes in America*. Cambridge, Mass.: Harvard University Press. Table 3.1A と 3.1B.

り、科学者たちの意見は一致を見ていない。1つの立場は、おもにQ1やQ2などの質問への回答から判断し、アメリカ人の人種バイアスの大部分は消滅した、と考えるものである。もう1つの立場は、Q3やQ4への回答により沿ったもので、アメリカ人の人種バイアスは形を変えて存続している、というものである。

前者の「バイアス消滅」の立場では、白人系アメリカ人がマイノリティに対して支援をすることに継続して反対しているのは、人種差別的態度をもつからではなく、アメリカはすべての人に対し機会の平等を提供しているため、黒人に援助は必要ない、という考えの表明なのだと理解する。この立場は、「原理に基づいた保守主義観」と呼ばれており、この立場によれば、アメリカは現在では、黒人と白人系アメリカ人に対して平等な権利と機会を与える公平な場や競争環境を提供しているという。この公平な場の環境が整っているからには、裕福でない人々を優遇するような政府の介入にはあまり正当性を見出せないという考えである[4]。

しかしながら社会科学者の大多数は、この原理に基づいた保守主義観に反対している。つまり、(Q3やQ4への回答にあるような)マイノリティに対する政府支援への幅広い反対は、人種バイアスの表出だと理解されるべきだと考えているのだ。そして(Q1やQ2への回答にみられるような)バイアス減少の証拠は、アメリカにおける人種バイアスはいまだ存在しているが、より隠れた、より検出の難しい形態に変化したことによるものだと解釈している。この「非意識的バイアス観」の立場では、公の場で平等主義的な考えを表明する人でも、多くは、差別の有力な原因となり続ける人種バイアスをこっそりと心に抱いているはずだ、と考えている。
21世紀に入って10年以上経った現在ではあるが、この2つの立場間の論争は、もう30年ほどずっと解決されていない。この長期にわたる論争に決着をつけるべく最近行われた研究では、1077人の白人系アメリカ人を対象に、政府の支援について2つの質問を尋ねた調査を行った。回答者はそれぞれ2つの質問に回答したが、半分の回答者は、女性への援助について尋ねた次の質問を先に尋ねられた。

過去に差別を受けてきた歴史を考えると、女性は雇用や昇進において優遇されるべきだという人たちがいます。他方で、雇用や昇進におけるそのような女性の優遇は、男性への差別になるため、間違っているという人たちもいます。あなたの意見はどうでしょうか。あなたは雇用や昇進において女性を優遇することに対して賛成ですか、反対ですか。

残り半分の回答者は先に、次の質問に回答した。この質問は右のものと同一であったが、4つの単語だけが異なっていた（3つの「女性」という単語が「黒人」に、「男性」が「白人」に）。

過去に差別を受けてきた歴史を考えると、黒人は雇用や昇進において優遇されるべきだという人たちがいます。他方で、雇用や昇進におけるそのような黒人の優遇は、白人への差別になるため、間違っているという人たちもいます。あなたの意見はどうでしょうか。あなたは雇用や昇進において黒人を優遇することに対して賛成ですか、反対ですか。

この研究の結果、白人の回答者は、雇用における採用において、女性が優遇される場合は黒人が優遇される場合よりも反対が低いことがわかった。この結果より、この論文の著者は、非意識的バイアスの考え方を支持し、次のように述べた。「女性よりも黒人へのアファーマティブ・アクションに人々がより強く反対しているという本研究の結果は、人々をアファーマティブ・アクションへの反対に駆り立てる要因として、人種が依然として存在していることへの最も説得力のある結果のうちの1つであろう」

この解釈も一理あるが、可能な解釈は他にもある。この調査の回答者の多くは、女性と黒人の「両方」への政府による支援に反対した可能性がある。これは、原理に基づいた保守主義観と合致する解釈である。また、黒人への支援について尋ねた質問には、優遇採用における潜在的な黒人の受益者の性別についての記載がなかったため、調査回答者はこの質問がおもに黒人男性について尋ねているのだと思ったかもしれない。もしそうであれば、優遇採用への反対理由の一部は、「どの人種であれ」男性に対する優遇採用への反対からきていたかもしれないのだ。

この興味深い研究結果において重要な点は、黒人への政府支援について、調査回答者たちの30年にわたる回答が変わらないことへの解釈は、2つ（つまり、非意識的バイアス観と原理に基づいた保守主義観）とも存立可能であるということだ。そして、これら2つの解釈は現実に互いに矛盾したり相互に排除するものではないため、それぞれが部分的に正しいと考えるのが最も合理的だろう。言い換えると、政府支援に反対する人のなかには人種的偏見をもつ人もいれば原理に基づいた保守主義観をもつ人もおり、また両方をもつ人も含まれるというのがもっともらしい考えであろう[5]。

「間接的な」研究方法

質問紙法に基づいた研究から結論を導き出すのが困難なことから、1970年代の研究者は1930年代に行われた2つの有名な実験に端を発した代替手法を発展させ始めた。

1934年にリチャード・ラピエールは巧妙な研究の結果を報告した。その研究で用いられたおもな研究材料は、自動車であった。1930年から1932年にかけて、ラピエールは中国人カップルをつれてアメリカ南部を旅行し、3人で251か所のホテル、モーテル、キャンプサイト、レストランを使用しようとした。彼らは251回中250回において求めたもてなしを受け、拒否されたのはたった1回だけだった。

それらの訪問よりおよそ半年後、ラピエールは251の施設の経営者一人一人に、「あなたは、あなたの施設のお客として中国人を迎え入れますか」と尋ねた。驚くことに、返送された回答の90%以上が「迎え入れない」であった。これは不可解な結果であった。3人の旅行者に対する対面での反応は一様にポジティブだったのに、郵便での調査に対する反応は、なぜ一様にネガティブだったのだろうか。

ラピエールの研究は、実施方法の詳細があいまいなため、単純に解釈することができないのは確かである。1つには、各施設のフォローアップのアンケートに回答した人は、必ずしも旅行中の3人をもてなしたのと同じ人だとは限らない点がある。さらに重要なのは、ラピエールの中国人カップルは、若く、礼儀正しく、中流階級であり、郵送された質問アンケートに回答した人が、これらのうち1つでも想像したかはわからないという点である。これら複雑化させる要因が存在はするが、ラピエールの研究で間違いなく重要な科学的知見は、質問紙タイプの測定法に加えて行動観察を行うことの価値が大きいということだった。

マミー・クラークとケンネス・クラークという2人のアフリカ系アメリカ人心理学者は、黒人の子どもたちが人種差別を内在化していく方法に興味をもち、後に「人形研究」として有名になる、一連の驚くべき実験を報告した。この研究は、まずマミー・クラークが1930年代にハワード大学の大学院生だったときに行った研究から始まっている。クラークらの研究は、3歳から7歳の黒人の子どもたちに、黒人の人形と白人の人形のどちらで遊びたいかを尋ねたとき、3分の2の子どもたちが白人の人形を選んだ、というものであった。これらの研究結果は、1954年の合衆国最高裁判所の「ブラウン対教育委員会」裁判[注4]の判決で使用されたことから、後に法律学者たちの間で有名になった。その判決とは、公立学校での人種隔離を違憲だと判断したものだ。最高裁判所でアール・ウォーレン最高裁判所長官は、判決の最後にクラークの研究に触れ、人種差別は「劣等意識を生み出す……そしてそれは子どもたちの心と精神を、他の何ものをもなし得ない形でむしばんでいく」と締めくくった[6]。

ラピエールやクラークの研究の共通点は、ラピエールの旅行者3人が訪れた施設の経営者も、クラークの研究で人形選択を行った子どもたちのいずれもが、自分たちのもてなし行動や人形選択行動が記録されていたり、ましてや人種的態度を推測するために使用されていたとは気づいていなかった、ということである。これらは間接的測度を用いた最初の研究だった。しかし、この方法の名称は、1960年代後半までは表に出てこなかった。1970年代になって初めて、次の2つの潮流が差別研究を行う研究者を刺激し、間接的方法は魅力的だと結論されることになった。潮流の1つは、1960年代という時代背景によって人種間関係に緊張感や暴力的な対立があったことが原動力となり、偏見に対する科学的興味が増大したことであった。2つめの潮流は、質問紙法という方法の問題点が明らかになってきたことであった。つまり、この時期に社会心理学者たちは、研究参加者たちが、印象操作——他者から良いように見られるような方法で自分のことを他者に呈示したいという欲求——に影響を受ける傾向について、徐々に認識していったのだ（第2章参照）。

1970年代に初めて間接的測度を使用して人種バイアスについて検討した研究者たちは、白人たちが他の白人を助けるのと同じ頻度で黒人を助けるかを調べたいと考えた。さらに、彼らは研究参加者たちが、自分が援助するかどうかを誰かが観察していると全く気づかない状態で観察したいと考えた。サミュエル・ガートナーとレナード・ビックマンは「間違い電話実験」を考案して、ニューヨーク州ブルックリンの住民サンプルの人々が、黒人や白人が助けを求めた電話にどのように反応するかを検討した。ガートナーとビックマンから訓練を受けた援助要請者は、569名の白人と540名の黒人、合計1109人のブルックリン住民に電話をかけた（1970年ごろ、ブルックリンの近隣では厳しい人種分離が存在していたため、居住地によって、研究者は電話を受けるのが白人住民か黒人住民かほぼ確実に判断することができた。同様に、電話をかけた人が白人か黒人かということも、その言葉のアクセントによって、電話を受けた人にはすぐわかる状態であった）。

すべての電話は、発信者からの「こんにちは……ラルフ・ガレージ[注5]でしょうか。私はジョージ・ウイリアムスといいます……すみません、私の車が道路で動かなくなってしまいました……もし可能なら、ここまで来てもらって、私の車を見てもらえないでしょうか」という話で始まった。その後、かけた先がラルフ・ガレージではないことを受信者より知らされ、間違いについて謝った後、発信者は（自身が困難な状況に苦悩している様子を示し）公衆電話で使える最後のコインを使い切ってしまったと話し、その後すぐに重要な依頼を行ったのだった。「もしよかったら私のお願いを聞いてもらえないでしょうか。この車店舗に電話をして、私がどこにいるかを伝えていただけませんか？店の電話番号は……です。彼らは私のことを知っています」

この研究の結果明らかになったことは、白人の受信者は人種によって対応を変えていた、ということだった。つまり、白人の発信者を援助する率（65％）に比べて、黒人の発信者を援助する率

（53％）は低かったのだ。しかしながら、黒人発信者を援助しなかったそれぞれの受信者にとって、援助をしなかった理由は人種差別によるものかもしれないし、ラルフ・ガレージの電話番号を聞き間違えたとか、メモし間違えたとか、単純に電話をし忘れたというように、他の要因によるものである可能性もあるだろう。この必然的な不確定要素の可能性を排除するため、この研究では、すべての受信者に電話をかける際、発信者の人種（黒人か白人）をランダム化させた。ここで行うランダム化というのは、実験法において必要不可欠な要素であり、実験結果に説得力をもたせるものである。この方法により、ガートナーとビックマンの後に行われた同様の3つの実験でも、「発信者の人種が援助するかどうかを決める重要な要因である」という同じ結果が得られた。3つの追試のいずれにおいても、黒人の発信者は白人の発信者に比べて、受けた援助が有意に少なかったのである。

間接的測度を用いたもう1つの独創的な研究を紹介しよう。この研究では、切手が貼られ、宛名が書かれ、そして（ここが重要なのだが）封をされていない封筒を何枚も準備し、それぞれのなかに大学院への完成された出願書類を入れた。これらの封筒は、空港の電話ブースなど、旅行者に必ず見つかるような場所に置かれた。そして、白人旅行者のデータのみが分析された。白人旅行者604名が封筒を見つけ、「自然に」その中身を見た際、彼らは白人または黒人の出願者の写真を否応なしに見ることになった。その封筒のなかには「お父さん」に対してこの封筒を投函するよう依頼する内容のメモ書きが入っていたため、この出願者の父親が、この封筒を投函せずに紛失してしまったことが明らかになっていた。そしてこの研究でも、援助をするかどうかの判断に人種が重要な影響を及ぼしていたのだ。つまりこの封筒は、出願者の写真が白人（45％）のときは黒人（37％）のときよりも投函される割合が高かった。追加の興味深い発見として、この写真が（いずれの人種であっても）より魅力的であった場合、援助される率が高いことがわかった。

1970年代には、観察されていることに気づいていない白人が、援助を求める黒人や白人の人をどの程度助けるかを検討した実験が多数行われた。それらの研究で要請された援助はほとんどが些細なものであった。たとえば、床に落ちた鉛筆と箱を拾う、25セント硬貨を小銭に換える、クリスマスシーズンに行われる街頭募金隊に募金をする、などである。もう少し大きな援助を要請する実験もあり、そこでは、地下鉄車内で転んだ黒人あるいは白人を助けるか、道路脇にとまった故障車の横で立ちつくしている人を助けるか、などの援助が行われるかが確認された。

1980年に社会心理学者のフェイ・クロスビーとステファニー・ブロムリー、そしてレナード・サックスがこれらの間接的測度を用いた多数の研究を調べ、これらの研究で明らかにされた人種差別についての結果は、質問紙法を用いてきたこれまでの研究から予測される結果とは一致しない、つまり「差別的な行動は、調査データにおいてみられるよりも、間接的測度を用いた研究においてより多く観察される」と結論づけた。さらにクロスビーと彼女の共同研究者たちは、人種バイアスは間接的測度のなかでも、「離れた」相互作用という環境、つまり援助者と被援助者が対面しない状況のときに、より顕著になることを見出した。彼らの結論は、40年前のラピエールの観察結果ととてもうまくマッチしている。つまり、旅行者に対する差別は、中国人旅行者を歓迎するかを尋ねた手紙に答えるという「離れた」状況でのみ表現されたのだ。

１９７０年代の「失った手紙（ロスト・レター）研究」やその他の間接的測度を用いた研究は、自然状況を「どっきりカメラ」的につくり出し、その状況における人の行動をスナップ写真として浮かび上がらせた。その結果、人種バイアスは20世紀初頭に表出されていたあからさまなものとは全く異なる「隠れた形態」になりながらも、依然強力であり続けている、という科学的な考えを確実に強めた。１９８０年以降には、研究者たちが、自分が観察されていると気づかない人々を観察対象にしたがらなくなってきたため、この種の研究は減少していった。そのようななかでも間接的測度を用いた研究は時々行われ、援助率の低さという形で人種差別を明らかにし続けた[7]。

質問への回答

私たちの頭には、この付録のタイトルになっている「アメリカ人は人種差別主義者か？」という質問がある。アメリカ人はもはや人種差別主義者ではないという最も強い主張は、図5に示したQ１やQ２のような質問を用いた研究結果がもととなっている。差別についての態度を問うこれらの質問は、過去40年にわたりアメリカ人の考えが劇的に変化していることを示している。そして近年ではアメリカ人で人種差別への支持を表明するものはほとんどいない。アメリカ社会はもはや人種差別的ではないという主張を支持するもう1つの根拠には、アメリカの法律や公共の機関、施設、団体などにおいて、平等主義の原則がかなりの程度採用されていることがある。公共生活におけるあらゆる形態の人種差別を違法とした連邦法の存在に加えて、企業、政府系機関、学校、病院、慈善施設など大規模な組織ではすべて、従業員の処遇と顧客へのサービス提供の両方において、平等主義的な取り組みを実施しているという方針を公表することが現在では義務となっている。

さらに平等主義は、インフォーマルで一般的な会話でも繰り返し出現している。１９６０年代にアメリカで主要な公民権法[注6]が通過して以降、アメリカでは強い社会的圧力が出現してきた。それはしばしば非難めいて「ポリティカル・コレクトネス」[注7]と呼ばれ、書き言葉であれ話し言葉であれ、偏見やステレオタイプを含んだ表現は事実上禁止されている。今日、アメリカでポリティカル・コレクトネスにどれほど力があるかは、人種的・民族的偏見をもつことを示唆すると受け取られる発言をし、本人の評判が明らかに悪化しただけでなく、著名な地位をも失った近年の著名人の例からも推測できる。たとえばラジオ番組の司会者ドン・アイミュス[注8]（２００７年４月）、ノーベル賞を受賞した生物学者ジェームズ・ワトソン[注9]（２００７年10月）、俳優のメル・ギブソン[注10]（２０１０年７月）、ラジオのトーク番組司会者ローラ・シュレジンジャー[注11]（２０１０年８月の「Dr. Laura」）、テレビのニュース番組アンカーマンのリック・サンチェス[注12]（２０１０年10月）、ラジオニュースアナリストのホアン・ウィリアムス[注13]（２０１０年10月）などがあげられる。

著名人が人種的、民族的に無神経な発言によってたいへん不名誉な評判を受けたという上記の例以外にも、下記の2つの事件は言及に値するであろう。２００６年11月にナイトクラブでのコメディの最中に、ブーイングを行うなどをして客席から公演を妨害した観客に対し反黒人の話をしたことで、マイケル・リチャーズ（長寿テレビコメディ番組「サインフェルド」のコズモ・クレイマー役の俳優）は数日後にテレビに出演し非常に自己批判的な公式の謝罪を行うことになった。２０１０年7月には、米国農務省の高官シャーリー・シェロッドは、政敵によって、彼女が人種差別主義者であるかのように誤解を招くよう編集した発言を発表され、その内容によって突然解雇された。しかし数日後、その発言が意図的に編集されたものだということが明らかになり、シェロッドは解雇した担当者から公式な謝罪と、これまで通り仕事を続けてほしいという申し出を受けた。しかしシェロッドは戻らなかった。

このようにアメリカでは人種差別への明確な拒否反応の例が多いにもかかわらず、研究では偏見や差別が依然存在するという説得力のある証拠が示されている（付録2においてさらに詳細に説明する）。２００８年の大統領選挙でバラク・オバマが当選したことは、アメリカがようやく「人種問題を超えた（become "postracial"）」証拠だと多くの人が感じたが、それ自体が、潜在的な人種の影響がアメリカの政治に残っていることを明確に示していることの表れであった。もしオバマが白人系アメリカ人の有権者のみに依存せざるを得ない状況であったなら、彼は大敗していただろう――出口調査の結果、オバマは白人の投票では12％負けていたことが明らかになっている。この12％の不足は、選挙前世論調査で予想されていたオバマへの白人投票の８％の不足よりも著しく大きい。この、予測と実際の投票の間の驚くほど大きい4％ポイントの違いそのものが、人々が世論調査員に対して自分の投票意図を説明する際に人種要因を気にしていることを示すものである[8]。

アメリカ社会において人種差別的態度が根強く残っているのは事実だが、だからといって現代のアメリカ社会を人種差別的だと見なすのは間違いであろう――少なくとも、現代のアメリカ社会は、「人種差別主義」という言葉が長きにわたって理解されてきたのと同じ意味で形容されるものではない。ほとんどのアメリカ人は人種の平等を支持している。アフリカ系アメリカ人やその他のマイノリティの人たちに政府が援助をすることに反対するアメリカ人のなかには、彼らの潜在的や顕在的な人種バイアスのいずれかを表現している人もいれば、そうでなくこの付録の最初に示した2つの引用のように、平等主義の原則の考えに基づいてアメリカ人は人種的平等をすでに達成していると信じている人もいるだろう。

同時に、アメリカが人種問題を超えた社会であるという描写はどんなにひいき目に見ても妥当性が低いことはあまりに明白である。間接的測度を用いた研究結果は明らかに逆の方向性を指し示しているし、多くの社会科学者たちは、図6で示された「白人系アメリカ人がマイノリティへの援助に反対する」理由を、20世紀初期に公然と口にされていた人種差別とは全く異なる「隠れた形の人種バイアス」が根強く残っていることの現れだと解釈している。

私たちは現代のアメリカで根強く残っている人種バイアスは、表には出てこない底流のようなものので、下記の2種類の隠れたバイアスからなると考えている。2つのうち影響力の小さい方は、バイアス保持者自身にも認識され支持されているが、おそらくポリティカル・コレクトネスや印象操作の圧力の影響で、公的に表現することを本人が意図的に抑制しているものである。2つめの、より影響力が大きいと私たちが考えているものは、その保持者自身すら自分がそれを保持しているという事実に気づいていないため、公に表出されないままでいるというものだ。これらは第3章で説明した通り、IATで測定できるような連合知識という形態のバイアスである。まとめると、マイノリティに対するこれら2種類の隠れたバイアスは、あからさまな偏見という形態よりもずっと、アメリカ社会での差別的行動に大きく貢献するということだ。マイノリティは、アメリカ社会において今後もけっして減少することがない対象であり、この2種類の隠れたバイアスの影響で、今後もずっと人種的、民族的な嫌悪感を表現される対象であり続けるだろう。

訳注

1　図中では1から6と進むに従い、ネガティブな意味合いが強くなっている。

2　原語では dependent とあり、本文に差別用語とあるためニュアンスをくみ取るのが難しいが、単独で有効な法律行為を行うことができない成年被後見人、に近い意味であると思われる。

3　原語は defective であり、後の本文に「言葉遣いが不愉快」と出てくるため、ネガティブな意味合いが含まれていると推測でき、日本語では（知的、身体的、精神的な）「不具者」というような意味であると思われる。

4　1954年5月、アール・ウォーレン最高裁判所長官の法廷において「人種分離した教育機関は本来不平等である」という判決が述べられたことで有名な裁判。アメリカでは1896年のプレッシー対ファーガソン裁判における「分離すれど平等」という判断のもと、長きにわたり公立学校において人種分離が行われてきた。しかしこの「ブラウン対教育委員会」裁判の判決の結果、法律上の人種差別は、アメリカ合衆国憲法の「法の下における平等保護条項」に違反するとの判例が確立され、人種統合と公民権運動への道を開いた。

5　発信者は、車を取り扱う店にかけたつもりで、一般家庭に誤って電話をかけているという設定になっている。

6　1964年に制定され、教育や公共の場および雇用において人種・性別・宗教などによる差別を禁じた法律。

7　政治的適切性、政治的妥当性とも訳される（略称：PC）。西洋的な白人男性中心主義の価値観が主流であったアメリカでさまざまなマイノリティ集団との価値観の対立のなかで生まれた概念で、人種・民族・宗教・性別・文化・ハンディキャップ・年齢・職業・婚姻状況などに基づく差別・偏見を防ぐ目的の表現（たとえば、chairman は chair へ、businessman は businessperson へ、Black は African American へ、など。日本語では保母を保育士、看護婦を看護師など）、および差別・偏見を含まない公平な（政治的に妥当な）用語を使うことをよしとする概念を指す。

8　アメリカで全国ネットのラジオ番組「Imus in the Morning」をもつアメリカのラジオホスト。番組のなかで女性やアフリカ系アメリカ人の外見や内面についてネガティブなコメントをしたとして批判され、謝罪したがトークショーを一時降板させられた。

9　人種と能力について差別的な発言を行ったとして批判され、謝罪したが研究所所長を辞任した。

10　当時パートナーだった女性に身体的・言語的暴力を行ったとしてドメスティック・バイオレンスで訴えられた。

11　白人男性と結婚した黒人女性から番組宛てに「夫の親類から人種差別的な言葉をかけられる」という相談

の電話があった際、「そんな些細なことに憤慨するようなら異人種間結婚なんてやめた方がいい」とコメントしたことが問題となり、謝罪をしたが数か月後に番組を降板した。

12　ラジオ番組でユダヤ人に対する差別的発言をして謝罪したがCNNから解雇された。

13　ムスリムに対してネガティブなコメントをしたとしてラジオ局から契約を解除された。

付録2 人種と不利な立場と差別

本書は、女性、同性愛者、宗教集団、人種集団、高齢者、肥満者など多くの対象に対するバイアスを取り扱っているが、そのなかでもより人種差別に注目している。それは、アメリカで人種差別が社会的に重要だからというだけでなく、他のどの形態のバイアスよりも科学的研究としての注目を多く集めてきたからである。私たちはその注目についてこの付録でも継続し、科学的知識の多くが蓄積されてきた次の2つの重要な疑問に焦点を当てて紹介していく。

第一に、合衆国において、黒人と白人が対等な立場で競争できるという意味で広く望まれている「公平な場・競争環境」がどの程度実現できているのかを科学的な見地から検討したい（誠実に言うと、著者らは競争環境が公平とはほど遠いと結論する）。第二に、黒人への不利な状況が存在していることへの原因に対して、科学的研究は何を明らかにしてきたかという、より難しく論争になっている疑問について深く検討する。そして私たちの最終目的は、科学的研究において広く実証されていると考えられている結論リストを作成することである。

結論リスト

私たちはまず、白人－黒人の人種関係について、科学的に実証されていると広く認識されていると思われた結論を10個、初期リストとして作成した。しかしながら、それらの結論は私たちが思うほどには一般的に広く共有・受容されていない可能性もあると考え、二十数名の社会科学者たちに連絡をとり、10個の結論のうちどれが科学的に受容されており、逆に論争になっていると考えるか、各自の考えを教えてほしいと依頼した。

その結果、私たちが尋ねたなかの全員またはほとんどの科学者たちが科学的に実証されていると考えた結論は、最終的に7つになった。その7つのうちの1つめはほぼ普遍的に受け入れられていると思われる。つまり、この1つめについては科学的な反論はないと考えている。

結論1――黒人への不利な状況は存在する

白人系アメリカ人に比べて黒人系アメリカ人は、ほぼすべての経済的に重要な領域において、不利な状況――つまり、劣位な結果――を経験する。これは、収入、教育、住居、雇用、刑事司法制度上の地位、健康などであり、それらすべてにおいてこの付録で詳細に述べる。

結論1は、黒人が不利な状況に置かれている原因について可能性のある説明を、意図的に明らかにしていない。黒人が不利な状況に置かれている原因について、自信をもって言及するために、いくつか説明しておかなければいけないことがあるからである。

黒人への不利な状況が存在することについての「当事者責任理論」

黒人への不利な状況が存在することの原因についての理論は、2種類に分類できる。1つめの理論は、黒人系アメリカ人が経験している不利な状況についてすべての責任を彼らに帰するものである。本書ではこれを「当事者責任理論」と呼ぶことにする。もう1つの理論は「外部責任理論」であり、すべての責任を当事者の外部に存在するあらゆるものに帰するというものである。これら2種類の理論は、黒人への不利な状況が存在することに対して、アメリカ社会が最善の策をとるべく政策を考える際に、非常に大きく影響を与えることになる。

不利な状況にある集団に対応するべく立てられる政策は、しばしば「責任原則」を反映する。この原則とは、問題を引き起こす原因となっている者がその状態をもとに戻す責任をもつべきだという考えである。この原則は、私たちの幼少期に獲得され、それ以来、心の奥底に存在している。たとえば小さいスージーは、もし自分が弟のお気に入りのおもちゃを壊したら、彼女は弟に謝り、可能であれば壊した部分をもとに戻し、もしそれができなければ、たとえば自分のおもちゃをあげるなどの行動をとることが期待されることを知っている。マーザリンとトニーは地球のほぼ正反対で育っているが、多くの子どもたちと同様、私たちも、自分が他者に損害を与えた場合、それが意図的なものでなくても――たとえば、マーザリンが小さいころ、夕食直後に妹に三角倒立をするよう促してしまったときのように――、その片付けをしなければならないと教えられて育った。

この当事者責任理論には少なくとも2つの種類がある。「生物学的」な説明では、人種に関連した遺伝子の影響で、たとえば黒人系アメリカ人は暴力的な傾向を強くもち、生産的な仕事を行う傾向が弱い、と考える。他方、集団責任理論の「文化的」な説明では、黒人系アメリカ人を犯罪的な経歴に向かわせ自己鍛錬の機会から遠ざけているのは黒人系アメリカ人の文化である、と考える[1]。

黒人への不利な状況をもたらす原因のすべてが、単純に当事者責任か外部責任のいずれかの立場に分けられるわけではない。たとえば次のような状況を考えてみてほしい。フェアプレイ社という会社があったとしよう。この会社の人事記録を調べたところ、概して、黒人従業員は白人従業員に比べて明らかに少ない給与しかもらっていなかった。この事実では、黒人が不利な状況に置かれていることに間違いはない。また記録を調べたところ、採用にあたり、フェアプレイ社の黒人従業員は全般的に白人従業員に比べて、高い技術を必要としない仕事に配属されていることがわかった。差別をしている可能性について尋ねられたフェアプレイ社の幹部は、黒人と白人従業員は学歴が異なるのだと説明した。幹部たちは、フェアプレイ社の社員は全員、学歴や製品やサービスへの貢献度合いの両方を考慮した上で適切に配置され、給料が支払われているのだと自信に満ちた様子で主張した。

このフェアプレイ社の話は興味深い。フェアプレイ社の黒人従業員たちは間違いなく不利な状況にあるが、規定上であれ慣例上であれ、白人や黒人従業員に対してルールを同様に履行しているのであれば、フェアプレイ社は差別を「していることにはならない」のだ。同社の経営者はおそらく、雇用判断、職務配置、業績評価、昇給、昇進において差別をしていないのであろう。フェアプレイ社の白人従業員の平均給与や地位が高いことは、白人従業員がより高い学歴をもっていることに完全に帰されるのだ。もしもフェアプレイ社が従業員を差別していると訴えられたとしても、アメリカの裁判所は訴えを却下するだろう。フェアプレイ社での不利な状況は雇用状況の外で作用している社会的要因に帰属され得るもので、フェアプレイ社は法律的な責任を負わずともよいのである。

差別——黒人への不利な状況が存在することについての「外部責任理論」

黒人への不利な状況が存在することに対する問題の原因として「外部」とされるものの同定にあたっては、いくつかの種類の差別を原因とする説明が考えられる。1つめは、長きにわたって言及されているものであるが、黒人への不利な状況は意図的であからさまな人種差別の結果である、というものである。2つめは全く異なる説明であり、差別は、差別をする意図もなければ行っている認識もない人――彼らの差別的行動は隠れたバイアスの作動の結果だと説明される――が原因となって起こる、というものである。3つめの説明は、公共における差別とも呼ばれ、黒人への不利な状況は、政府、学校、裁判、病院、企業など社会の主要な公共機関での構造的で規制的な特徴が原因だとするものである。

アメリカでは、黒人への不利な状況が存在することへの原因として、公共機関による差別が存在することは、否定できない歴史的事実である。公共機関での差別に関する文書のなかには、現在は無効であるジム・クロウ法[注1]があり、この法は1960年代まで黒人を学校、トイレ、噴水式水飲み場、公共交通機関において白人から隔離した法律であった。そのような状況のなかで、アメリカの1960年代の公民権法は合衆国内の公共機関におけるあからさまな形態の差別の廃止を命じた。しかし、それは公共機関における差別の存在がなくなったことを意味するものではなく、「最もあからさまな形態」の差別がなくなっただけであった。差別が現存していることを示す一例として、2000年と2004年のアメリカ大統領選において、アメリカのニュースメディアは投票所における差別的行動についての多くの報道を提供した。たとえば、投票日に、投票所の係員が選挙資格確認を白人よりも黒人により多く行ったという。このような差別的な選挙権法の実施は公共機関によって構造的、手続き的に示されるあからさまな差別的行動だと理解されるだろう[2]。

差別の新たな測定法の役割

付録1では、黒人もしくは白人から援助を依頼されるが、援助したかどうかが研究者によって観察されていると気づいていない人々の行動における人種差別を明らかにし、間接的測度を用いた実験が多く行われたことを説明した。これらの研究の援助要請者は、立ち往生した車の運転手で修理サービスステーションに連絡をしようとしている人、大学院への願書が父親によって電話ブースに忘れられた大学生、25セントの両替を希望する通りがかりの人、募金を集めるボランティアの人、鉛筆のたくさん入った箱をうっかり落としてしまった実験者などであった。援助を依頼された人たちは、黒人か白人の援助要請者のいずれかにランダムに割り当てられたため、「白人は、白人よりも黒人に対して援助する率が一貫して低い」という研究結果について、援助要請者の人種以外の要因が重要な原因であるということは考えづらい。

間接的測度を使った多くの研究において黒人系アメリカ人が受けた不利益はささやかなものであったかもしれない。つまり、これらの研究では比較的小さい援助が抑制されたことが示されたにすぎないともいえる。しかし、これらの実験が行われたのとほぼ同時期に、人種がさらに大きい経済的影響をもたらすことを検討するため、同様の間接的手法を用いた別の研究が開始され始めた。この研究対象になった、1つめの非常に重大な差別領域は住居に関するものであった。

◆住居における差別

1950年代に、住居を探す黒人系アメリカ人およびヒスパニック系アメリカ人に対する差別が行われている可能性を検討するために、後に「監査法」と呼ばれるようになる方法の非公式版が用いられ始めた。法律上はすべてのアメリカ人がそれぞれの支払い能力に応じてどんな家でも購入したり借りたりする権利があるのだが、現実には、黒人系やヒスパニック系の住居購入者や賃借人が差別されたという事例報告が数多く存在する。黒人系やヒスパニック系の人たちは時に、彼らが興味をもった集合住宅や戸建て住宅はすでに契約されたり購入されたと伝えられるのだが、住宅購入者や賃借人を装った白人調査者がその業者を訪問すると、その物件はまだ契約可能であったりするのだ。

初期の方法では、研究者たちはマイノリティの顧客が賃貸業者や不動産業者によって断られてくるのをただ待っているだけであったが、その後に発展したより綿密な監査法では、研究者たちは、人種や民族以外の点ではすべての特徴が類似して見えるように選抜され、またトレーニングを受けた白人およびマイノリティのペアをつくり、さまざまな賃貸・分譲業者に別々に派遣し、広告されている家の入手可能性について調べた。2人の検査者は一つ一つの賃貸・分譲業者を別々に訪問するのだが、その順番はランダム化され、広告された物件について最初に尋ねるのは、白人とマイノリティ検査者で同割合となるようにした[3]。

米国住宅都市開発省は1977年に初めて住居差別についての全国的監査研究を行った。その後、1989年と2000年にも全国的監査研究が行われている。これら3つの研究は、現在、住居差別監査研究として報告されている多数の研究のなかでも最も重要なものとなっている。そこでの研究のほとんどすべてにおいて、黒人系やヒスパニック系の住居購入者や賃借人への差別が存在することが報告されている。

この住居監査研究は、黒人系およびヒスパニック系の住居購入希望者は住宅ローンを受けるにあたっても不利な状況にあることを報告している。黒人系およびヒスパニック系住居購入希望者は住宅ローンを組むことを拒否されたり、白人に比べて高い貸付利子を支払うよう要求されたりしている。さらに、マイノリティの購入者にとっては別の問題がある。彼らは購入したい住居についての保険に加入するにあたってもより大きな困難に遭遇し、その結果、環境の良い白人居住地域で住居を購入したくても、実質的に不可能になる可能性があるのだ。

その他に、保険や住宅ローンを購入するにあたって黒人系やヒスパニック系の人たちが遭遇する困難は、地域の人種同一性を維持するために、銀行や保険会社が意図的に方針を立てている結果である可能性もある。これは金融機関による住宅ローンの赤線引き[注2]として知られ、現在では違法な行為である。2000年の全国監査報告書は次のように結論づけている。「マイノリティへの住居差別は、住居を探すマイノリティの人々のコストを上げ、住居の選択や所有における障壁をつくり出すことによって、人種的・民族的な隔離の永続化に寄与している」

３つの全国住居監査研究は差別の「正味の推定値」を出すために計画された。この値は、マイノリティの検査者に比べて白人の検査者が好まれた回数の比較として出されており、正のパーセント値はマイノリティ検査者よりも白人検査者の方が有利に扱われたことを示す。１９８９年の研究では、白人の賃借人は黒人よりも13％有利に扱われ、住居購入者の場合は17％であった。２０００年の調査では、これらの値は減少しており、賃借人でも住居購入者でも８％であったが、２０００年の値は住居差別が減少しているという持続的な傾向の証拠であると確信をもって解釈するのは時期尚早であると思われる[4]。

◆雇用における差別

雇用についての全国的監査調査はこれまで行われていないが、厳密なさまざまな方法を用いた地域別の監査研究は多数存在する。雇用監査でも、住居監査において用いられたような、白人とマイノリティの就職志望者で特徴が類似するよう訓練されたペアを用いる。雇用においても、差別の正味推定値を計算し、全般的に黒人系とヒスパニック系の就職志望者への差別が存在することが明らかになっている。住居監査と同様、ペアにされた就職志望者について、準備された資質情報は高度に類似するよう仕組まれていたため、情報から得られる客観的な基準からは、２人は同等に適任であった。そのため、差別が起こったときに考えられる説明として妥当な唯一の要因は、人種や民族であった。これらの雇用監査研究の結果をまとめて、経済学者マーク・ベンディックは、黒人よりも白人の就職志望者が優遇される推定値は平均して16%、ヒスパニック系よりも白人の就職志望者が優遇される推定値は平均して14%であることを明らかにした。

最近行われた2つの雇用監査実験で、さらに雇用の判断において人種が重要な要因となっていることが明らかになった。1つめは経済学者マリアン・バートランドとセンディル・マレイナサンによるものである。ボストンとシカゴの新聞に掲載された多数の求人広告に対し、研究者たちは関連するすべての資質において同様に有能な履歴書を2種類別々に郵送した。研究者らが郵送した履歴書は2435ペアであったが、系統的に変化させた箇所は、就職志望者のファーストネームだけであった。それぞれのペアで、1人の志望者は、アイシャ、エボニー、ダーネル、ハキームなどの、黒人系アメリカ人であることを示す名前であった。他方の志願者は、クリステン、メレディス、ニール、トッドのような、典型的な白人系アメリカ人だと思える名前であった。郵送後、バートランドとマレイナサンは、電話がかかってくるのをただ待った。白人の名前の志望者に電話がかかってきた率は9・7%であったが、黒人の名前の志望者については6・5%であった。著者たちの結論は下記の通りであった。「白人志望者は、履歴書を送った求人広告について平均して10個に1個の割合で電話がかかってくると予想されるが、アフリカ系アメリカ人の志望者の場合は、同じ一本の電話を受けるために15個の求人広告に履歴書を送らなければならない」

社会学者のディヴァ・ペイジャーは、ウィスコンシン州ミルウォーキーで彼女が行った雇用に関する監査研究の驚くべき結果を報告している。彼女は、経験なしで高卒の学歴があればよいという仕事に、類似した特徴をもつ黒人と白人の検査者をそれぞれ応募させた。応募後、白人応募者は黒人応募者よりも2倍の確率で面接に呼ばれた。驚くべき結果はその後で、これまでの監査研究では報告されていなかった内容だった。白人応募者は「犯罪歴がある」と書いても(17%)、黒人応募者で「犯罪歴がない」者(14%)よりも、面接へと呼ばれる確率が高かったのだ。もちろん、黒人応募者で犯罪歴がある者への連絡率は5%であったので、さらに低いことがわかる[5]。

◆医療における差別

全米科学アカデミーの分科会である医学研究所(IOM: Institute of Medicine)はアメリカ連邦議会から、アメリカの健康保険における人種やその他の人口統計学的要因による違いについて調べるよう要請された。その報告書は「不平等医療」というタイトルで、医療診断や治療とその効果について、患者の年齢、性別、人種との関連を検討した内容で、2002年に出版されている。IOMの結論はこうだった。「黒人系アメリカ人やその他のマイノリティ集団はさまざまな医療格差を被っており、白人系アメリカ人に比べて治療効果の低い医療を受けている。これらの医療格差は、マイノリティ集団の患者と白人の患者が、社会経済的地位において同等であるようマッチングされ、保険でカバーされる保証内容が同じであってもみられた」

このIOM研究での医療格差は、心臓病、腎臓病、がん、HIV/AIDSの治療においてみられた。マイノリティ集団の患者は、スクリーニング検査を行われる頻度が低く、疼痛に対して投薬される率が低く、手術回数が少なく、透析回数が少なく、臓器移植回数も少なかった。またマイノリティ集団の患者は、複数の選択肢がある場合に、より望ましさの低い治療を受けていた。糖尿病でも同様に格差があることがわかったが、マイノリティ集団の人は糖尿病になる率が高いことや、糖尿病による合併症は深刻であることを考えると、この事実は特に憂慮すべきであろう。たとえば、マイノリティ集団の人は、もしもっと早期に糖尿病と診断されたり、より慎重な予防的ケアが行われていれば避けられたと考えられる、手足の切断を受ける率が高いというのだ。

「不平等医療」の結果4－1では、確定的に正しいと認められたものではないが、潜在的なバイアスがこの医療格差の原因として妥当であると考えられる、と指摘されている。

本委員会は、社会的認知研究や潜在的ステレオタイプの研究を含むさまざまな情報源から、バイアス、ステレオタイプ、偏見、臨床現場での不確実性が、医療における格差をもたらす役割について、間接的であるが強い証拠を見出した。そして本委員会は、これらのプロセスがどのように、そしてどういったときに起こるのかを同定する研究をより多く進めることを強く勧奨する［6］。

IOMが勧奨する「社会的認知研究」を行うことはたやすいことではない。多くの大規模な組織と同様に医療機関も、自らの組織にバイアスが存在することを明らかにするかもしれない調査には協力したがらないからである。それでもなお、先進的な研究者のなかには、医療現場での潜在的バイアスを検討すべくIATを用いた研究を行っている者もいる。まだ強い結論を行うには研究数が足りないが、これまでに入手できた結果からは、IATで測定した医師の人種への態度が、彼らが提供する医療の質を「予測する」ことが示されている。例えばIATにおいて白人への強い選好を示す医師は、黒人よりも白人に、より心臓病を治療するという判断を行うことがわかっている。他にも2つの研究において、主治医が白人への強い選好をもつ場合、黒人患者は、その医師のことを不親切だと感じることが示されている［7］。

◆刑事司法における差別

米国司法省（DOJ: Department of Justice）が2006年に行った調査では、アメリカの囚人の40％が黒人であると報告されている。2006年当時のアメリカにおける黒人人口比率が12％であったことを考慮すると、この40％は大幅に不均衡である。刑務所の囚人のなかで、凶悪犯罪・暴力犯罪の罪で収監されている黒人の率は白人の率よりも高い（27％対22％）、そして薬物犯罪においても同様の傾向がみられる（31％対19％）。このような収監率の差のどの程度が、実際の人種による犯罪率の差によるものなのか（当事者責任理論による説明）、もしくは、刑事司法制度による人種差別的な処遇によるものなのか（外部責任理論による説明）について、著者らは確信をもって断言することはできない。しかしながら、当事者責任と外部責任のどちらがより強い原因となっているかについて、警官が運転手を止めたり、所持品検査をしたり、逮捕するといった行動を行う際に、運転者の人種が重要な役割を果たしていることを検討した研究から、いくつかの結論を引き出すことができる。２００６年のＤＯＪの報告は16歳以上の７６９０１人のドライバーへの調査結果をまとめている。その結果には下記が含まれていた。

- 16歳以上のドライバーの約９％が警察官に止められた経験があった。この割合は、白人系、黒人系、ヒスパニック系でほぼ同じであった。
- 止められた原因の半数はスピード違反であった。スピード違反で止められた後、黒人系ドライバー（78％）とヒスパニック系ドライバー（85％）は、白人系ドライバー（70％）よりも著しく頻繁に違反切符を切られていた。
- 止められた若い男性ドライバーのうち、黒人系ドライバー（22％）やヒスパニック系ドライバー（17％）は、白人系ドライバー（８％）よりも著しく頻繁に車内検査をされていた。

スピード違反で止められる頻度は白人系、黒人系、ヒスパニック系で同程度だということが明らかになったが、その後に起こることは同様ではなく、黒人系とヒスパニック系のドライバーは白人系ドライバーよりも多く交通違反切符を切られたり車内を検査されたりするのだ。24歳以下の若いドライバーの場合、黒人系（58％）ドライバーは、ヒスパニック系（81％）や白人系（同じく81％）よりも、自分が止められた理由が合法的だと思う割合が低かった。

もちろん、これらの統計が記載されているDOJの報告からは、いかなる差別についての結論をも下すことはできない。報告書中で唯一「プロファイリング」という単語が出てくる2文のなかでも、違反切符を切る率や車内検査をする率が黒人系やヒスパニック系ドライバーで高いこと自体が、差別バイアスにあたるかどうか判断することはできないと述べている。

しかしながら1994年に行われたニュージャージー州警察の調査では、心理学者ジョン・ランバースは、交通違反取り締まりデータが差別と関係しているという主張においてさほど消極的ではない。ランバースはニュージャージー州の高速道路では黒人の方が白人よりもより頻繁に州警察に止められ、車内検査をされることを見出した。この研究に基づいて彼は裁判所で「このように大きい人種格差が存在することは、差別的方針があるという断定を圧倒的に支持するものだ」と証言した。

著者らの潜在的バイアスについての理解は、ランバースの結論を修正したものに近い。ニュージャージー州警察官が意図的な差別を行っているという解釈は妥当だと思えるが――警官の個人的なプロファイリング方針によるものか、上司によって推奨されたプロファイリング方針によるものかはわからないが――同様に、警官は潜在的バイアスによって行動していた可能性もある。全く意識的な意図なしに、警官の非意識のバイアス（潜在的な人種への態度やステレオタイプ）が、黒人ドライバーを白人ドライバーよりも頻繁に止める原因の1つとなっていたかもしれないのである[8]。

◆その他の監査研究

アメリカ人は多くの車を買う。車の購入額は、一部の高所得者を除いて誰にとっても非常に重要な出費である。公共交通機関で通勤できない場所での仕事に従事することの多い、比較的に所得の低い者にとっては特に大きな支出となる。

自動車価格における差別の可能性について検討した、イェール大学の経済学者であり法学教授であるイアン・エアーズは白人と黒人、また女性と男性の検査者を訓練し、自動車購入にあたり同程度に適任であるように振る舞えるようにした。この検査者はそれぞれ自動車ショールームに行き、ある特定の車種モデルを探すよう言われていた。この研究の結果、「同じ車種モデルに対し、黒人検査者は白人検査者よりも常に数百ドル[注3]高い金額を提示されていた」ことがわかった。

エアーズは次に、より少額の金融取引における差に興味を広げ、コネチカット州ニューへイヴンのタクシー会社の運転手に、料金とチップの記録をつけておくよう依頼した。その結果、黒人タクシードライバーは白人タクシードライバーよりも、受け取るチップの額が平均して33％低いことがわかった。

コーネル大学の心理学者マイケル・リンによるレストランでのチップ研究でも同様の人種格差がみられている。黒人のウェイターは白人ウェイターよりも受け取るチップの額が18％低かった。エアーズとリンの研究には、さらに意外な展開がある。両方の研究で、黒人のタクシードライバーやウェイターに白人よりも少額のチップを渡したのは白人の顧客だけではなかった。黒人の顧客も同様の行動をしていたのだ[9]。

結論2――黒人系アメリカ人が経験する不利な状況は少なくとも部分的には人種差別によってもたらされたものである

黒人と白人検査者による類似ペア法を用いた多数の実験結果からは、黒人への差別が存在する、という本書の結論1以上のさらなる結論を主張することができるだろう。さらなる結論とは、多数の証拠を必要とするものであったが、もはや疑う余地もないだろう。つまり、黒人が受ける不利な状況のうちの一部は、ある人が黒人であるという理由だけで、人々が本人に反応する方法に起因するものである。

この結論を支持する根拠が非常に多岐にわたること、またその重要性の高さから考えると、私たちがこの結論に到達するのはあまりに遅すぎたように思える。しかし、私たちの目標が、社会科学者たちの意見が強く一致している結論「のみ」に制限することである、ということを考えると、この用心は適切であったと考えている。大量の研究があり、それらの結果が一貫しているという事実から考えると、私たちはもちろん、この証拠を知る者はほぼ全員、この結論が不可避なものであると考えるだろう。これらの研究で用いられた方法は多岐にわたっているし、また特にランダム化された実験は、原因について他の解釈の可能性を排除して結論を導くという意味で、現在利用可能な方法のうち最も強力な科学的手法であるのだ。

私たちは、黒人と白人は住居、雇用、借金について概して同程度に適任であると結論しているわけでは「ない」。また、黒人と白人が同程度に法律を遵守すると結論しているわけでもない（黒人系アメリカ人は白人系アメリカ人よりも法を遵守している可能性はあるし、またその逆もあり得る）。また私たちは、黒人や白人タクシードライバーやウェイターが同質のサービスを提供しているかどうかについて何らかの結論をも下していない。先と同様に、2つのグループの人々は同質のサービスを提供しているかもしれないし、一方の集団の人々が他方の人々よりもより良いサービスを提供しているかもしれない。

私たちはこれらの当事者責任的な説明については議論しない。なぜなら、現時点で入手可能な研究結果では決定的な根拠が得られないからである。しかしながら、これまでの研究では、監査研究や間接的測度実験で厳密に行われてきたように、堅実な研究法により人種以外の原因が働く可能性を除外することにより予想した証拠を得ることに成功している。これらの研究が明らかにしたことは、ランダム化割り当てが行われ、人種以外の要因の統制が行われたときに、黒人への不利な状況が一貫して観察されたということである。これらの研究で繰り返し観察された黒人への不利な状況に対して唯一妥当な説明は、人種に基づく差別の存在である［10］。

しかし、それは重要なのだろうか？

この付録で説明してきた人種差別のすべての結果は、統計的な有意性という広く受容されている基準に達しているという意味で、厳密に受け止めて考えるべき価値がある。この基準は、「.05レベル」（統計的な有意性）として知られているが、この基準に達していることが意味することは、「もしも実際には人種による差がなかったとすると、偶然に人種による差があるという結果が出る確率は非常に小さい（最大で5％）」、ということである。ただし、.05レベルを達成すること自体が、その結果が重要だということを意味するわけではない。

統計的な有意性が結果の重要性――つまり、現実的な重要性――を意味するかどうかを判断するために、私たちは次の3点を理解していなければならない。1つめは、その結果が、多数の人が重大だと同意するような結果を含んでいるかということ、2つめは、その結果は同じ人に何度も繰り返し影響を与えるかということ、3つめは、その結果が多くの人に影響を与えるかということである。

◆重大な結果かどうか

無実の人を刑務所に収監したり、避けられた手足の切断を防ぐ治療を提供しないことは、間違いなく重大な結果である。読者もご記憶の通り、これまでに紹介してきた研究結果のなかには、明らかに重大なものがあった。

しかし、紹介した研究で検討された差別の形式のなかには、結果がより深刻でないものもあった。しかしながら、より深刻でない結果でも、当事者に何度も繰り返し行われたり、多くの人に起ることであれば、重大な帰結をもたらし得るのである。

◆小さな効果が繰り返されることの影響

あるスポーツ選手が繰り返し行う練習が、その選手のパフォーマンスを1日あたり1％の100分の1（1万分の1）だけ向上させると考えてみよう。そのような改善は小さすぎるので、どんな研究手法を用いても、数日や数週間という短期間で統計的な違いを検出することはできない。たとえば国際大会出場レベルのスプリンターが100mを10秒で走ったとすると、1％の100分の1の向上とは、1000分の1秒、つまり1ミリ秒である。1ミリ秒とは距離にして1cm進む程度[注4]（！）の非常に短い時間である。それにもかかわらず、この小さな改善をもたらす練習法を200日間継続したとすると、この選手のパフォーマンスは200ミリ秒、つまり0・2秒速くなることになる。この違いは、世界記録保持者と、注目されない落選者の走りとの違いに十分匹敵する。男子100m走では0・2秒は2mほどの差であり、2002年以降の男子100m走の6つの世界記録の差を包含するほどの違いである。

この例と同様に、差別における多くの些細な行動は、それが起こったときには小さすぎて気にもとめないようなものであるかもしれないが、何度も繰り返された場合には、同様に蓄積して大きな影響をもたらし得るのである。差別の場合、その影響はネガティブなもののみであり、差別の対象者に甚大な損害を与えるのである[11]。

ここに、AとBという2種類の集団がいると考えてみよう。この2つの集団について、私たちは専門的教育過程の3年間と、就職後の3年間をフォローして見守っていくとする。そして彼らは全員、たとえば勉学や仕事に対して指導教授や上司から、毎月定期的に評価を受けるとする。そしてそれらの評価は99％と非常に高い確率で、本人の成功を予測するとしよう。ここで成功というのは、専門的なキャリアパスの継続を意味し、失敗というのは、そのパスから外れることを意味する。6年間にわたって毎月1回の評価を受け、各々の評価が99％の成功確率を同等にもつとすると、6年後の全般的な成功率は50％以下になる。これは、たいへんな努力が必要な専門職に就くために6年間を乗り切る確率としては妥当なものであると思われる。

集団AとBに対するほんの小さい評価の違いが意味するところを明らかにするために、集団Aの予想成功率（教員や上司による評価）が1％だけ集団Bのものよりも高いとしよう。具体的にはたとえば、集団Aの予想成功率が99・5％で、集団Bの予想成功率が98・5％という具合である。毎月のこの評価差が6年間続くと、この小さな差は大きくなる。小学校レベルの計算で、6年間を乗り切り専門的なキャリアを継続できている人は、集団A（70％）は集団B（34％）の倍になることがわかる[12]。

この例は、初級レベルの仕事から始め、その組織での広範な仕事への従事後にようやく到達できるより高い地位に就くまでの間に、マイノリティ集団や女性の割合がなぜしばしば急落するのかを理解するための洞察を提供するだろう。つまり、職種によって女性やマイノリティ集団の人員減少が大きいことは、繰り返して直面する、小さいレベルの異なる待遇の結果かもしれないのである。

繰り返される小さな要因が大きな効果をもたらすことの別の例をあげてみよう。たとえば、ある人が差別の結果10ドルの支払いを拒否されたとしてもそれほど大ごとにはならないかもしれない。しかし、40年間のキャリアで毎週10ドルを失い続けたとしたら、それは合計すると7万ドル[注5]（毎月の複利計算で年率５％の利子がついたと仮定した場合）にのぼる。これはアメリカの公立大学での4年間の学費や生活費には十分であるし、35万ドル[注6]の住宅あるいは新車を購入する際の20％の頭金に相当する。

◆多数の人への影響

たとえ一つ一つは小さな効果であっても多数の人が経験するなら、社会的に換算すると重要なものになり得る。ある１人の人が差別のために１回の投票の機会を拒否されたとしてもさほど大ごとにはならないかもしれないが、この差別により、多数の人が選挙にて投票する機会を失ったとしたら、その影響は大きいものとなる。候補者の得票数が競っている場合にはなおさらである。

多数の人に影響を及ぼし得る、より大きな効果をもたらす例をあげよう。アメリカで近年の高校卒業率が白人（91％）と黒人（81％）で10％違ったとして、その原因に部分的に差別が貢献する可能性を考えてみよう。説明のために、この黒人‐白人の差異の原因として、10分の1だけが差別によるものとしよう。つまり、10％という高校卒業率の白人‐黒人差に対し、差別による影響は1％だということになる。アメリカ全体の人口に換算してみると、この1％がどれほどの意味をもつかがわかる（誤解を防ぐために言うと、私たちを含めて誰も、高校卒業率における差別の効果として、この1％の仮定が正確であるとか高すぎる、あるいは低すぎるということについての根拠はもっていない）。

米国国勢調査局は2009年7月時点で、黒人系アメリカ人は3960万人で、そのうち71・5％、つまり2830万人が高卒以上の年齢（18歳以上）である。もしも仮想的な1％の数字がこの2830万人の18歳以上の黒人系アメリカ人にあてはめられると、28万3000人が差別の影響で高校を卒業できなかったことになる。つまり、差別の影響として比較的小さいと思われる影響（実際の高校卒業率の差異のうちの10％）でも、現在生きている黒人系アメリカ人のうち25万人以上の人に非常に深刻な影響を与えているのだ[13]。

結論2に対する予想される反論

科学者の間には、結論2を支持する根拠の本質について広い同意が得られているところであるが、私たちはこの結論2について社会全般的には賛否両論があるだろうと予想している。反論には、たとえば次のようなものがあり得るだろう。「もしX氏が黒人を雇いたくないと考えたとしても（もしくは黒人に家を貸したくなかったり住宅ローンを組ませたくないと考えたとしても）、それはその人が黒人であることへの差別とは何の関係もない。それより、白人の人々より黒人の人々に、不適当な特徴がより頻繁にみられることと完全に関係しているのだ」。この反対者はさらに、黒人は概して仕事に関連する適性が低く、住宅賃貸料やローンの利子の毎月の支払いにもより信頼がおけず、所有物に対しての敬意もみられないと言うかもしれない。最終段階では、このような議論になるかもしれない。「もしも、仕事の能力や月々の支払いの正確性や所有物に対する敬意において全く同一の2人の人物——1人は黒人で1人は白人——を評価する機会があったなら、白人を黒人よりも雇用、賃貸、ローンなどにおいて優遇する理由は何もない」

多くの人はそのような論拠から「私はこの種の選択になると人種偏見がなくなるんだ。私は差別はしないよ」と結論する。私たちも、このように本人自身についての描写は非常に多くの場合真実であると思っている。しかしながら、30年にも及ぶ実験的研究は間違いなく、黒人と白人の就職あるいは住宅賃貸の志望者が、能力や個人的な特性について推測し得るすべての特徴において同等に適性があった場合、白人の志望者は黒人の志望者よりも、望ましい結果を受ける確率が2倍ほどある、ということを実証しているのだ。

ある監査研究を想像してみてほしい。不動産業者か人事担当の役割にいる人が、研究者によって賃貸部屋か住宅、あるいは仕事を探しているといって派遣された、黒人系か白人系かヒスパニック系の、人種は異なるが特性が類似した検査者の1人と対面している。これらの不動産業者や人事担当者は誠実に平等主義的な価値観を表明し、自分は黒人系、白人系、ヒスパニック系の人に同程度の適性があれば、彼らを同程度の確率で選ぶと確信していると主張するかもしれない。しかしそれなら、住居や雇用の監査研究で、黒人系とヒスパニック系の人が希望する住居や仕事を手に入れるのに成功する確率が、同程度の適性がある白人系の人に比べて著しく低い、という結果が繰り返し得られることについては、どのように説明すればよいのだろうか？　次のセクションでは、これらの疑問にさらに答えていこう。

7つの結論

この付録で私たちが目指したのは、ほとんどの社会科学者によって妥当だとみなされているアメリカ人の人種への考えについて、結論を示すことであった。これまでに紹介した2つや、本書の別の章で詳細に説明してきた内容を含め、次に7つの結論を示すことにしよう。

結論1：黒人への不利な状況は存在する。

白人系アメリカ人に比べ、黒人系アメリカ人は複数の重大で不利な状況を経験している――概して、正式な学校教育年数が少なく、受ける医療は十分でなく、財産所有が少なく、雇用の機会が少なく、同じ量の仕事に対して給料が低い、収監率が高い、などである。

結論2：黒人系アメリカ人が経験する不利な状況は、少なくとも部分的には人種差別によってもたらされたものである。

この付録のおもな目的は、黒人系アメリカ人は間違いなく人種差別（単純に本人が黒人であるというだけで受ける不利益）を経験している、という幅広い研究知見を説明することであった。

結論3：社会的分化は存在する。

第5章では、人々を目立つカテゴリー（たとえば黒人女性のナイジェリア人タップダンサーとか、高齢の白人男性スウェーデン人家具製造業者など）によって即座に分類したり、また、その後それらのカテゴリーと関連しそうな特徴を即座に推測したりする、という私たちの精神がもつ高度な技術について、すばらしいものだと紹介した。このように人間の多様性を認識しカテゴリー化する人間の能力は非常に優れたものだが、その能力と、他者をステレオタイプ化することは表裏一体なのだ。

結論4：態度には、内省的な形態と自動的な形態の2種類がある。

態度とは、人間（弁護士、ムスリム、アジア人、赤ちゃんなど）のカテゴリーについての、好きとか嫌いという感情である。第4章では態度には2種類あると説明した。1つは、内省的または顕在的態度であり、私たち自身がそれをもっていることに気づいているものである（たとえば、マーザリンは自分がスター・トレックが好きであることを知っており、トニーは自分がビーバップ音楽が好きなことを知っている）。もう1つは、自動的または潜在的態度であり、それは私たち自身が気づかない連合的知識を含んでいる（たとえば、トニーやマーザリンを含め、一般の人の80％の人がもっている、「高齢＝悪い」という連合など）。これら2つの態度の内容は一致している必要はない。そのような状態は解離と呼ばれており、一般的にあり得るものである。つまり、顕在的または内省的な「私は高齢者が好きである」という態度は、潜在的な「高齢＝悪い」という態度と同じ頭のなかに共存し得るのだ。

結論5：人々は多くの場合、自分の内省的そして自動的な態度やステレオタイプに不一致があることに気づいていない。

ある人のＩＡＴ（潜在的）の結果と調査質問紙（顕在的）の結果、特に人種への態度についての結果には、通常、不一致がみられるが、そこから、人々は質問紙上で人種に対する考えについて尋ねられたときには、意識的に不正確に自分の考えを伝えていると考えることもできる。そういったことも時折起こるかもしれないが、私たちはそれがさほど頻繁に起こるとは考えていない。それよりもどちらかといえば、研究者の調査質問項目に答えるとき、多くの人々は正確にそして正直に答えようとしていると私たちは考えている。しかしながら回答している本人たちも、自分が内省的態度とは異なる自動的態度をもっていることに気づいていていないのだ。

結論6：顕在的バイアスは頻繁にみられないが、潜在的バイアスは蔓延している。

付録1において、21世紀初頭のアメリカ人は調査研究において顕在的であからさまな人種偏見の表出が低いという証拠を示した。この結果は、50～75年前に行われた研究でよくみられた「偏見があからさまに表出される」という結果と比べると著しい減少である。近年の質問紙研究では、今や多くのアメリカ人が平等主義的な人種態度を表出していても、IATを用いると、アメリカ人のおよそ75％が、黒人よりも白人に対して潜在的（自動的）な選好を示すことが明らかになっている。IATにおいて表出された人種的選好は、個人的に支持する人種的態度とは一般的に異なることを理解することは重要である。そして第3章で見てきた通り、潜在的な人種態度は現実的な影響力をたしかにもっており、それは結論7へとつながっている。

結論7：潜在的な人種態度（自動的な人種選好）は黒人系アメリカ人への差別に貢献している。

私たちの7つの結論のうちで、この結論のみが、学者たちの同意を得るために配布した初期のリストになかったものである。

この結論が含まれていなかったのは単純な理由からであった。私たちが最初にリストを配布した時期、つまりつい4年前には、私たちを含めて誰も結論7についての証拠がどれほど広範囲にわたって蓄積されているか、気づいていなかったのである。しかし、第3章にて説明した通り、2009年に専門雑誌に公刊した論文において引用した膨大な量の研究から、平等主義的考えを強く支持している人々の間でも、人種IATで測定された自動的な白人への選好が実際の差別的行動を予測する、という証拠が相当な量存在していることが明らかになった。この証拠の量は、無視できないほど大量であり、実際に、2007年初頭以降も着実に蓄積し続けられている（2007年初頭というのは、2009年に公刊したメタ分析レビュー論文に含める研究を判断する締め切り時期であった）。

近年の調査研究は、黒人系アメリカ人に対する偏見をあからさまに表出するアメリカ人は10～15%のみであることを示している。しかしながらこの付録や本書の複数の章で説明した通り、経済的に重要な、人生のあらゆる領域において、黒人系アメリカ人を不利な状況に追いやるような差別的行動が蔓延しているという、十分に裏付けられた研究証拠が存在するのだ。そのような差別は、もしかしたらあからさまに偏見をもったアメリカ人のうちでもほんの少数の人たちによって行われているだけなのかもしれない。しかし、潜在的バイアスが果たす役割が大きいという証拠はたいへんな説得力があるため、黒人への不利な状況はもっぱら顕在的であからさまな偏見のみが原因で行われる、と結論することは、もはや私たちにはできない。さらに、あからさまに偏見をもつ人々の割合は小さいことや、自動的な人種選好が差別行動を予測することが明確に実証されているという事実から考えて、潜在的バイアスは、1つには黒人への不利な状況が存在することの原因であること、そしてそれだけでなく、2つめとして黒人への不利な状況の維持に貢献するような差別行動の原因として、顕在的バイアスよりも重要な役割を担っている、と結論するのは妥当なことであろうと考える。潜在的バイアスは、それを保持する人からは隠されて意識の外で機能するかもしれないが、それがもたらす差別は、研究者の目には明らかであり、またその差別によって不利な状況に追いやられている人たちにも、ほぼ確実に、その存在は明らかなのである[14]。

訳注

1 黒人差別法ともいい、1876年から1964年にかけて存在した、アメリカ南部で黒人に対し公共施設の使用を禁止・制限した差別的な法律。「ジム・クロウ」というのは、アメリカのコメディアンが演じて人気を博した、田舎のみすぼらしい黒人を戯画化したキャラクターの名前であった。

2 特定の地区の住民には融資しないという差別。

3 数万円。

4 100mの1万分の1という計算より。

5 約700万円。

6 約3500万円。

謝辞

本書の執筆にあたっては、この25年の間、ともに研究を行ってきた多くの人々のアイデアと実験なしには成り立たないものであった。特に、ブライアン・ノゼックはずっと共同研究者として、揺るぎない仲間として、また友人としても常にその中心にあった。この「潜在社会認知（implicit social cognition）」（専門用語で言うところの私たちの専門領域だ）の研究へのブライアンの貢献は、彼が1996年夏にイェール大学の大学院生として来てくれたときから始まり現在まで続いている。彼の広範な貢献に対して深い感謝の念を表する。

1988年以来、学生や共同研究者との共同作業から多大な益を受け、また、その貢献によって本書のトピックへの理解は向上してきたものである。こうした意識的な自覚の外にある心の働きについて、理解を構成していくに際し、彼／彼女らそれぞれの貢献は一つ一つばらばらだったピースをしっかりとした構成要素として組み合わせていくのに大きな助けとなった。そうした人たちの名前をここにあげておきたい。リチャード・アブラムス、スコット・アカリス、ベタニー・アルバートソン、ダニエル・エイムス、ジュディ・アンドリュース、ジャスティン・エンジェル、ジェンズ・アッセンドルフ、レイナー・バンス、ヨアフ・バラナン、アンドリュー・バロン、アイリーン・ブレア、ティモシー・ブロック、フレデリック・ブルーネル、ファージェン・ツァイ、スーザン・カレー、ダーナ・カーニー（彼女が本書のタイトルとしてブラインド・スポットを提案してくれた）、シリ・カーペンター、ユージン・カルーソ、ダニエル・チェン、エヴァ・チェン、ドリー・チャフ、エミリー・コグスディル、ジュアン・マニュアル・コントリーラス、キャサリーン・クック、リサ・クーパー、ウィル・カニンガム、ダリオ・スベンセック、ニランジャーナ（ブージュー）・ダスグプタ、スタニスラス・デハエーヌ、ティエリー・デヴォス、クリストファー・ダイアル、クローデュ・ディモフテ、シアン・ドレース、ベン・ドルーリー、ヤロー・ダンハム、ジェフリー・エバート、シェリー・ファーナム、ユヴァル・フェルドマン、クリスティーナ・フォング、マーク・フォアハンド、ジェリー・ギルモア、ジャック・グレイザー、ニコル・グリーソン、ステファニー・グッドウィン、アレックス・グリーン、エイデン・グレッグ、エリザベス・ハインズ、カーティス・ハーディン、ラリサ・ヘイフェッツ、PJ・ヘンリー、アーノルド・ホー、ウィルヘルム・ホフマン、メアリー・リー・ハマート、ジョン・ジョスト、ジェリー・カン、ジョスリン・カーラン、ケリー・カワカミ、ドーヤン・キム、テリー・キルビー、クリストフ・クラウアー、マーク・クリンガー、チヒロ・コバヤシ（小林知博）、リンダ・ハミルトン・クリーガー、ジェニファー・クボタ、ケイティー・ランカスター、クリスティン・レーン、キース・リービット、スティーブン・レール、クリスティ・レム、ダン・レヴィン、ベッカ・レヴィー、エリック・レヴィー、クリステン・リンドグレン、エリザベス・ロフタス、ドミニカ・メイソン、スティーブ・マッカラフ、ジャマール・マクデル、デビー・マギー、ポール・マインシャウゼン、デボラ・メロット、アンドリュー・メルツォフ、ジェイソン・ミッチェル、ブランディ・ニューウェル、クリステル・ングノウメン、マーク・オークス、ロイジン・オコナー、オルダミニ・オグナイキ、クリスティーナ・オルソン、アンドリース・オルソン、ブライアン・オスタフィン、マルテ・オッテン、ジェイフン・パーク、ローラ・パーク、アンドリュー・パーキンス、エリザベス・フェルプス、ジャクリーン・ピクレル、ブラッド・ピンター、アンドリュー・ペールマン、ドビー・ラーネフ、フレデリック・リヴァーラ、アレックス・ロスマン、ローリー・ラドマン、ジャニス・サビン、コンラッド・シュナベル、エリック・シュー、ジョーダン・シュワルツ、ペネロープ・シーツ、アリシア・シェン、クリスティン・シャッツ、コリン・スミス、ケリー・スポールディング、エリック・スパンゲンベルク、エリザベス・スペルケ、N・スリラム、サミア・スリファスタファ、ダミアン・スタンレー、サブリナ・サン、ジェーン・スワンソン、クリスティーヌ・テリー、ブライアン・ティーチェ、エリック・オールマン、ピエルカルロ・ヴァルデソーロ、マーク・ヴァンデカンプ、ウェンディ・ウォルシュ、グレッグ・ウォールトン、グレッグ・ウィラード、カロリン・ウィルマス、カイユァン・シュウ、ススム・ヤマグチ（山口勧）、ヴィヴィアン・ゼイヤス、タリー・ジフ。

　次の方々からも有益な助言が得られた。ここで示したアイデアを形成していくことの助けとなり、議論などを通して刺激を受け、さまざまな形で私たちの研究を助け、あるいは章の草稿について意見を、場合によっては幾度となくもらった。彼／彼女らのそうした関わりに対して惜しみなく感謝の意を表したい。ボブ・エイベルソン、エリオット・アロンソン、ヴィスティ・バナージ、ジョン・

バージ、ベン・バレス、キャサリーン・ベケット、マーク・ベンディック、マーク・ベネット、ダニー・ベルンスタイン、ポール・ブルーム、サム・ボウルズ、ドナル・カールストン、パム・キャシー、サプナ・チェライアン、ナンシー・コット、ロバート・クラウダー、ジャン・デハウアー、パトリシア・デヴァイン、アプ・ダイクステルハウス、ロン・ドッチュ、キャロル・ドウェック、アリス・イーグリー、ラッセル・ファジオ、スーザン・フィスク、ビル・ジョージ、ダニエル・ギルバート、マルコム・グラッドウェル、リチャード・ゴンザレス、ジョシア・グリーン、デイビッド・ハミルトン、ジョン・ヘロン、ナンシー・ホプキンス、アール（バズ）・ハント、シャント・アイエンガー、ラリー・ジャコビー、マーシャ・ジョンソン、クリスティーヌ・ジョルス、リー・ジャッシム、シェリル・カイザー、ジョン・キールストローム、ミーラ・コマラジュ、ナンシー・クリーガー、ジョン・クロンズニック、ジョン・ランベルス、エレン・ランガー、ラリー・レシッグ、ジャン・リュイ、ニール・マクレー、ウィリアム・マクガイア、ウェンディ・メンデス、フィリップ・メリクル、ウォルター・ミッシェル、デイビッド・マイヤーズ、ケン・ナカヤマ、モーラ・オニール、リー・オスターハウト、トーマス・ペティグルー、リチャード・ペティ、スティーブン・ピンカー、スコット・プラウス、バーバラ・レスキン、ダンオロフ・ルース、ピーター・サロヴェイ、ローリー・サントス、ジュセップ・サルトリ、エレーヌ・スキャリー、フレデリック・シャウアー、デイビッド・シュナイダー、ロジャー・シェパード、ジェフ・シャーマン、ジム・シャーマン、ユウイチ・ショーダ、ジム・シダニウス、ジェーン・シモーニ、エリオット・スミス、ロン・スミス、クロード・スティール、フリッツ・ストラック、マイケル・タール、ロバート・トリヴァース、ジム・ユルマン、ヴァージニア・ヴァリアン、シャンカー・ヴェダンタム、ギフォード・ウェアリー、ダン・ウェグナー・キップ・ウィリアムズ、カレン・ウィン、リチャード・ヤルチ、ロバート・ザイアンス、マイケル・ザラート。

ラドクリフ高等研究所は、私たち2人に1年の滞在研究を与えてくれた。この1年は、この本の基礎を築き上げるために必要だった重要な時期であった（バナージに対する2年目も）。南部貧困対策法律センターからの資金援助は、IATのウェブサイトの立ち上げなど、研究と一般の人々とをつなげていく試みの初期の作業の助けとなった。バナージに対する研究費とサバティカル（研究による学務休暇）は、ハーバード大学文理学部、エドモンド・J・サフラ倫理研究センター、社会科学・心・脳・行動の数量的研究イニシャティブによって延長、拡張することができた。さらには、バナージは、ロックフェラー財団ベラッジオ・センター、インドのシムラにあるインド高等学術研究所、ラッセル・セージ財団、マインド・サイエンス研究所、ワラス財団、それからとりわけこの本の執筆の最終段階を完成させる最高の環境を提供いただいたサンタフェ研究所からの支援に深く謝意を示す。

管理スタッフであり、リサーチ・アシスタントでもあったサンデン・アヴェレット、クリストファー・ダイアル、ミシェル・ヤコブス、ウィリアム・カプラン（「マシーンを負かす」のオブザーバー）、ダグラス・カーク、ジェイソン・マッコイ、ティファニー・メイツ、アマンダ・パーソンズ、エリザベス・ルーサーフォルド、ロイ・ルーリング、シャリー・スタウトからは格段のサポートを得た。
フィラデルフィアのフランクリン研究所、パリの国際研究所（ラボラトワール）、ハーバード大学自然史博物館およびピーボディ考古学民俗学博物館、ボストン科学博物館・子供博物館、サンフランシスコのエクスプロラトリアム[注1]は、ウェブ版でないＩＡＴの演示的施行と、その場の聴衆からデータを収集してすぐにシェアするシステムの構築や演出について、プロデュースしてくれた。ウェブサイトと同様、こうした場での機会は聴衆が自分自身の心の隠れた側面に直面した際に示す反応を見る貴重な経験をもたらしてくれた。参加者の好奇心や率直さは、さらに研究を進める刺激となり続けてきたし、皆さんに尊崇の念を表する。

次の何人かの人々は、大学のなかで、企業のなかで、行政やＮＰＯのなかで、自身の仕事を後回しにしてまで、しばしば予期せぬ形で研究を支援してくれた。彼ら／彼女らは、私たちのアイデアが、教育、法、ビジネス、行政、医療の世界で人生を形づくる重要な決定、さらには人々が自分に対して、あるいはお互いに対して下す日常の判断にまつわるあらゆる局面に応用可能であることを私たち自身よりも直接的に見せてくれた。イアン・アイレス、ロヒーニ・アナンド、マックス・ベイザーマン、ジェフリー・ビュークス、アイリス・ボーネット、サンドラ・ブシュビー、ピーター・カイロ、ジム・キャリア、リチャード・コーエン（潜在態度を「隠れたバイアス」と最初に特徴づけた）、エイミー・エドモンソン、モハメド・エルエリアン、ドルー・ファウスト、パット・フィリ＝クルーシェル、ジェームズ・フィンバーグ、ホープ・グリーンフィールド、シンシア・ガイマレーズ、ラニ・ギニア、ジョン・ハンソン、ジョン・アーウィン、ミッチェル・カポール、フレイダ・クライン、ジェニファー・ラーナー、ジェイ・ライト、ジム・ロブセン、カレン・ミルズ、エイミー・ムニチェロ、トーマス・ニューカーク、ニチン・ノリア、ジュリー・オイガン、エヴァ・パターソン、リサ・キロズ、ジュディス・レズニック、ルイス・センティ、スーザン・シルバーマン、ジュディス・シンガー、マイケル・スミス、ジム・ターリー、アレッサンドロ・ザネーロ、ニーナ・ジプサー。

アメリカ国立科学財団は私たちがIATを開発する研究の最初の5年間を支援し、続く8年間をアメリカ国立精神衛生研究所が支えてくれた。イェール大学とワシントン大学は、IATが初めて教育的なデモンストレーションとしてウェブサイトに広く供される1998年の立ち上げを支援してくれた。ウェブサイトはまもなくもっぱらイェール大学に移設され、その際、ウェブに基づいた教育と研究という私たちの夢をイェール計算機センターに理解してもらうには、フィル・ロングが多大な労力をかけて交渉をしてくれた。そして、2003年の始まりとともに、このインターネット企画はハーバード大学に移管され、今に続く implicit.harvard.edu における教育・研究サイトとして寛大にも支援し続けてくれている。

2005年にはブライアン・ノゼックとともに「Project Implicit」というNPOを立ち上げ、今、implicit.harvard.edu にあるウェブサイトの運営にあたって科学的支援を提供している。ショーン・ドレインは、Inquisit というソフトウェアを制作、開発し、何百というIATの実験を迅速に施行可能にするプラットフォームを形成した。[注2] 実験デザインを迅速に改善できるよう、追試のために研究室間で容易に実験を移設できるよう、そうした私たちの細かな手続き上の要請に対して彼が快く応じてくれていることに感謝したい。

ランダムハウス社のトニー・バーバンクは、こうしたアイデアの可能性を最初に理解してくれた。彼にも格別の感謝を表する。ロジャー・レヴィンとベス・ラッシュバウムは、学術的な形式ではない執筆の機会を見つけてくれて、執筆について行き届いた助言を与えてくれた。ランダムハウス社の私たちの編集者ウィル・マーフィーは、その時点で私たちが必要と思われた以上のものを私たちに要求し、引き出してくれた。そして、この本が最終的に完成をみたその手腕に感謝する。私たちが原稿を準備している間にも出版界は変化を示しており、出版社や編集者が使命感をもって一般読者と科学者をつなげていく働きをなしていることを私たちに気づかせてくれた。カティンカ・マットソンとジョン・ブロックマンには、私たちの代理人を務めてもらっている上に、彼らが考え出す以前にはなかったような科学を紹介するフォーラムを創出したことにも感謝を表したい。

この本を執筆するのに費やした何年もの間、3人の人々、R・バスカー、ジーン・グリーンワルド、リチャード・ハックマンは、揺るぎない精神的サポートと知的なサポートを絶えず与えてくれた。原稿の進行具合をこれ以上気にする必要がなくなったことを今、きっと喜んでいることだろうし、また、この本における私たちのアイデアや選び取った語、文章に至るまで、その明白な影響を彼らは見出すことができるだろう。

私たちの両親、クーミー&ラストム・バナージ、バーニス&バーナード・グリーンワルドは、私たちについて考えるときには、きっと好意に彩られた「ブラインド・スポット」をもっていたことだろう。彼らの私たちへのそうした期待は、他の家族たち——パパ・アヤ、ベラ・バナージ・ローダ&ニチン・ローダ、ラクシャヤッド・バナージ&ナンディータ・シンクレ・バナージ、リー、デイビッド、ジョナサン・グリーンワルド、エミリー・グリーンワルド、ローレン・グリーンワルド、ジョー・ウェルシュ、エリック・グリーンワルド&マージョリー・クリフトン、シャルロット（チャーリー）、ジュリア、ベン・ウェルシュ、アン・アレクサンダー&リチャード・カンリアンとともに、私たちの励みとなり、元気を与えてくれた。

この本のこうした考えは、年齢、性別、民族、宗教、文化、国籍を超えて、こうしたカテゴリーによって迫られる制限を越えたより大きなものを求めて協力し合う力となるだろう。私たち2人は、相手のなかに家族としての絆を見出すことのできた幸運を互いに認め合っている。そうしたやりとりができる望み得る最高の知性をそなえた存在だとお互い思っている。

訳注

1 子どもと家族向けの体験型科学博物館。

2 彼はグリーンワルドのもと、博士論文を執筆するために Inquisit を開発して、Millisecond 社を立ち上げ、今も Inquisit を販売している。マイクロソフト社でも働いていた。

訳者あとがき

本書は、マーザリン・R・バナージとアンソニー・G・グリーンワルドの『*Blind Spot: Hidden biases of good people*』の翻訳である。彼らは社会心理学、特に潜在的認知の領域で著名な教授であり、この本は学術分野としては心理学とりわけ潜在的態度を扱う社会心理学の領域における知見を活用して著されており、近年の知見を一般の方々にもわかりやすく届ける趣旨でつくられたものである。本書では人の非意識的な過程を大きく取り扱っているが、最近そうした人々の意識に上らない動機づけやプロセスに基づいて人間行動が導かれていることを中心テーマに据えた書籍は増えているようだ。隣接の行動経済学において、購買行動や経済行動が必ずしも意識的に思慮した合理的な意思決定として説明できるものではないという探究は一種のブームとなっている。しかし、こうした行動経済学の知見の出発点を構築したノーベル経済学賞受賞者ダニエル・カーネマンが心理学者であり、その知見が認知心理学と社会心理学等の間をつなぐ領域に横たわっている心理学の伝統的領域だということを知る人は意外に少ないようだ。カーネマンは近年こうした直観的判断（システム1）を熟慮的判断（システム2）と対置させることのメインに据えた『ファスト&スロー（本書にも引用があり、引用文献欄に記載あり）』を2012年に刊行し、人の思考・判断プロセスのあり方について論じている。

こうした研究とパラレルに、1980年代から1990年代にかけて、本書で取り扱っている偏見研究においても偏見的知識が活性化する自動的なプロセスとこれをコントロールして適用を抑制しようとする統制的過程の指摘がなされるとともに、他者認知についてカテゴリーを重視する印象の判断と、個々の人物の個別の情報に基づいた印象の形成を検討した研究などが相次いだ。そして、こうした2つのプロセスを扱う集大成として1999年に『社会心理学における二過程モデル』といった書籍が刊行された。

このように人々自身が自分では気づいていないさまざまな判断のプロセスが指摘されていくなかで、本書では人の心のなかに「潜んでいるバイアス」に目を向けている。とりわけ日常、人々が悪気なく行う、あるいは善かれと思って行う普段の行動であっても、そのなかに見出すことのできるバイアス、副題にある通り、まさに「善良な人々」が犯してしまう幾多のエラーがていねいに説明されている。

本書の価値はもう1点別のところにもあった。しかもそれは心理学に今、関心をもつ人の多くにとってはきわめて大きな価値である。それは、現代の（社会）心理学者たちの垂涎の的ともいえる貴重な告白譚や裏話、「IAT開発者自身が語るIATの秘密!!」「Making of IAT大公開」といったやや卑俗な宣伝タイトルを打ちたくなるくらい、貴重な記述が含まれている書籍なのであった。つまり、現在注目の的であるIAT（潜在連合テスト）の開発者自身がそれを利用した研究群を縦横にいかんなく駆使して語るステレオタイプやバイアス研究、そしてそれらをどう考えるべきかを開発者自身の体験を交えて語っている価値ある記述が実に満載の書になっている。

遠く日本にいる私たち社会心理学研究者にはうかがい知れなかった開発者自身の迷いや疑念、IATはいったい何であるのかという誠実で真摯な問いがていねいに語られ、現在ウェブサイトで1400万人もの回答者が蓄積され、また、心理学のデータベースで検索すると、1500件以上ヒットするIATに関与した膨大な研究群にかかわるエッセンスが知られることは驚きでさえあるし、またその真摯な科学的研究姿勢はとても印象深いものである。

訳者の1人小林知博は、そうした熱狂的な進展のさなかグリーンワルド博士の研究室に留学し、直に教えを得た貴重な日本人研究者である。ウェブサイトの研究が何十万人かに到達していた2003年にグリーンワルド博士が来日したことがあった。学会でIATについてのワークショップがもたれたのであったが、その企画者は東京大学の山口勧先生（現所属、奈良大学）であり、幸いなことにその社会心理学会が開催された場所は、訳者の1人北村英哉の当時の職場、東洋大学であった。そのため、企画のセッティングにもかかわり、この貴重なワークショップに参加する機会に恵まれた。

IAT研究の経緯は本書のなかで描かれた通りであるが、21世紀の偏見の社会心理学研究はIAT研究の怒濤の洪水で幕が開けられたといっても強調のしすぎとは言えないと思われる。テストを受ける者自身にはコントロールできない、その「潜在測定」という画期的な手法によって、言葉の取り繕いによる自己報告的アンケートという旧来の手法に対してオルタナティブを呈示したというだけでも、関連する学術領域にとっては研究方法の一大革命であり、必要に応じてより妥当な測定を行う手法が手に入った意味は大きく、これをきっかけにさらなる工夫や新たな潜在測定の開発など、研究も大きく動き出した。

ＩＡＴが何であるかについては、本書を読んでいただいておわかりのこととして、本書は、ＩＡＴで見出すことができるような問題にとどまらず、偏見、差別にかかわる現象についてさまざまな実例を引きながら、広範に取り扱っている。本書の提起する問題の1つについて、訳者の体験を交えて若干コメントしておこう。

世の中の差別を減じたいと真剣に願っている著者らが、究極的に提示して見せた問題は、「内集団ひいき」による差別の固定化である。善良な人々一人一人は何の悪気もなく、知った人、仲のよい人、同じ集団の人たちに対して援助を差し伸べているまさにその日常的行為一つ一つが差別される側の相対的損失、不利益として蓄積されていくという描出はたしかに現実のものであるとともに、とても手厳しいものである。これを解決したければ、差し出すものすべてを税金として公共化し、思い切り「大きな政府」として理性的に公正な分配を決定していかなければならないだろうから、アメリカのような自助と自己決定を重んじる国においては相当に難しい展望のようにも見える。あるいは、全団体にまたがる寄付金統括システムを創設してもいいかもしれないが、なかなかに難しいだろう。しかし、そうした対処やシステムを取り得る国、地域もあるかもしれないし、コミュニティレベルで小規模に取り組めることもあるだろう。内集団ひいきが問題をはらむからといって、

「そうしないように」人が心がけるだけの「心理的」対処では当然のことながら不十分で、著者らがさかんに推奨する「出し抜いて負かす」システムや「考えずにできる」システムを制度として用意することによって、人々が「自然に」「自動的に」より差別的でない行動選択に向かいやすいお膳立てをつくっておくという考え方はきわめて重要である。このように問題解決を個人の心がけにとどめずに制度の問題としてとらえ直す視点は社会心理学分野が本来強みとしてもつ利点であることをも強調しておきたい。

それにしても本書を通して一貫して、著者らは現実社会の問題に密着して、その偏見・差別研究の知見を示してくるわけであるが、その中心になっているのは、アメリカにおける最大の差別問題、アフリカ系アメリカ人への人種差別の問題である。ここ最近でも白人警官がアフリカ系アメリカ人の被疑者（ともいえないような相手）に発砲した事件が相次いだことからアメリカ国内で大きなデモのうねりなども起こったばかりである。

こうしたセンシティブな問題に覚悟をもって臨む著者たちの姿勢に比して、日本の国内研究はどうだろうか。ちょっと直視しさえすれば、日本にも国内固有の大きな差別問題が横たわっていることが明らかであるが、社会心理学者たちはそれにどれだけ立ち向かっているのだろうか。実証的な証拠を得ていく真剣な研究が欧米において重ねられていく間、日本においては政治的に微妙な問題は避けて通るといった日和見的な態度が蔓延しているようにも思えるし、近頃とみに注目を集めている「研究の倫理的問題」を問う際に、けっして間違えて政治的に微妙な問題を扱うことや、論文を学会誌に掲載したりするとき、研究の対象、テーマに網をかけて、自粛、萎縮するようなことがあってはならないだろう。研究の社会貢献の意味をきちんと問うて考えていく必要があるだろう。

個人的経験で恐縮だが、大学入学後、障がい者問題を取り扱うサークルに入り、障がい者への偏見を考え始めてから30年以上経つ。本書でもアメリカにおける表向きの態度変化が指摘されている通り、日本においても障がい者に対する表面的な態度はたしかに大きく変わっていったし、そのほか、男女の伝統的性役割分担についての意識なども明瞭に変化してきた。しかしながら、まさにIATはそうしたなかでも潜在的にはまだまだ減少・解決していない人々の態度を明らかにしてきたし、その一方で、それほどまでにもけっして「潜在」しているとさえ言えない、社会のそこここに明白に存在する職業上の差別やヘイト・スピーチの現代的興隆などにも思い至るのである。

本書は、私たち人間が問題のあるバイアスをいかに「出し抜いて負かし」、あるいは「迂回」したり、できれば「根絶」をめざして取り組んでいくか、その方法のヒントを与えてくれている。偏見の授業を大学で行うと、若者たちはその変化しづらさに注目をするようであるが、一方ではこの半世紀で大きく変わったものが多いことも明白である。著者たちが言うようにけっして絶望するような事態ではない。

IATについて、研究論文からはうかがえないさまざまな人々の反応のようすも本書は伝えているが、そうした部分も印象深い。多くの人々が科学的知見を真剣に受け止め、そこに葛藤を感じているようす、そして差別を減じたいという一般の人々のなかにもみられる誠実な態度がそこから伝わるのであるが、日本ではどうだろう。ある程度の人々はテストを行った後に、たしかに「ショックを受けた」「自身の考えを見直すきっかけになった」と反応してくるが、テストに対する疑わしさの表明は一段と大きいようで、「たんに世間一般の考えが反映されただけではないか」ということは繰り返し、繰り返し聞かされる反応である。妥当性を示す多くの研究群を示していくことで見方も変わるわけだが、このような疑わしさの表明は、そういった真に科学的な疑念によって生じているというよりも、日常的にメディアや雑誌、ウェブなどで流通している科学的な妥当性を全く欠いた怪しげな「心理テスト」と呼ばれるもののうさん臭さが日本国内で蔓延していることの影響もうかがえる気がする。ある意味これらは自分自身にも跳ね返ることである。つまり、日頃から粘り強く、そうした妥当性のない「テスト」群に異を唱えることももっともっと真剣に大きな取り組みとして行わないことや、日本心理学会の社会的取り組みがまだまだ不十分であることなども（海外では時に学会全体で声を上げる「社会的声明」みたいなものがみられるが、そうした科学に基づくメッセージを学会が社会に向けて声を上げて提示するのを見たことがない）関係しているのだろう。

せっかくIATに取り組んでも真剣な自身への問い、社会への問いにつながっているのかどうか心許ない限りである。せめて建前としての「差別を憎む」人権の尊重という基本的感覚すらも政府からはうかがうことができない。日本では「差別」はどこかひどく「ひとごと」のようでさえある。しかし、本文でも紹介されているIATのウェブサイトで高齢者IATなどを行うと、皆誰しも高齢者になる運命を抱えているのにもかかわらず、日本でも皆高齢者に対する偏見が広く存在していることがわかる。当事者以外は想像力を働かせることもないのか、さまざまな差別ネタに対する（高齢者、肥満、同性愛など）、無意識的な距離の置き方やひとごととして軽んじる姿勢などについては恐ろしささえ感じられるときがある。まさにこれが本書の指摘する「善良な人々に潜む非意識のバイアス」なのである。

そういう点で、何よりも本書は自分自身を振り返る一歩となる本なのであろう。この貴重な本を訳出するにあたり、原著者の謝辞にも名前があげられているグリーンワルド研究室にいた小林知博氏と共同作業ができたのは幸運な経験であった。私の不十分な訳に対する貴重な指摘も数あり、小林氏の尽力なくしてはこの訳出の完成はあり得なかった。多忙のなかであまり報われない翻訳という仕事にエネルギーを振り向けていただいたことに心よりの感謝を示す。また、一般向けの売れ筋の本の版権獲得という点でお骨折りいただいた北大路書房の方々、特に粘り強く建設的な指摘や助言をいただいた奥野浩之氏に心より感謝を申し上げたい。

また、同僚や研究の仲間たちによって、私たちの訳語は定着してきたものであるし、研究会などで得られていた多くの知識は本書の理解に大きく貢献した。また、訳者たちが不案内なアメリカのドラマや人物についての補足情報については一つ一つ引用表示はしていないが、Wikipedia やさまざまなインターネット情報にも依存していることをここに明記しておく。文章でわからない点を原著者ご本人に確認させていただきもした。本書の翻訳を歓迎、援助し、「日本語版発刊によせて」も執筆してくださったバナージ、グリーンワルド両博士に改めて感謝したい。今後もますます有望な研究ツールとなっていくであろうＩＡＴなどの潜在測定の行方に期待するとともに、こうした社会心理学の知見が社会のなかに広く浸透していくことによって、日本社会から少しでも早くさまざまな差別が減退していくことを願うものである。

２０１５年６月

訳者を代表して

北村　英哉

心の中のブラインド・スポット

— 善良な人々に潜む非意識のバイアス —

2015年9月20日　初版第1刷発行
2022年3月20日　初版第3刷発行

定価はカバーに表示してあります。

著　者　M. R. バナージ
　　　　A. G. グリーンワルド
訳　者　北村英哉
　　　　小林知博

発行所　㈱北大路書房
〒603-8303 京都市北区紫野十二坊町12-8
電　話　(075) 431-0361㈹
F A X　(075) 431-9393
振　替　01050-4-2083

印刷・製本／創栄図書印刷㈱
検印省略　落丁・乱丁本はお取り替えいたします。
ISBN978-4-7628-2903-1　Printed in Japan

◆ 訳者紹介 ◆

北村英哉（きたむら・ひでや）

1991年　東京大学大学院社会学研究科博士課程中退
現　在　東洋大学社会学部教授（社会心理学博士）
【主著・論文】
展望　現代の社会心理学1　個人のなかの社会（共編）「社会的認知と感情」「態度」　誠信書房　2010年
進化と感情から解き明かす社会心理学（共著）　有斐閣　2012年
社会的プライミング研究の歴史と現況　認知科学，20巻，3号，1-13．2013年
新社会心理学：心と社会をつなぐ知の統合（共著）「潜在態度」　北大路書房　2014年
日本語版IPANAT作成の試み（共著）　心理学研究，85巻，3号，294-303．2014年

小林知博（こばやし・ちひろ）

2003年　大阪大学大学院人間科学研究科博士後期課程修了
現　在　神戸女学院大学人間科学部教授（人間科学博士）
【主著・論文】
Implicit-explicit differences in self-enhancement for Americans and Japanese.（共著）　*Journal of Cross-Cultural Psychology*, **34**, 522-541.　2003年
よくわかる社会心理学（共著）　ミネルヴァ書房　2008年
新編　社会心理学［改訂版］（共著）　福村出版　2009年
現代のエスプリ（共著）「ポジティブ心理学の展開」　至文堂　2010年
幸福を目指す対人社会心理学（共著）　ナカニシヤ出版　2012年
社会的認知研究――脳から文化まで（編訳）　北大路書房　2013年
パーソナリティ心理学ハンドブック（共著）　福村出版　2013年
潜在的態度測定法　ナカニシヤ出版　2015年

◆ 著者について ◆

マーザリン・R・バナージ（Mahzarin R. Banaji）はオハイオ州立大学で博士号を取得した後，ワシントン大学で博士研究員をした。その後，彼女はイェール大学で14年間教鞭をとったが，その間にレックス・ヒクソン優秀教師賞を受賞している。彼女は現在，ハーバード大学心理学部においてリチャード・クラーク・カボット社会的倫理学教授をし，ラドクリフ高等研究所のキャロル・K・フォーツハイマー初代教授としても活躍している。また彼女は現在サンタフェ研究所において人間社会力学領域のコーワン教授の職にもある。彼女はグッゲンハイム奨励金と社会心理学での顕著な貢献者に贈られるディーナー賞の受賞者であり，さらに現在は社会政治心理学会のハーバート・サイモン特別研究員でもある。

アンソニー・G・グリーンワルド（Anthony G. Greenwald）はイェール大学で学士の学位を取り，ハーバード大学で博士号を取得した。そして，教育テストサービス（ETS：TOEIC, TOEFL をはじめ，全米の大学や大学院入学共通試験など標準化された数百の試験を作成している世界最大のテスト開発機関）にて博士研究員をした後，オハイオ州立大学で20年教鞭をとった（その当時，マーザリンが彼の大学院生であった）。現在はワシントン大学心理学部の教授であり，またマーケティング・国際ビジネス学部の非常勤教授でもある。彼は対人記憶研究グループからトーマス・M・オストローム賞を，パーソナリティ社会心理学会（SPSP）からドナルド・T・キャンベル賞を，そして実験社会心理学会より顕著な科学貢献賞を受賞した。

両者ともにアメリカ科学振興協会，実験心理学会，アメリカ芸術科学アカデミーの会員である。また両者ともにアメリカ心理学会（APA）から会長賞を授与されている。

www.people.fas.harvard.edu/~banaji
www.faculty.washington.edu/agg
www.blindspotthebook.com

人名索引

●ア行
アデルソン（Adelson, T.）　30
アリエリー（Ariely, D.）　36
エアーズ（Ayres, I.）　298
エルスワース（Ellsworth, P.）　99
オルポート（Allport, G.）　20, 133

●カ行
ガートナー（Gaertner, S.）　241, 272
カーネマン（Kahneman, D.）　35
カッツ（Katz, D.）　128
カンデル（Kandel, E.）　107
キンズラー（Kinzler, K.）　203
クラーク（Clark, K.）　270
クラーク（Clark, M.）　270
グリーンワルド（Greenwald, T.）　18
クロスビー（Crosby, F.）　274

●サ行
サーストン（Thurstone, L. L.）　257
サイモン（Simon, H.）　46
サックス（Saxe, L.）　274
ジェームズ（William, J.）　97
シェパード（Shepard, R.）　25
ジャコビー（Jacoby, L.）　162
シュワルツ（Schwartz, N.）　40
ジョスト（Jost, J.）　187
ジョンソン（Johnson, M.）　109

●タ行
タジフェル（Tajfel, H.）　210, 216
ダスグプタ（Dasgupta, N.）　229
トヴァースキー（Tversky, A.）　35
トドロフ（Todorov, A.）　41
ドビディオ（Dovidio, J.）　241

●ハ行
バージ（Bargh, J.）　107
バウワー（Bower, G.）　38
バナージ（Banaji, M.）　18
ハマート（Hummert, M. L.）　116
ビックマン（Bickman, L.）　272
ヒンクリー（Hinckley, E. D.）　260
フェスティンガー（Festinger, L.）　103
ブレア（Blair, I.）　230
ブレイリイ（Braley, K.）　128
フロイト（Freud, S.）　26
ブロムリー（Bromley, S.）　274
ヘルムホルツ（Helmholtz, H. von）　27
ボガーダス（Bogardus, E.）　255

●マ行
マートン（Merton, R. K.）　246
ミュルダール（Myrdal, G.）　20

●ラ行
ラピエール（LaPiere, R.）　269
ランバース（Lamberth, J.）　297
リップマン（Lippmann, W.）　125
リン（Lynn, M.）　298
リンチ（Lynch, R.）　112
レヴィー（Levy, B.）　45
ローレンツ（Lorenz, K.）　196
ロウ（Rowe, M.）　原著注 16
ロフタス（Loftus, E.）　33

事項索引

文献

第 1 章

Adelson, E. (n.d.). *Checkershadow illusion*. Retrieved July 10, 2010, from web.mit.edu/persci/people/adelson.

Ariely, D. (2009) *Predictably irrational: The hidden forces that shape our decisions*. New York: HarperCollins.

Correll, J., Park, B., Judd, C. M., & Wittenbrink, B. (2002). The police officer's dilemma: Using ethnicity to disambiguate potentially threatening individuals. *Journal of Personality and Social Psychology*, **83**, 1314-1329.

Creswell. J., & Thomas, L., Jr. (2009, January 24) The talented Mr. Madoff. *New York Times*.

Fiske, S. T., Cuddy, A. J., & Glick, P. (2007). Universal dimensions of social perception: Warmth and competence. *Trends in Cognitive Science*, **11**, 77-83.

Frith, C. D. (2007). The social brain? *Philosophical Transactions of the Royal Society B*, **362**, 671-678.

Gallo, D. A., Roediger, H. L., III, & McDermott, K. B. (2001). Associative false recognition occurs without liberal criterion shifts. *Psychonomic Bulletin & Review*, **8**, 579-586.

Garrett, B. L. (2011). *Convicting the innocent: Where criminal prosecutions go wrong*. Cambridge, MA: Harvard University Press.

Gilovich, T., Griffin, D., & Kahneman, D. (2002). *Heuristics and biases: The psychology of intuitive judgment*. New York: Cambridge University Press.

Helmholtz, H. V. (1924). *Helmholtz's treatise on physiological optics*, vol. 1. New York: Optical Society of America.

Janis, I. L. (1972). *Victims of groupthink*. New York: Houghton Mifflin.

Kahneman, D. (2011). *Thinking fast and slow*. New York: Farrar, Straus & Giroux.

Lamb, T. D. (2007). Evolution of the vertebrate eye: Opsins, photoreceptors, retina and eye cup. *Nature Reviews Neuroscience*, **8**, 960-975.

Levy, B. R., Zonderman, A. B., Slade, M. D., & Ferrucci, L. (2009). Age stereotypes held earlier in life predict cardiovascular events in later life. *Psychological Science*, **20**, 296-298.

Loftus, E. F., & Palmer, J. C. (1974). Reconstruction of automobile destruction: An example of the interaction between language and memory. *Journal of Verbal Learning and Verbal Behavior*, **13**, 585-589.

Malpass, R. S., & Devine. P. G. (1980). Realism and eyewitness identification research. *Law and Human Behavior*, **4**, 347-358.

Malpass, R. S., & Devine, P. G. (1981). Guided memory in eyewitness identification. *Journal of Applied Psychology*, **66**, 343-350.

Marsat, S., & Williams, B. (2009). *Does the price influence the assessment of fundamental value? Experimental evidence*. Paper presented at the European Financial Management Association annual meeting. Milan, Italy.

Mitchell, J. P., Banaji, M. R., & Macrae, C. N. (2005). The link between social cognition and self-referential thought in the medical prefrontal cortex. *Journal of Cognitive Neuroscience*,

17, 1306-1315.

Mitchell, J. P., Macrae, C. N., & Banaji, M. R. (2004) Encoding-specific effects of social cognition on the neural correlates of subsequent memory. *Journal of Neuroscience*, **24**, 4912-4917.

Mitchell, J. P., Macrae, C. N., & Banaji, M. R. (2005). Forming impressions of people versus inanimate objects: Social-cognitive processing in the medial prefrontal cortex. *NeuroImage*, **26**, 251-257.

Mussweiler, T., & Englich, B. (2003). Adapting to the euro: Evidence from bias reduction. *Journal of Economic Psychology*, **24**, 285-292.

Northcraft, G., & Neale, M. (1987). Experts, amateurs, and real estate: An anchoring and adjustment perspective on property pricing decisions. *Organizational Behavior and Human Decision Processes*, **39**, 84-97.

Powell, M. (2009, May 31). On diverse force, blacks still face special peril. *New York Times*.

Reyes, R. M., Thompson, W. C., & Bower, G. H. (1980). Judgmental biases resulting from differing availabilities of arguments. *Journal of Personality and Social Psychology*, **39**, 2-12.

Roediger, H. L., III, & Gallo, D. A. (2002). Processes affecting accuracy and distortion in memory: An overview. In M. L. Eisen, J. A. Quas, & G. S. Goodman (eds.), *Memory and suggestibility in the forensic interview* (pp. 3-28). London: Lawrence Erlbaum.

Schwartz, N. (2009, January 3). Personal communication.

Schwartz, N., Bless, H., Strack, F., Klumpp, G., Rittenauer-Schatka, H., & Simons, A. (1991). Ease of retrieval as information: Another look at the availability heuristic. *Journal of Personality and Social Psychology*, **61**, 195-202.

Shores, M. (2010). *Informal networks and white cellar crime: An extended analysis of the Madoff scandal*. Unpublished manuscript, Cornell University.

Simon, H. A. (1983). *Reason in human affairs*. Stanford, CA: Stanford University Press.

Sporer, S. L., Penrod, S., Read, D., & Cutler, B. (1995). Choosing, confidence, an accuracy: A meta-analysis of the confidence-accuracy relation in eyewitness identification studies. *Psychological Bulletin*, **118**, 315-327.

Todorov, A., Mandisodza, A. N., Goren, A., & Hall, C. C. (2005). Inferences of competence from faces predict election outcomes. *Science*, **308**, 1623-1626.

Tversky, A., & Kahneman, D. (1973). Availability: A heuristic for judging frequency and probability. *Cognitive Psychology*, **5**, 207-232.

Tversky, A., & Kahneman, D. (1974). Judgment under uncertainty: Heuristics and biases. *Science*, **185**, 1124-1130.

VanLehn, K. (1990). *Mindbugs: The origins of procedural misconceptions*. Cambridge, MA: MIT Press.

Wells, G. L., Olson, E. A., & Charman, S. D. (2002). The confidence of eyewitnesses in their Identifications from lineups. *Current Directions in Psychological Science*, **11**, 151-154.

第 2 章

Abelson, R. P., Loftus, E. F., & Greenwald, A. G. (1992). Attempts to improve the accuracy of self-reports of voting. In J. M. Tanur (ed.), *Questions about survey questions: Meaning,*

memory, expression, and social interactions in surveys (pp. 138-153). New York: Russell Sage Foundation.

Allison, A. C. (1964). Polymorphism and natural selection in human populations. *Cold Spring Harbor Symposium in Quantitative Biology*, **29**, 137-149.

Enattah, N. S., et al. (2008). Independent introduction of two lactase-persistence alleles into human populations reflects different history of adaptation to milk culture. *American Journal of Human Genetics*, **82**, 57-72.

Jones, E. E., & Sigall, H. (1971). The bogus pipeline: A new paradigm for measuring affect and attitude. *Psychological Bulletin*, **75**, 349-364.

McConahay, J. B., Hardee, B. B., & Batts, V. (1981). Has racism declined in America? It depends on who is asking and what is asked. *Journal of Conflict Resolution*, **25**, 563-579.

Perry, G. H., et al. (2007). Diet and the evolution of human amylase gene copy number variation. *Nature Genetics*, **39**, 1256-1260.

Rowland, M. L. (1990). Self-reported weight and height. *American Journal of Clinical Nutrition*, **52**, 1125-1133.

Saxe, L., & Ben-Shakhar, G. (1999). Admissibility of polygraph tests: The application of scientific standards post-Daubert. *Psychology, Public Policy, and Law*, **5**, 203-223.

Smith, D. L. (2004). *Why we lie*. New York: St. Martin's Press.

Spencer, E. A., Appleby, P. N., Davey, G. K., & Key, T. J. (2002). Validity of self-reported height and weight in 4808 EPIC-Oxford participants. *Public Health Nutrition*, **5**, 561-565.

Tedeschi, J. T., Schlenker, B. R., & Bonoma, T. V. (1971). Cognitive dissonance: Private ratiocination or public spectacle? *American Psychologist*, **26**, 685-695.

Trivers, R. (1985). *Social evolution*. Menlo Park, CA: Benjamin/Cummings.

Trivers, R. (2000). The elements of a scientific theory of self-deception. *Annals of the New York Academy of Sciences*, **907**, 114-131.

第3章

Green, A. R., Carney, D. R., Pallin, D. J., Ngo, L. H., Raymond, K. L., Iezzoni, L. I., & Banaji, M. R. (2007). The presence of implicit bias in physicians and its prediction of thrombolysis decisions for black and white patients. *Journal of General Internal Medicine*, **22**, 1231-1238.

Greenwald, A. G., McGhee, D. E., & Schwartz, J. L. K. (1998). Measuring individual differences in implicit cognition: The Implicit Association Test. *Journal of Personality and Social Psychology*, **74**, 1464-1480.

Greenwald, A. G., Poehlman, T. A., Uhlmann, E., & Banaji, M. R. (2009). Understanding and using the Implicit Association Test: III. Meta-analysis of predictive validity. *Journal of Personality and Social Psychology*, **97**, 17-41.

Greenwald, A. G., Smith, C. T., Sriram, N., Bar-Anan, Y., & Nosek, B. A. (2009). Race attitude measures predicted vote in the 2008 U.S presidential election. *Analyses of Social Issues and Public Policy*, **9**, 241-253.

Hugenberg, K., & Bodenhausen, G. V. (2003). Facing prejudice: Implicit prejudice and the perception of facial threat. *Psychological Science*, **14**, 640-643.

Lynch, R. (2010). It's funny becsuse we think it's true: Laughter is augmented by implicit

preferences. *Evolution and Human Behavior*, **31**, 141-148.
McConnell, A. R., & Leibold, J. M. (2001). Relations among the Implicit Association Test, discriminatory behavior, and explicit measures of racial attitudes. *Journal of Experimental Social Psychology*, **37**, 435-442.
Penner, L. A., Dovidio, J. F., West, T. V., Gaertner, S. L., Albrecht, T. L., Dailey, R. K., & Markova, T. (2010). Aversive racism and medical interactions with black patients: A field study. *Journal of Experimental Social Psychology*, **46**, 436-440.
Rosenthal, R., & Rubin, D. B. (1982). A simple general purpose display of magnitude of experimental effect. *Journal of Educational Psychology*, **74**, 166-169.
Ziegert, J. C., & Hanges, P. J. (2005). Employment discrimination: The role of implicit attitudes, motivation, and a climate for racial bias. *Journal of Applied Psychology*, **90**, 554-562.

第 4 章

Ayan, S. (2008, October). Speaking of memory: Q & A with neuroscientist Eric Kandel. *Scientific American Mind*.
Bargh, J. (1997). Reply to the commentaries. In R. J. Wyer (ed.), *The automaticity of everyday life: Advances in social cognition*, vol. 10 (pp. 231-246). Mahwah, NJ: Erlbaum.
Begnaud, D. (2010, March 8). Senator Roy Ashburn says "I am gay." Retrieved September 5, 2010, from bs13.com/local/ashburn.admits.gay.2.1545432.html.
Chesterton, G. K. (1908). *Orthodoxy*. archive.org/stream/orthodoxy16769gut/16769.txt.
DiMartino, M. D. (director). (2003). *King of the Hill, 7, 20:* "Racist Dawg" [motion picture].
Festinger, L. (1957). *A theory of cognitive dissonance*. Evanston, IL: Row, Peterson.
Gladwell, M. (2007, June 6). [Interview, O. Winfrey, interviewer].
Harvey, E. (2010, May 20). Labor MP David Campbell resigns for "personal reasons." Retrieved September 5, 2010, from www.smh.com.au/nsw/labor-mp-david-campbell-resigns-for-personal-reasons-20100520-vm58.html .
Hummert, M, L., Garstka, T. A., O'Brien, L. T., Greenwald, A. G., & Mellott, D. S. (2002). Using the implicit association test to measure age differences in implicit social cognitions. *Psychology and Aging*, **17**, 482-495.
Hungary's far right makes strong gains in parliamentary elections. (2010. April 12). Retrieved September 5, 2010, from www.inthenews.co.uk/news/world/europe/hungary-s-far-right-makes-strong-gains-in-parliamentary-elections-$1370724.htm.
Johnson, M., Kim, J., & Risse, G. (1985). Do alcoholic Korsakoff's syndrome patients acquire affective reactions? *Journal of Experimental Psychology: Learning, Memory, and Cognition*, **11**, 22-36.
Lynch, R. (2010). It's funny because we think it's true: Laughter is augmented by implicit preferences. *Evolution and Human Behavior*, **31**, 141-148.
Lynch, R. (2010). Videos for "It's funny because we think it's true: Laughter is augmented by implicit preferences." Retrieved September 5, 2010, from www.ehbonline.org/article/PIIS1090513809000683/addOns.
Nelson, T. D. (2002). *Ageism: Stereotypes and prejudice against older persons*. Cambridge, MA: MIT Press.
Nisbett, R., & Wilson, T. (1977). Telling more than we can know: Verbal reports on mental

processes. *Psychological Review*, **84**, 231-259.

Nosek, B. A., Smyth, F. L., Hansen, J. J., Devos, T., Lindner, N. M., Ranganath, K. A., et al. (2007). Pervasiveness and correlates of implicit attitudes and stereotypes. *European Review of Social Psychology*, **18**, 36-88.

Trivers, R. (2000). The elements of a scientific theory of self-deception. *Annals of the New York Academy of Sciences*, **907**, 114-131.

van Veen, V., Krug, M. K., Schooler, J. W., & Carter, C. S. (2009). Neural activity predicts attitude change in cognitive dissonance. *Nature Neuroscience*, **12**, **11**, 1469-1475.

Vargas, J. A. (2007, September 4). The most feared man on the hill? *Washington Post*. Retrieved September 5, 2010, from www.washingtonpost.com/wp-dyn/content/article/2007/09/03/AR2007090301396.html.

Vedantam, S. (2005, January 23). See no bias. *Washington Post*.

Zajonc, R. (1980). Feeling and thinking: Preferences need no inferences. *American Psychologist*, **35**, 151-175.

第 5 章

Allport, G. W. (1954). *The nature of prejudice*. Cambridge, MA: Perseus.

Brown, D. E. (1982). Sex ratios, sexual selection and sexual dimorphism in waterfowl. *American Birds*, **36**, 259-260.

Bruner, J. S. (1957). Going beyond the information given. In H. Gruber et al. (eds.), *Contemporary approaches to cognition* (pp. 41-69). Cambridge, MA: Harvard University Press.

Dovidio, J. F., Glick, P., & Rudman, L. A. (eds.) (2005). *On the nature of prejudice: Fifty years after Allport*. Malden, MA: Blackwell.

Eagly, A. H., & Kite, M. E. (1987). Are stereo types of nationalities applied to both women and men? *Journal of Personality and Social Psychology*, **53**, 451-462.

Katz, D., & Braly, K. (1933). Racial stereotypes of one hundred college students. *Journal of Abnormal and Social Psychology*, **28**, 280-290.

Khemlani, S., Glucksberg, S., & Rubio Fernandez, P. (2007). Do ducks lay eggs? How people interpret generic assertions. In D. S. McNamara & J. G. Trafton (eds.), *Proceedings of the 29th Annual Cognitive Science Society*, 64-70. Austin, TX: Cognitive Science Society.

Levy, B. (2009). Stereotype embodiment: A psycho-social approach to aging. *Current Directions in Psychological Science*, **18**, 332-336.

Lippmann, W. (1922). *Public opinion*. New York: Harcourt, Brace.

Madon, S., et al. (2001). Ethnic and national stereotypes: The Princeton trilogy revisited and revised. *Personality and Social Psychology Bulletin*, **27**, 996-1010.

Rice, S. A. (1926). "Stereotypes": A source of error in judging human character. *Journal of Personnel Research*, **5**, 267-276.

Schneider, D. J. (2004). *The psychologist of stereotypes*. New York: Guilford.

Steele, C. M., Spencer, S. J., & Aronson, J. (2002). Contending with group image: The psychology of stereotype and social identity threat. In M. P. Zanna (ed.), *Advances in experimental social psychology*, vol. 34 (pp. 379-440). San Diego, CA: Academic Press.

第6章

Allport, G., & Postman, J. (1947). *The psychology of rumor*. New York: Rinehart & Wilson.

Aronson, E. (1968). Dissonance theory: Progress and problems. In R. Abelson, E. Aronson, W. McGuire, & T. Newcomb, *Theories of cognitive consistency: A sourcebook*. Chicago: Rand McNally.

Barry, D., Kovaleski, S. F., Robertson, C., & Alvarez, L. (2012, April 2). Race, tragedy and outrage collide after a shot in Florida. *New York Times*.

Caruso, E., Rahnev, D., & Banaji, M. (2009). Using conjoint analysis to detect discrimination: Revealing covert preferences from overt choices. *Social Cognition*, **27**, 128-137.

Ceci, S., & Williams, W. (2007). *Why aren't more women in science: Top researchers debate the evidence*. Washington, DC: American Psychological Association.

Chugh, D. (2004). Societal and managerial implications of implicit social cognition: Why milliseconds matter. *Social Justice Research*, **17**, **2**, 203-222.

Correll, J., Park, B., Judd, C., & Wittenbrink, B. (2002). The police officer's dilemma: Using ethnicity to disambiguate potentially threatening individuals. *Journal of Personality and Social Psychology*, **83**, **6**, 1314-1329.

Ehlers, S., & Gillberg, C. (1993). The epidemiology of Asperger syndrome. *Journal of Child Psychology and Psychiatry*, **34**, **8**, 1327-1350.

Gilbert, D. (1991). How mental systems believe. *American Psychologist*, **46**, **2**, 107-119.

Goldstein, D., & Stocking, V. (1994). TIP studies of gender differences in talented adolescents. In K. Heller & E. Hany (eds.), *Competence and responsibility*, vol. 2 (pp. 190-203). Ashland, OH: Hofgreve.

Greenwald, A., Oakes, M., & Hoffman, H. (2003). Targets of discrimination: Effects of race on responses to weapons holders. *Journal of Experimental Social Psychology*, **39**, **4**, 399-405.

Hartmann, H., Hegewisch, A., Liepmann, H., & Williams, C. (2010, March). *The gender wage gap: 2009*. Retrieved September 7, 2010, from www.iwpr.org/pdf/C350.pdf.

Hugenberg, K., & Bodenhausen, G. (2003). Facing prejudice: Implicit prejudice and the perception of facial threat. *Psychological Science*, **14**, **6**, 640-643.

Hugenberg, K., & Bodenhausen, G. (2004). Ambiguity in social categorization: The role of prejudice and facial affect in race categorization. *Psychological Science*, **15**, **5**, 342-345.

Jacoby, L., Kelley, C., Brown, J., & Jasechko, J. (1989). Becoming famous overnight: Limits on the ability to avoid unconscious influences of the past. *Journal of Personality and Social Psychology*, **56**, 326-338.

Jost, J., & Banaji, M. (1994). The role of stereotyping in system-justification and the production of false consciousness. *British Journal of Social Psychology*, **33**, 1-27.

Jost, J., Banaji, M., & Nosek, B. (2004). A decade of system justification theory: Accumulated evidence of conscious and unconscious bolstering of the status quo. *Political Psychology*, **25**, 881-919.

Kanner, L. (1943). Autistic disturbances of affective contact. *Nervous Child*, **2**, 217-250.

Katz, D., & Braly, K. (1933). Racial stereotypes of one hundred college students. *The Journal of Abnormal and Social Psychology*, **28**, 280-290.

Kay, A., Gaucher, D., Peach, J., Zanna, M., & Spencer, S. (2008). Towards an understanding of the naturalistic fallacy: system justification and the shift from is to ought. *Under review*.

Madon, S., Guyll, M., Aboufadel, K., Montiel, E., Smith, A., Palumbo, P., et al. (2001). Ethnic and national stereotypes: The Princeton trilogy revisited and revised. *Personality and Social Psychology Bulletin*, **27**, 996-1010.

Meissner, C., & Brigham, J. (2001). Thirty years of investigating the own-race bias in memory for faces: A meta-analytic review. *Psychology, Public Policy, and Law*, **7**, 3-35.

Nosek, B., Banaji, M., & Greenwald, A. (2002a). Harvesting intergroup attitudes and stereotypes from a demonstration website. *Group Dynamics*, **6**, 101-115.

Nosek, B., Banaji, M., & Greenwald, A. (2002b). Math = male, me = female, therefore math ≠ me. *Journal of Personality and Social Psychology*, **83**, 44-59.

Nosek, B., Smyth, F., Sriram, N., Linder, N., Devos, T., Ayala, A., et al. (2009). National differences in gender-science stereotypes predict national sex differences in science and math achievement. *Proceedings of the National Academy of Sciences of the United States of America*, **106**, **26**, 10593-10597.

Payne, B. (2006). Weapon bias: Split-second decisions and unintended stereotyping. *Current Directions in Psychological Science*, **15**, **6**, 287-291.

Rahnev, D. (2007). *Conjoint analysis: A new method of investigating stereotypes*. Unpublished undergraduate thesis. Cambridge, MA: Harvard University.

Rich, A. (1999). *Midnight salvage, poems 1995-1998*. New York: W. W. Norton.

Rudman, L., & Heppen, J. (2003). Implicit romantic fantasies and women's interest in personal power: A glass slipper effect? *Personality and Social Psychology Bulletin*, **29**, **11**, 1357-1370.

Smyth, F., Greenwald, A. G., & Nosek, B. (2009). *Implicit gender-science stereotype outperforms math scholastic aptitude in identifying science majors*. Unpublished manuscript, University of Virginia.

Spelke, E. (2005). Sex differences in intrinsic aptitude for mathematics and science?: A critical review. *American Psychologist*, **60**, **9**, 950-958.

Staples, B. (1986, December). Black men and public space. *Harper's*.

Steele, C. M. (1997). A threat in the air: How stereotypes shape intellectual identity and performance. *American Psychologist*, **52**, 613-629.

Steele, C. (2010). *Whistling Vivaldi: And other clues to how stereotypes affect us*. New York: W. W. Norton.

Stober, D., & Hoffman, I. (2001). *A convenient spy: Wen Ho Lee and the politics of nuclear espionage*. New York: Simon & Schuster.

Women in the labor force: A databook. (2006). Retrieved September 7, 2010, from www.bls.gov/cps/wlf-databook-2006.pdf.

Women in the laber force: A databook (2009 edition). (2009). Retrieved September 7, 2010, from www.bls.gov/cps/wlf-intro-2009.htm.

Zawitz, M., & Strom, K. (2000, October). *Firearm injury and death from crime (1993-1997)*. Retrieved September 7, 2010, from U.S. Department of Justice: bjs.ojp.usdoj.gov/content/pub/pdf/fidc9397.pdf.

第7章

Abrams, D., Frings, D., & Moura, G. R. (2005). Group identity and self definition. In S. Wheelen,

Handbook of Group Research and Practice. Thousand Oaks, CA: Sage.

Banaji, M. R., & Heiphetz, L. (2010). Attitudes. In S. T. Fiske, D. T. Gilbert, & G. Lindzey G. (eds.) *Handbook of Social Psychology*, (pp. 348-388). New York: John Wiley & Sons.

Baron, A., Dunham, Y., Banaji, M. R., & Carey, S. (2009). *Examining the effect of labels and visual cues on social categorization*. Unpublished manuscript, Harvard University.

Bowles, S., & Gintus, H. (2011). *A cooperative species: human reciprocity and its evolution*. Princeton, NJ: Princeton University Press.

Breger, L. (1974). *From instinct to identity: The development of personality*. Prentice Hall.

Devine, P. G. (1995). Distinguished scientific award for an early career contribution to psychology. *American Psychologist*, **50**, **4**, 227-229.

Fantz, R. L. (1964). Visual experience in infants: Decreased attention to familiar patterns relative to novel ones. *Science*, **146**, 668-670.

Gaertner, L., & Insko, C. A. (2001). On the measurement of social orientations in the minimal group paradigm: norms as moderators of the expression of intergroup bias. *European Journal of Social Psychology*, **31**, 143-154.

Grier, J. B., Counter, S. A., & Shearer, W. M. (1967). Prenatal auditory imprinting in chickens. *Science*, **155**, 1692-1693.

Hoffman, H. (1996). *Amorous turkey and addicted duckling: A search for the causes of social attachment*. Authors Cooperatiye.

Kelley, W. M., Macrae, C. N., Wyland, C. L., Caglar, S., Inati, S., & Heatherton, T. F. (2002). Finding the self? An event related fMRI study. *Journal of Cognitive Neuroscience*, **14**, 785-794.

Kinzler, K. D., Dupoux, E., & Spelke, E. S. (2007). The native language of social cognition. *Proceedings of the National Academy of Sciences of the United States of America*, **104**, 12577-12580.

Mitchell, J. P., Macrae, C. N., & Banaji, M. R. (2006). Dissociable medial prefrontal contributions to judgments of similar and dissimilar others. *Neuron*, **50**, 655-663.

Öhman, A. (2005). Conditioned fear of a face: A prelude to ethnic enmity? *Science*, **309**, 711-713.

Olsson, A., Ebert, J. P., Banaji, M. R., & Phelps, E. A. (2005). The role of social groups in the persistence of learned fear. *Science*, **309**, 785-787.

Park, B., & Rothbart, M. (1982). Perception of out-group homogeneity and levels of social categorization: Memory for the subordinate attributes of in-group and out-group members. *Journal of Personality and Social Psychology*, **42**, 1051-l068.

Pascalis, O., & Kelly, D. (2009). Origins of face processing in humans: Phylogeny and ontogeny. *Perspectives on Psychological Science*, **4**, 200-209.

Pinker, S. (2011). *The better angels of our nature: Why violence has declined*. New York: Viking.

Quinn, P. C., Yahr, J., Kuhn, A., Slater. A. M., & Pascalis, O. (2002). Representations of the gender of human faces by infants: A preference for female. *Perception*, **31**, 1109-1121.

Sangrigoli, S., & de Schonen, S. (2004). Recognition of own-race and other-race faces by three-month-old infants. *Journal of Child Psychology and Psychiatry*, **45**, **7**, 1219-1227.

Smyth, F. L., Greenwald, A. G., & Nosek, B. A. (2009). *Implicit gender-science stereotype outperforms math scholastic aptitude in identifying science majors*. Unpublished

manuscript, University of Virginia.

Spelke, E. S. (1985). Preferential-looking methods as tools for the study of cognition in infancy. In G. Gottlieb & N. Krasnegor (eds.), *Measurement of audition and vision in the first year of postnatal life* (pp. 323-363). Norwood, NJ: Ablex.

Tajfel, H. (1970). Experiments in intergroup discrimination. *Scientific American*, **223**, 96-102.

Tajfel, H., Billig, M. G., Bundy, R. P., & Flament, C. (1971). Social categorization and intergroup behaviour. *European Journal of Social Psychology*, **1**(2), 149-178.

Thomson, S. K. (1975). Gender labels and early sex role development. *Child Development*, **46**, 339-347.

第8章

Asgari, S., Dasgupta, N., & Cote, N. G. (2010). When does contact with successful in-group members change self-stereotypes? A longitudinal study comparing the effect of quantity vs. quality of contact with successful individuals. *Social Psychology*, **41**, 203-211.

Banaji, M. R., Bazerman, M., & Chugh, D. (2003). How (un)ethical are you? *Harvard Business Review*, **81**, 56-64.

Blair, I. V. (2002). The malleability of automatic stereotypes and prejudice. *Personality and Social Psychology Review*, **6**, 242-261.

Blair, I. V., Ma, J. E., & Lenton, A. P. (2001). Imagining stereotypes away: The moderation of implicit stereotypes through mental imagery. *Journal of Personality and Social Psychology*, **81**, 828-841.

Brewer, M. B. (1999). The psychology of prejudice: Ingroup love or outgroup hate? *Journal of Social Issues*, **55**, 429-444.

Cheryan, S., Plaut, V. C., Davies, P. G., & Steele, C. M. (2009). Ambient belonging: How stereotypical cues impact gender participation in computer science. *Journal of Personality and Social Psychology*, **97**(6), 1045-1060.

Dasgupta, N., & Asgari, S. (2004). Seeing is believing: Exposure to counterstereotypic women leaders and its effect on the malleability of automatic gender stereotyping. *Journal of Experimental Social Psychology*, **40**, 642-658.

Dasgupta, N., & Greenwald, A. G. (2001). Exposure to admired group members reduces automatic intergroup bias. *Journal of Personality and Social Psychology*, **81**, 800-814.

Devine, P. G., Forscher, P. S., Austin, A. J., & Cox, W. T. L. (2011). *Long-term reduction in implicit racial prejudice: A prejudice habit-breaking intervention*. Unpublished manuscript, University of Wisconsin, Madison.

Gaertner, S. L., Dovidio, J. F., Banker, B., Rust, M., Nier, J., Mottola, G., & Ward, C. M. (1997). Does racism necessarily mean anti-blackness? Aversive racism and pro-whiteness. In M. Fine, L. Powell, L. Weis, & M. Wong (eds.), *Off white* (pp. 167-178). London: Routledge.

Gladwell, M. (2005). *Blink: The power of thinking without thinking*. New York: Little Brown.

Goldin, C., & Rouse, C. (2000). Orchestrating impartiality: The impact of "blind" auditions on female musicians. *American Economic Review*, **90**, 715-741.

Levy, B. (2009). Stereotype embodiment: A psycho-social approach to aging. *Current Directions in Psychological Science*, **18**, 332-336.

Merton, R. K. (1968). The Matthew effect in science. *Science*, **159**, 56-63.

Phelan, J. E. (2010). The effect of role models on implicit cognitions. Doctoral dissertation, Rutgers University.

Steele, C. M., Spencer, S. J., & Aronson, J. (2002). Contending with group image: The psychology of stereotype and social identity threat. In M. P. Zanna (ed.), *Advances in experimental social psychology*, vol. **34** (pp. 379-440). San Diego, CA: Academic Press.

Stout, J. G., Dasgupta, N., Hunsinger, M., & McManus, M. (in press). STEMing the tide: Using ingroup experts to inoculate women's self-concept and professional goals in science, technology, engineering, and mathematics (STEM). *Journal of Personality and Social Psychology.*

Teachman, B., & Woody, S. (2003). Automatic processing in spider phobia: Implicit fear associations over the course of treatment. *Journal of Abnormal Psychology*, **112**, 100-109.

付録 1

Benson, P. L., Karabenick, S. A., & Lerner, R. M. (1976). Pretty pleases: The effects of physical attractiveness, race, and sex on receiving help. *Journal of Experimental Social Psychology*, **12**, 409-415.

Bogardus, E. S. (1925). Measuring social distance. *Journal of Applied Sociology,* **9**, 299-308.

Bogardus, E. S. (1928). *Immigration and race attitudes*. Boston: D. C. Heath.

Clark, K. B., & Clark, M. P. (1947). Racial identification and preference in Negro children. In T. N. Newcomb et al. (eds.), *Readings in Social Psychology* (pp. 169-178). New York: Henry Holt.

Crosby, F., Bromley, S., & Saxe, L. (1980). Recent unobtrusive studies of black and white discrimination and prejudice: A literature review. *Psychological Bulletin*, **87**, 546-563.

D'Souza, D. (2002). *What so great about America?* New York: Penguin Books.

Gaertner, S., & Bickman, L. (1971). Effects of race on the elicitation of helping behavior: The wrong number technique. *Journal of Personality and Social Psychology*, **20**, 218-222.

Gaertner, S. L., & Dovidio, J. F. (1977). The subtlety of white racism, arousal, and helping behavior. *Journal of Personality and Social Psychology*, **35** (10), 691-707.

GAO (1993). *Homosexuals in the military: Policies and practices of foreign countries*. Washington, DC: GAO, NSIAD-93-215.

Greenwald, A. G., Smith, C. T., Sriram, N., Bar-Anan, Y., & Nosek, B. A. (2009). Race attitude measures predicted vote in the 2008 U.S, presidential election. *Analyses of Social Issues and Public Policy*, **9**, 241-253.

Hinckley, E. D. (1932). The influence of individual opinion on construction of an attitude scale. *Journal of Social Psychology*, **3**, 283-296.

Kier, E. (1998). Homosexuals in the military: Open integration and combat. *International Security*, **23**, 5-39.

Kier, E. (2006). Declaration of Professor Elizabeth Kier in Case C06-cv-05195-RBL. United States District Court, Western District of Washington.

Kunstman, J. W., & Plant, E. A. (2008). Racing to help: Racial bias in high emergency helping situations. *Journal of Personality and Social Psychology*, **95**, 1499-1510.

LaPiere, R. T. (1934). Attitudes versus actions. *Social Forces,* **13**, 230-237.

McConahay, J. B., Hardee, B. B., & Batts, V. (1981). Has racism declined in America? It depends

upon who is asking and what is asked. *Journal of Conflict Revolution*, **25**, 563-579.
McMichael, W. R., & McGarry, B. (2010, February 15). "Exclusive military wide survey: How troops really feel about gays serving openly." *Military Times*.
Moradi, B., & Miller, L. (2010). Attitudes of Iraq and Afghanistan war veterans toward gay and lesbian service members. *Armed Forces & Society*, **36**, 397-419.
Pettigrew, T. F., & Meertens, R. W. (1995). Subtle and blatant prejudice in Western Europe. *European Journal of Social Psychology*, **25**, 57-75.
Reyna, C., Henry, P. J., Korfmacher, W., & Tucker, A. (2005). Examining the principles in principled conservatism: The role of responsibility stereotypes as cues for deservingness in racial policy decisions. *Journal of Personality and Social Psychology*, **90**, 109-128.
Rule, N. O., Macrae, C. N., & Ambady, N. (2009). Ambiguous group membership is extracted automatically from faces. *Psychological Science*, **20**, 441-443.
Schuman, H., Steeh, C., Bobo, L., & Krysan, M. (1997). *Racial attitudes in America*. Cambridge, MA: Harvard University.
Sears, D. O. (1988). Symbolic racism. In P. Katz & D. Taylor (eds.), *Eliminating racism: Profiles in controversy* (pp. 53-84). New York: Plenum Press.
Sidanius, J., & Pratto, F. (1999). *Social dominance.* Cambridge: Cambridge University Press.
Sniderman, P. M., & Tetlock. P. E. (1986). Symbolic racism: Problems of motive attribution in political analysis. *Journal of Social Issues*, **42**, 129-150.
Thurstone, L. L. (1928). An experimental study of nationality preferences. *Journal of General Psychology*, **1**, 405-425.

付録 2

Ayres, I., & Siegelman, P. (1995). Race and gender discrimination in bargaining for a new car. *American Economic Review*, **85**, 304-321.
Ayres, I., Vars, F. E., & Zakariya, N. (2005). To insure prejudice: Racial disparities in taxicab tipping. *Yale Law Journal,* **114**, 7.
Bendick, M. (2004, June). Using paired-comparison testing to develop a social psychology of civil rights. Paper presented at the biennial conference of the Society for the Psychological Study of Social Issues.
Bertrand, M., & Mullainathan, S. (2004). Are Emily and Greg more employable than Lakisha and Jamal? A field experiment on labor market discrimination. Chicago: University of Chicago Business School.
Cooper, L. A., Roter, D. L., Beach, M. C., Sabin, J. A., Carson, K. A., Greenwald, A. G., & Inui, T. S. (2012). Implicit racial bias among clinicians, communication behaviors, and clinician and patient ratings of interpersonal care. *American Journal of Public Health*, **102**, 979-987.
Green, A. R., Carney, D. R., Pallin, D. J., Ngo, L. H., Raymond, K. L., Iezzoni, L. I., & Banaji, M. R. (2007). The presence of implicit bias in physicians and its prediction of thrombolysis decisions for black and white patients. *Journal of General Internal Medicine*, **22**, 1231-1238.
Institute of Mediclne (2002). *Unequal treatment: Confronting racial and ethnic disparities in health care.* Washington, DC: National Academy of Sciences.
James, D. J. (2006). Profile of jail inmates, 2002. Washington, DC: U.S. Department of Justice,

Bureau of Justice Statistics.
Krysan, M. (2008). Racial attitudes in America: A brief summary of the updated data Institute of Government and Public Affairs, University of Illinois. Retrieved from www.igpa.uillinois.edu/programs/racial-attitudes/brief.
Lamberth, J. (1994). Revised statistical analysis of the incidence of police stops and arrests of black drivers/travelers on the New Jersey Turnpike between Exits or Interchanges 1 and 3 from the years 1988 through 1991. Unpublished report, Temple University.
Lynn, M., Sturman, M., Ganley, C., Adams, E., Douglas, M., & McNeal, J. (2006). *Consumer racial discrimination in tipping: A replication and extension*. Unpublished manuscript, Cornell University.
Merton, R. K. (1968). The Matthew effect in science. *Science*, **159**, 56-63.
Mishel, L., & Roy, J. (2006). *Rethinking high school graduation rates and trends*. Washington, DC: Economic Policy Institute.
Office of the Attorney General (1999). The New York City Police Department's "stop & frisk" practices: A report to the people of the State of New York Retrieved from www.oag.state.ny.us/bureaus/civil_rights/pdfs/stp_frsk.pdf.
Pager, D. (2003). The mark of a criminal record. *American Journal of Sociology*, **108**, 937-935.
Penner, L. A., Dovidio, J. F., West, T. V., Gaertner, S. L., Albrecht, T. L., Dailey, R. K., & Markova, T. (2010). Aversive racism and medical interactions with black patients: A field study. *Journal of Experimental Social Psychology*, **46**, 436-440.
Reskin, B. F. (2002). Rethinking employment discrimination and its remedies. In M. Guillen, R. Collins, P. England, & M. Meyer (eds.), *The new economic sociology: Developments in an emerging field* (pp. 218-244). New York: Russell Sage Foundation.
Schuman, H., Steeh, C., Bobo, L., & Krysan, M. (1997). *Racial attitudes in America*, rev. ed. Cambridge, MA: Harvard University.
Smith, E. L., & Durose, M. R. (2006). *Characteristics of drivers stopped by police, 2002*. Washington, DC: U.S. Department of Justice, Bureau of Justice Statistics.
Sue, D. W., Capodilupo, C. M., Torino, G. C., Bucceri, J. M., Holder, A. M. B., Nadal, K. L., & Esquilin, M. (2007). Racial microaggressions in everyday life: Implications for clinical practice. *American Psychologist*, **62**, 271-286.
Turner, M. A., Ross, S. L., Galster, G. C., & Yinger, J. (2002). *Discrimination in metropolitan housing markets: National results from Phase I HDS 2000*. Washington, DC: Urban Institute.
Valian, V. (1998). *Why so slow? The advancement of women*. Cambridge. MA: MIT Press.
Verniero, P., & Zoubek, P. H. (1999). Interim report of the state police review team regarding allegations of racial profiling. Paper presented at the Race, Police and the Community Conference sponsored by the Criminal Justice Institute of Harvard Law School, December 7-9, 2000, Cambridge, MA.
Weiss, A., & Rosenbaum, D. P. (2009). Illinois traffic stops statistics study: 2008 annual report. Center for Research in Law and Justice, University of Illinois at Chicago. Downloaded from www.dot.state.il.us/travelstats/ITSS 2008 Annual Report.pdf.
Yinger, J. (1998). Testing for discrimination in housing and related markets. In M. Fix & M. A. Turner (eds.), *A national report card on discrimination in America: The role of testing* (pp. 27-68). Washington, DC: Urban Institute.

原著注

第１章

［1］　アリゾナ州立大学のコンピュータサイエンス学者カート・ヴァンレーンは，小さい子どもたちが算数を習うときにきまって犯す誤りのことを説明するために，マインド・バグという言葉をつくった。たとえば，207から169を引き算するとき，初心者は頻繁にミスを犯し，正解の38ではなく48と答えてしまう。このような系統的な誤りは脳のしくみの単純な誤作動である（Vanlehn, 1990を参照）。算数のマインド・バグは，子どもたちが引き算を学ぶときのつまずきとなる。本書では，このマインド・バグという言葉を，子どもから大人までみられる認知的・社会的な幅広い誤り（エラー）について使うことにする。そしてこのマインド・バグは，人間の進化的な過去や，文化的，個人的な歴史のなかにその基盤があると考えている。本書ではマインド・バグという言葉を，一単語として，また１章全体の内容として，幅広い意味にとらえている。

［2］　私たちの祖先は，ずっと３次元の世界に住んでいたため，自分たち自身で描く，洞窟の壁やパピルスや，最近ではタブレット型コンピュータ上の２次元の世界を理解する視覚的メカニズムを発達させる必要がほとんどなかった。このような２次元世界との遭遇は，６～５億年前に生物が３次元世界での視覚システムを進化的に確立させてから，ずいぶんと長い年月が経った後のことである（Lamb, 2007）。テーブルの脚があることで，私たちはテーブルの天板が床と平行で水平に存在するものだと理解する。私たちの脳は，多くの経験や，もしくは先天的な視覚システムのおかげで，水平な面を構成する縦の線の網膜上の長さは，奥行きを過小評価していると思うため，私たちは無意識的また強制的に，その線の長さを大きく推論するのだろう。この縮小された知覚の修正により，私たちは左側のテーブル天板の長い方の線と，右側のテーブル天板の短い方の線をより長く知覚するのだ。

［3］　２つのテーブル天板の形が確実に同じだと保証されても，私たちにはそれらが同じであるようには見えないのは確かである。しかし，著者のうちの１人に，全く予期しない，奇妙なことが起こっている。マーザリンはこの画像を何百回も見ているうちに，最近ではほぼ同じ形に見えるようになったのだ。彼女は授業等でこの２つのテーブル画像を見せるとき，聴衆が２つのテーブル天板の形が違って見えることを，何人かに確認しなくてはいけないのだ！　この件をマインド・バグによせて楽観的に考えると，私たちの知覚に深く刻み込まれているマインド・バグも，正しい答えに繰り返しさらされることにより，修正され得るのかもしれない…？

［4］　Helmholtz, 1924.

［5］　エドワード・アデルソンのチェッカーシャドー錯視をはじめたくさんの錯視は，web.mit.edu/persci/people/adelsonのサイトで（訳注：Illusions and Demosをクリックすると）見ることができる。

［6］　Gallo, Roediger, & McDermott, 2001; Roediger & Gallo, 2002より。良い批判者がするように，読者も，この出来事が，自動車事故，強盗，殺人の目撃者報告の

ように明らかで重要な意味をもつ現実の事件であれば，この種の誤りは起こらないと主張するかもしれない。しかし，残念なことにそうはならない。研究者たちは，自然な日常的状況のなかで，事故や窃盗事件を役者の演技によりわざと発生させ，その直後にそれを見た人に記憶テストを行った。この記憶マインド・バグの最も大きな問題は，目撃者の記憶についての自信度と，その人の実際の記憶の正確さの一致度が驚くほど低いことである。つまり，自分の記憶について最も自信度の高い人たちは，正確度が必ずしも高いとは限らないのだ。本書で紹介した昆虫関連単語の実験では，後で想起テストを行うから記憶するようにという明示的な説明と，実際に記憶したほんの数分後に記憶テストが行われたにもかかわらず，多くの人の成績は芳しくなかった。現実世界での事件目撃では，後でテストをするという説明もなければ，その記憶テストが目撃直後に行われるということもない。さらに，現実世界では，記憶マインド・バグを引き起こしやすいさらに多くの情報が混入するのだ。

[7] Loftus & Palmer, 1974.

[8] 無罪プロジェクト（www.innocenceproject.org/understand/Eyewitness-Misidentification.php）; Garrett, 2011.

[9] Tversky & Kahneman, 1973. この種の研究に興味をもたれる方には，Gilovich, Griffin, & Kahneman（2002）を読まれることをお勧めする。ダニエル・カーネマンは，共同研究者のエイモス・トヴァースキーと行った思考についての研究をまとめた，より一般向けの著書も書いている。この本は心と判断の科学に多大な影響を与えた。Kahneman（2011）（邦訳は『ファスト＆スロー（上下巻）』 村井章子訳 早川書房）を参照。

[10] Ariely, 2009.

[11] Tversky & Kahneman, 1974.

[12] Marsat & Williams, 2009; Northcraft & Neale, 1987.

[13] 他者の心を知覚し理解することに関係している脳の領域は下記の通り。内側前頭前皮質（medial prefrontal cortex; mPFC），後部上側頭溝（posterior superior temporal sulcus; pSTS），そして隣接した側頭頭頂接合部（temporoparietal junction; TPJ）。Frith（2007）参照。

[14] Reyes, Thompson, & Bower, 1980.

[15] この結果は，ノーバート・シュワルツ（Norbert Schwarz）がイェール大学で行った講義で紹介されたものである（さらに個人的やりとりにて確認済み）。類似の研究としては，Schwarz, Bless, Strack, Klumpp, Rittenauer-Schatka, & Simons（1991）を参照。

[16] Todorov, Mandisodza, Goren, & Hall, 2005. この論文で著者は，2004 年の上院議員選挙の立候補者のそれぞれの顔を 1 秒だけでも見せると，偶然よりも高い確率で（68.8%）選挙の勝者を予測できたことを示している。

[17] スーザン・フィスクは，私たちが社会集団について考える際の 2 つの基本的次元を示した。それらは第一に，その人はどれほど温かいもしくは冷たい人か（たとえば，私はその人が好きだろうか？），第二に，その人がどの程度有能もしくは無能な人か（たとえば，その人はどの程度自分の意志に従って効率的に行動できるか），である。Fiske, Cuddy, & Glick, 2007.

[18] これらの実験の多くでは，実験参加者たちが会ったこともなく情報を何も知らな

い他者について単純な予測をしている間の脳画像イメージを検討したものであった。Mitchell et al., 2004; Mitchell et al., 2005a, 2005b.

[19] バーナード・マドフは2009年6月に，大規模なネズミ講詐欺を組織し投資家から約650億ドルをだまし取った罪で有罪判決を受けた（Creswwell & Thomas, 2009）。マイケル・ショアーズは，被害者のなかでユダヤ人が多かったことについて，同じ集団に所属することから親近感が働いたのではないかと分析している（Shores, 2010）。

[20] Powell, 2009.

[21] オーマー・エドワーズの誤発砲事件は珍しい事件ではない。何の罪もないアフリカ系の市民や警察官が，他の人種の率以上に警官に誤って発砲されている。実験室で行われた実験でも，画面上に黒人か白人が銃か無害な物を持って現れた際，銃を持っている場合には即座に判断しこちらも発砲することが求められるゲーム的な状況をつくると，実験参加者は画面上の人物が黒人であった場合に誤って発砲する率が高いことが示されている（Correll, Park, Judd, & Wittenbrink, 2002）。

[22] Levy, Zonderman, Slade, & Ferrucci, 2009.

[23] Simon, 1983.

第2章

[1] これはドストエフスキー著『地下室の手記（英題：*Notes from Underground*)』から引用したものである。多くの出版社から翻訳版が出ている。

[2] Q7（あなたは1日にどのくらいアルコールを飲みますか？）に対するあなたの答えを，医学研究での飲酒基準に従って再計算してみるとよいだろう。標準的な1杯（1ドリンク）は，ハードリカー（アルコール度数40%）なら1.25 fl. oz.（37.5 ml），ワイン（アルコール度数12%）なら5 fl. oz.（150 ml），ビール（アルコール度数6%）なら12 fl. oz.（360 ml）になる。ビールの量を間違えることはあまりないだろうが，ワイングラスに150ml以上ついでしまうことはわりと簡単で，ハードリカーの場合，カクテルをつくるグラスのなかに標準的な37.5mlの2倍の量をついでしまうことはさらに簡単であろう。ここでの教訓は明白である。自分が飲むアルコール量を最大限にし，かつ医者へのアルコール量の報告を綿密に正直にしたければ，ビールを飲むことだ。

[3] 人類における欺瞞の進化的説明は，Trivers（1985）やSmith（2004）の著作のなかに見ることができる。人類の遺伝子において急速な進化的変化があったかどうかを示す証拠は，近年のヒトゲノム（人間の全遺伝子情報）解析法の発展により可能になった。これらの研究ではまだ人間の行動特性に関連する遺伝子に焦点は当てられていないが，現在のところ，鎌状赤血球貧血への防護遺伝子，離乳後の乳酸産生遺伝子，でんぷん消化遺伝子などについて急速な変化が起こったことが示されている（Alliston, 1964; Enarrah et al., 2008; Perry et al., 2007）。人類の進化速度について検討するよう指摘してくれたジョン・C・ヘロン，ロバート・トリバース，そしてスティーブン・ピンカーに謝意を表す。

[4] Q8に関連して，Abelson, Loftus, & Greenwald（1992）は，電話調査により数日前の選挙で投票したかを尋ねたところ，驚くほどの数の者が投票したと回答したが，後日の公式投票記録によると，彼らの多くは投票していなかったことが明ら

かになった。

[5] 印象操作という言葉が用いられたのは，Tedeschi, Schlenker, & Bonoma（1971）である。

[6] 自己高揚的バイアスが自己報告においてみられることを報告した研究は多数あり，その領域は，年齢，身長，体重，年収，学歴，その他さまざまな健康指標など，多岐にわたっている（e.g., Rowland, 1990; Spencer, Appleby, Davey, & Key, 2002）。

[7] 政府系組織が機密文書を扱う必要性のある職員候補者の適任審査を行う際に用いる，誠実性測定のための他の方法に，ポリグラフ，もしくは「嘘発見器」がある。科学的には，ポリグラフは嘘と真実を区別するのにせいぜい弱い効果しかないことがよく知られている。そのため，多くの裁判でポリグラフの証拠は拒否されている（Saxe & Ben-Shakhar, 1999）。しかしながら，公にはポリグラフには嘘発見効果があると(誤って)広く信じられているために，有効利用できる場合もある。ポリグラフを接続された人が，嘘発見器として効果があることを信じている場合，正直な反応をする可能性が非常に高くなるのだ。このようにポリグラフが真実を引き出す機能をもつことは，嘘発見器だと説明された偽の機器によって回答者の反応の真実度が高まったことを示すいくつかの研究で実証されている（Jones & Sigall, 1971 参照）。

[8] Q14 と Q15 は，McConahay, Hardee, & Batts（1981）の研究で用いられている。質問紙法による人種バイアスの研究の歴史は，本書の付録 1 で説明されている。

第 3 章

[1] 異なる色を同じ山に分類する課題のうちの 1 つは，トランプゲームのブリッジをよくする人にとってはかなり簡単だということがわかっている。なぜなら，ブリッジのルールでは，ハートとスペードを「メジャースーツ」（注 1）と呼び，この 2 つのマークが，クラブとダイヤモンドの「マイナースーツ」よりも得点が高いことになっているためである。このルールの知識があるため，ブリッジをする人にとっては，クラブとダイヤモンドを左，ハートとスペードを右に分けるという課題は，「マイナースーツは左，メジャースーツは右」というように分類すればよいので，とても簡単になるのだ。もし読者がブリッジをよくする人であれば，一度やってみてほしい。とても簡単に分類できるはずだ。

[2] 連合という概念は，哲学や心理学のなかで長い歴史がある。まずアリストテレスの記述のなかにみられ，その後，デビッド・ヒューム，ジョン・ロック，ジョン・スチュアート・ミルをはじめとする 19 世紀のイギリスの哲学者たちの著作の中心概念となった。20 世紀前半には，連合の概念は心理学のなかでも広まり，エドワード・リー・ソーンダイク，アイバン・パブロフ，ジョン・ワトソン，エドウィン・ガスリーといった行動主義心理学者たちの著作をはじめ，現代心理学における中心的概念となった。

[3] IAT の 2 つの部分のどちらを先に行うかという順序は，小さい効果をもち得る。あなたがもし 2 枚目のシートで少し遅かったとしたら，それは，2 つめの課題で分類のルールが変わったことによるかもしれない。しかし 15 年以上前に行われた研究で，この「課題順序」効果は，2 つめの課題での反応が遅くなる原因のうちのほんの一部分しか説明し得ないことが示されている。

[4]　花についての詩は，ラビンドラナート・タゴール（注 2）の『新月（英題：*The Crescent Moon*）』から引用している。虫についての詩は，リック・ウォルトンの「もし虫が口まで上ってきたらどうする（英題：*What to Do When a Bug Climbs in Your Mouth*）」からの引用である（注 3）。

[5]　IAT についての最初に公刊された論文は，トニーとワシントン大学の 2 人の大学院生で，この論文で報告された実験に大きく貢献した，デビー・マギーとジョーダン・シュワルツによるものであった（Greenwald, McGhee, & Schwartz, 1998）。その数年前，ブライアン・ノゼックがイェール大学のマーザリンの研究室で博士課程の大学院生として研究に参加し始めた。ノゼックは 1998 年 9 月に IAT のインターネット・デモンストレーション・サイトを開始するにあたっての主力となり，それ以降，この体験サイトの運用を引き受けている。ノゼックは研究協力者および同僚として宝であることは言うまでもなく，IAT の重要な研究結果に貢献し続けている。

[6]　75％の人が自動的な白人への選好を示すという数字は，Project Implicit のウェブサイトにある人種 IAT を行った多数の人のデータから計算したものである。サンプルは大きいが，これはアメリカの人口を代表するように収集したデータではないため，この数値がアメリカ人全体の特徴を表すと主張することには慎重でなければならない。しかしながら，人種 IAT を受けた人を人口統計学的に分類すると，（一部を除き）ほとんどすべての集団について，この 75％という数字はあてはまる。驚くことに，これがあてはまらない集団のうち 1 つは，自分のことを完全にまたは部分的にアフリカ系アメリカ人だと回答した人たちであった。この集団では，人種 IAT で自動的な白人への選好を示した割合は 1 ／ 3 であった。

[7]　複数の研究結果を混合させる方法として，メタ分析の値が最も効果的な指標として用いられているが，これは医学の世界で，さまざまな治療法の効果性を評価する際，複数の研究から結論を引き出す手法として確立されているものである。人種 IAT の「予測的妥当性」を検討した最初の研究はミシガン州立大学の McConnell & Leibold（2001）によるものであった。本文で簡単に説明した予測的妥当性を示した研究は，Ziegert & Hanges（2005），Green et al.（2007），Hugenberg & Bodenhausen（2003）である。IAT のメタ分析論文は Greenwald, Poehlman, Uhlmann, & Banaji（2009）である。

最初の IAT の発展からすぐに，多種の IAT が急速に広まっていった。たとえば，若年と老年，異性愛者とゲイ／レズビアン，痩身と肥満，（ドイツにおける）ドイツ人とトルコ民族，の自動的な選好を測定するものがあった。メタ分析には，黒人・白人の人種以外の社会的カテゴリーについての自動的選好を測定する IAT 研究が 30 含まれていた。これらの研究も同様に，IAT 測度が差別を予測するという結論を支持していた。上記メタ分析論文以降に報告された人種 IAT の予測的妥当性は，Greenwald, Smith, Sriram, Bar-Anan, & Nosek（2009），Lynch（2010），Penner et al.（2010）に示されている。

[8]　相関係数の数字を現実の判断に変換する方法を初めて説明したのは Rosenthal & Rubin（1982）であった。65％と 35％の差が，相関係数と同じ .30 であるのは偶然ではない。信用評価スコアの予測値がもっと低かったとしたら ―― たとえば伝統的に「小さい値」だといわれている .10 だとして考えてみよう ―― 信用評価の高い半分の人のうち銀行の利益となる額を返済するのは 55％になり，下位

半分の人の返済率は45%となる（その差は.10となる）。もし相関が高い（.50）場合，返済率は75%と25%（その差は.50）になる。相関係数をパーセントでの予測に変換するこの方法は，あなたがある予測値をもっている人のうちの半数が，あなたが予測したい結果をもたらすことが期待される状況のときに，適用可能である。

[9]　1998年に人種IATを導入して以来，私たちはその解釈方法について多数の質問を受け，それらに回答してきた。それらのうち，最も頻繁に尋ねられた質問とそれに対する回答は，IATを体験できるインターネットサイト（implicit.harvard.edu/implicit/demo/background/faqs.html）で見ることができる。

第4章

[1]　Nisbett & Wilson, 1977.

[2]　Zajonc, 1980.

[3]　Vedantam, 2005.

[4]　この活動家は，当初はその記事のなかで名前を出すことを許可していたが，このテスト結果を受けて，自らの名前を明かさないと決断した。テスト結果から生起するこの感情自体が本章で取り上げている点なのであるが，この感情に対しては本章の後半でより本格的に検討している。

[5]　Chesterton, 1908. イギリスの作家でジャーナリスト。彼は自己知覚の難しさについて「人は宇宙については理解し得ても，自我についてはけっして理解できないだろう。自己はどんな星よりも遠い」と発言した。

[6]　Gladwell, 2007.

[7]　Festinger（1957）またTrivers（2000）も参照。今日では，認知的不協和の状態が脳神経の反応と関連していることがわかっている。たとえばvan Veen et al.（2009）では，背側前部帯状皮質と前部島皮質（複数の競合する反応からなる葛藤の解決に関連する領域）の賦活の度合いが，その人の態度変化量を予測することが示されている（多くの古典的不協和研究と同様，この研究でも，実験参加者はたいへんつまらない課題を行った直後に，他の参加者に対して，その課題がとても楽しいものだったと伝えるように依頼された）。

[8]　Ayan, 2008.

[9]　Bargh, 1997.

[10]　Johnson, Kim, & Risse, 1985. この研究で検討されている健忘症の具体名は，前向性健忘症といい，内側側頭葉に損傷を受けた場合に起こるものである。

[11]　Lynch, 2010. この研究で用いられたビデオは，下記サイトで視聴することができる。www.ehbonline.org/article/PIIS1090513809000683/addOns

[12]　Nelson, 2002.

[13]　Nosek, Smyth, et al., 2007.

[14]　アジアの国々からのデータ分析は，「アジア人はヨーロッパ人やアメリカ人に比べて高齢者により敬意をもっているだろう」という西洋的な考えのもとに行われたのであったが，結果は異なるものとなった。

[15]　「When I'm Sixty-Four」はポール・マッカートニーが16歳のときに書いた詩である（注4）（ただし作者としてのクレジットにはレノン＝マッカートニーとして名前がある。アルバム「サージェント・ペパーズ・ロンリー・ハーツ・クラブ・

バンド（Sgt. Pepper's Lonely Hearts Club Band）」（1967）に収録されている）。

［16］ Hummert, Garstka, et al., 2002.

［17］ このウェブサイトのURLは，マーザリンがイェール大学で教員であったときにはwww.implicit.yale.eduであった。しかし2003年にマーザリンの異動に伴い，ハーバード大のサイトに移った。両大学はこれらのサイトの維持に多大なサポートを提供してくれ，私たちはたいへん感謝している。

［18］ 芥川の日記より。

［19］ 「Racist Dawg」は「キング・オブ・ザ・ヒル」のシーズン7の第20話である。

第5章

［1］ ウォルター・リップマン（Walter Lippmann）が1922年刊行の著書『世論（*Public Opinion*）（上下巻）』（掛川トミ子訳　岩波書店）において「stereotype」という用語を導入した。

［2］ ステレオタイプの実験研究で私たちが見つけ出した限りにおいて最も早い刊行のものは，Rice（1926）だった。ダートマス大学の学生が実験参加者として顔写真を見た後判断を行う研究だった。Riceは顔写真の知覚はステレオタイプに非常に影響を受けていて，性格の判断にエラーが生じたと結論づけた。

Katz & Braly（1933）のプリンストンでの研究の2001年の追試はMadson et al.（2001）によってなされた。1933年から2001年への変化は部分的にプリンストンと2001年研究の場所（アイオワ）との地理的，文化的差異によるだろうけれども，現在のプリンストン大学教授で社会心理学者スーザン・フィスクは現代のプリンストン大学の学生も，もはや先輩たちがあてはめていたようなネガティブな性質を人種的，民族的少数者にあてはめるようなことはなくなっていると言っている。

［3］ カテゴリーの重要性についてのオルポートの言及は，Allport（1954）の『*Nature of Prejudice*』（翻訳は，『偏見の心理』原谷達夫・野村昭訳　培風館）にみられる。オルポートのステレオタイプ，偏見研究への貢献についての現代的な種々の観点からのまとめが，50周年記念の刊行として出版されている（Dovidio, Glick, & Rudman, 2005）。ステレオタイプに関する現代の科学的研究の概要はSchneider（2004）のテキストがわかりやすい。

［4］ 「心の妙技　その3」の名前「利用可能な情報を軽々と乗り越えていくこと」というのは認知心理学者ジェローム・ブルーナーの有名なエッセイにあった「与えられた情報を越えること（Going beyond the information given）」（Bruner, 1957）から借用した。

［5］ 1933年のプリンストン研究の方法によってとらえられるステレオタイプは，女性のものではなく，さまざまな国家の集団での男性に特徴的な特性からなっているという推定は，Eagly & Kite（1987）によって検証され，確認された。

［6］ いろいろな情報源からの報告において，種々の方法によって推定されたカモの性比はオスが多数派を占めると報告している（例えばBrown, 1982）。

［7］ 「カモは卵を抱く」という叙述が適切にあてはまるのは「いくらか（some）」という程度であるのを，誤って「多くの（most）」の場合に使ってしまうという例の使用は，認知心理学者サム・グルックスバーグから借用した（Khemlani, Glucksberg, & Rubio-Fernandez, 2007）。

[8] 高齢者ステレオタイプの自己成就的予言の側面は，Levy（2009）によって描かれている。女性ステレオタイプやアフリカ系アメリカ人のステレオタイプの自己成就的予言の側面は近年のステレオタイプ脅威についての多くの研究で注目されている。代表的なものはクロード・スティールとその同僚たちによるものである（Steele, Spencer, & Aronson, 2002）。

第6章

[1] このクイズの強力さをマーザリンの友人アリスによって最近改めて認識することになった。アリスは多国籍企業の多様性トレーナーである。シニア・パートナーとトレーニングを実施しに行ったとき，シニア・パートナーが私たちが第5章であげたこの医師のクイズを彼女に問うたという。事故で男が死んで，その息子がまだ生きているとき，外科医がその少年の親であることを表明したというのがどういうことだろうかと問われて，アリスは考え悩んだのだ。機知に富む彼女は，どうしたら可能か考えて，第一に外科医は少年の血のつながった父で，事故で亡くなったのは養父だったと考えた。正解ではないといわれて彼女はさらに外科医は神父か牧師であって，そういった意味で「息子よ」という言葉を用いたのではないかと言った。「彼は私の息子だ」と言った外科医が女性であるとすぐにわからなかったことをアリスはくやしがった。ステレオタイプ的な解釈が強力であることが示されたとても示唆に富む瞬間であった。多様性トレーニングのパートナーが示した笑いが想像できるだろう。

[2] Katz & Braly, 1933; Madon, Guyll, Aboufadel, Montiel, Smith, Palumbo, & Jussim, 2001.

[3] Jacoby, Kelley, Brown, & Jasechko, 1989.

[4] Zawitz & Strom, 2000.

[5] Staples, 1986. このステイプルズの話は心理学者クロード・スティールが行動を形作るステレオタイプの力を示すために用いていた本のタイトルにもある例から借りた（Steele, 2010）。ステイプルズによる心に訴えるコメントはこのようだ。「人通りも少ない遅い夕時分の散歩では特に緊張緩和効果があるとわかったもの，ベートーベンやヴィヴァルディ，そのほか有名なクラシックの作曲家のメロディを吹くんだ。夜の目的地に向かって歩く無表情なニューヨーカーでさえリラックスして，ときには一緒に口笛を吹いたりもするんだ。ほとんど誰もヴィヴァルディの四季の明るい陽気なフレーズを強盗が口ずさんだりはしないと思うみたいだ。これは熊がいるところでハイカーがカウベルをつけているのと同じようなものさ」

[6] Meissner & Brigham, 2001.

[7] 実際，クルト・ユーゲンバーグとガレン・ボーデンハウゼンは人種があいまいである，顔をしかめている，あるいは微笑んでいる顔の画像を白人が知覚する際，しかめている顔はより黒人に，微笑んでいる顔はより白人として認識されやすいことを示した。興味深いことにこのバイアスは人種IATでのバイアスと関係していた。反黒人的な選好を強く示す者ほど，表情に基づく顔判断の知覚バイアスをより示す傾向にあった（Hugenberg & Bodenhausen, 2003; Hugenberg & Bodenhausen, 2004）。

[8] 人種ステレオタイプによって手に持っている物が変化する別の例もある。1945

年にゴードン・オルポートとレオ・ポストマンが行った研究では，地下鉄の２名の乗客，１人は黒人でもう１人が白人で，白人が手にナイフを握っている写真を示して，その記事を他者に伝達させた。聞いた者はさらに別の人に伝達し，これを６回繰り返した結果，50％がナイフを持っているのが白人から黒人の乗客に変わっていたと彼らは報告している（Allport & Postman, 1947）。

[9] Correll, Park, Judd, & Wittenbrink, 2002. Greenwald, Oakes, & Hoffman, 2003; Payne, 2006 も参照。

[10] 黒人の若者のより最近のまだ公判に進んでいない射殺事件ではトレイボン・マーティンが実際銃器など持っていなかったのに，地域の自警団員によって危険だと思われてしまう誤りがあったということだ（後でスキットル（フルーツ味のキャンディ）とアイスティーしか持っていなかったことがわかった）。Barry, Kovaleski, Robertson, & Alvarez（2012）を参照。

[11] Rich, 1999.

[12] この事件の詳細は，Time（September 2000）と，Dan Stober & Ian Hoffman の本『*A Convenient Spy*』（2001）から。

[13] Gilbert, 1991.

[14] こうした理由から「疑わしきは罰せず」の原理は意識的に実施されなくてはならないものであり，自然に生じるものではない。

[15] Steele, 1997; Steele, 2010.

[16] この時期のジェンダー間の労働者数の均衡についてはさまざまな原因がある。2008 年の景気後退，特に男性を多く雇う建設業や工業における不況によって男性の失業者が増加したことなどがある。しかし，職場でのこうした均衡は継続していくかのように見える。労働統計局の報告書を，www.bls.gov/cps/wlf-intro-2009.htm や http://www.bls.gov/ cps/wlf-databook-2006.pdf で参照のこと。また，女性の場合は男性よりも非正規雇用（パートタイム）が多い点にも注意を要する。女性は男性ほどに利益を得ておらず，賃金は男性のおよそ 80％になっている。ジェンダー間の賃金格差の報告書は，女性政策研究所の，www. iwpr. org を参照。

[17] ジェンダー－職業 IAT は自動的ステレオタイプの測度であり，ジェンダー的な選好（態度）を調べるテストと同じではない。ジェンダーの態度では，男性 vs 女性と，良い vs 悪いとの連合を測定する。こうした IAT では，概して特に女性において，女性がより「良い」と結びつけられやすい。

[18] Nosek, Banaji, & Greenwald, 2002a.

[19] ジェンダー－職業 IAT のようないくらかの IAT では，年配の人に比べて若い人たちの方がバイアスが少ないことが示されていて，行動レベルの平等に向けて，認知的な連合での平等がその一歩になると考えるならば，こうした文化的なステレオタイプについて改善のきざしがあるように見える。ところが人種 IAT においてはそうした年齢効果が見出せないのは驚くべきことであり，実際若い人の方が人種についてよりバイアスの少ない見方を表出していたりするし，親たちはしばしば自分たちよりも子ども世代の方が人種偏見が少ないと言っていたりする。それならばなぜ潜在的人種選好について，年長のアメリカ人も年少のアメリカ人も同じようなのだろうか？　１つのあり得る解答は，ジェンダーの場合，職場に十分大勢の女性が進出し，日常的経験として特に若い人たちには自動的なジェン

ダー・ステレオタイプを低めていく効果を発揮しているのに対して，アメリカにおける人種集団は，まだまだ居住地，職業，友人関係において実質的に分断されている傾向があるからかもしれない。そうであるならば，若い人たちでさえ，潜在的選好のレベルでは人種的選好の公平を達成するまでに必要とされる経験を得ていないのかもしれない。

［20］ Rudman & Heppen, 2003.

［21］ Rudman は，これは相関関係であるので，逆の因果関係もあり得ることを慎重に注意を促している。権力や職業的満足をあまり求めない傾向にある女性が，その伴侶に対するファンタジーのような見方を発展させやすいということもあるかもしれないのだ。

［22］ Caruso, Rahnev, & Banaji, 2009.

［23］ Dolly Chugh は，ステレオタイプをもつことに伴う損失をとらえるのに，ステレオタイプを保有していることに税を課す「ステレオタイプ税」という用語をつくり出した（Chugh, 2004）。

［24］ Jost & Banaji, 1994. Banaji & Nosek, 2004 も参照のこと。

［25］ Nosek, Banaji, & Greenwald, 2002b.

［26］ Smyth, Greenwald, & Nosek, 2009.

［27］ Kay, Gaucher, Peach, Zanna, & Spencer, 2008.

［28］ 自閉症をもつ子どもたちのグループについての Kanner の 1943 年の研究では，少年が少女の 4 倍だった。1993 年のスウェーデンのアスペルガー症候群についてのより大規模な研究では，Ehlers & Gillberg は同じ男女比，4：1 を見出した。

［29］ Goldstein & Stocking, 1994.

［30］ Spelke, 2005. Ceci & Williams, 2007 も参照。

［31］ Nosek et al., 2009.

第 7 章

［1］ Bowles & Gintus（2011）参照。さらに，Steven Pinker は世界における暴力の減少についての証拠を示しているが，今日のレベルが我慢の範囲内にあるとは言っていない。実際，彼の著書を読むと，ぞっとするような過去に遠く思いを馳せるだけでなく，まだ続いている今日の満足できない状態，文明を求めての苦闘を思い起こすのだ（Pinker, 2011）（注 5）。

［2］ Hoffman, 1996.

［3］ Grier, Counter, & Shearer, 1967.

［4］ Breger, 1974.

［5］ 幼児の顔の情報処理についての良いレビュー文献として，Pascalis & Kelly（2009）。

［6］ Quinn, Yahr, Kuhn, Slater, & Pascalis, 2002; Banaji & Heiphetz, 2010.

［7］ Park & Rothbart, 1982.

［8］ Sangrigoli & de Schonen, 2004.

［9］ 注視時間は幼児研究では標準的な測度で，Fantz（1964）によって開発され，いくらかの批判もあるが，それ以来広範に利用されている（Spelke, 1985）。

［10］ Kinzler, Dupoux, & Spelke, 2007.

［11］ Devine, 1995.

［12］ Baron, Dunham, Banaji, & Carey, 2009.
［13］ Thomson, 1975.
［14］ Olsson, Ebert, Banaji, & Phelps, 2005.
［15］ Ohman, 2005.
［16］ Tajfel, 1970.
［17］ Tajfel, Billig, Bundy, & Flament, 1971. しかし，Gaertner & Insko（2001）も参照のこと。
［18］ 最小条件集団の最初の実験以来，何百という研究がなされて，最小条件集団に基づく差別が確証されている。カンディンスキーの絵が好きか，クレーの絵が好きかということでも外集団差別を引き起こすのに十分である。教師たちはたんに教室の左側と右側を分けるだけでも 2 つの集団が認識されるという試みを教室のなかでつくり出すことができる。
［19］ Abrams, Frings, & de Moura, 2005.
［20］ Mitchell, Macrae, & Banaji, 2006.
［21］ Kelley, Macrae, Wyland, Caglar, Inati, & Heatherton, 2002.

第 8 章

［1］ マシーンを負かすというアイデアを提示したウィリアム・カプランの洞察に謝意を表する。
［2］ オランダのウェブサイト，www.muzieklijstjes.nl/100players.htm では，100 名の巨匠演奏者のリストを提供している。トップ 10 の全員は男性でこれが本文で名前をあげた 10 名である。トップ 25 では, 23 名が男性であった。トップ 50 では, 44 名が男性である。100 名中女性であった 15 名のうちの 9 名が最後の 30 名の位置にいる。
［3］ この交響楽団の例は，Malcolm Gladwell（2005）の自動的な心的プロセスについての著書『*Blink*』にもある。スクリーンはボストン交響楽団によって他の交響楽団に先んじて 1952 年に採用された。女性演奏者の採用についての時流の歴史的，統計的分析は，Goldin & Rouse（2000）の論文に記されている。Goldin & Rouse は，音楽学校の女性の卒業生の割合の増加が，女性の採用の増加とともにあることも指摘しているが，ブラインド・オーディションが採用された後の女性採用の増加を説明するには卒業生の女性比率の増加はずっと小さすぎる。
［4］ 立派な黒人アメリカ人や立派な高齢者の呈示を用いた研究は，Dasgupta & Greenwald（2001）において報告されている。IAT の方法的性質から,「白人＝良い」連合を弱めたと記したこの知見は「黒人＝良い」連合を強めた，または「白人＝悪い」連合を強めた，もしくは／と同時に「黒人＝悪い」連合を弱めたと描写することも同様に可能である。第 3 章で説明したように IAT が絶対的な連合強度を測定しているのではなく，相対的に比較される連合の強さを測定しているからである。
［5］ Irene Blair のこの研究は，Blair, Ma, & Lenton（2001）において報告されている。Blair は実験室実験で潜在態度やステレオタイプを効果的に修正することができた同じように簡単な介入法を示した他の研究の有用なレビューを提供している（Blair, 2002）。
［6］ クモ恐怖症の研究は，Teachman & Woody（2003）による。

[7]　女性における「女性＝リーダー」および「自己＝リーダー」連合が大学での女性役割モデルとの接触によって強められることを示した研究は，Dasgupta & Asgari（2004）および Asgari, Dasgupta, & Cote（2010）による。女性における「女性＝数学」「自己＝数学」連合が女性数学者や女性工学者との持続的接触によって強められることを示した研究は，Stout, Dasgupta, Hunsinger, & McManus による。Phelan（2010）は最近，「女性＝科学」「自己＝科学」連合などの同様の研究を女子高校生において行った。人種 IAT についてのウィスコンシン大学の研究は，Devine, Forscher, Austin, & Cox（2011）による。

[8]　「ピットブル」という語は，多種の犬種を包含していて，多様な雑種を指しても用いられる。ピットブル・ラベルのこうした縦横無尽さは，ピットブルが被る報道に影響を及ぼす。たとえば，アメリカン・ピットブル・テリアとラブラドール・レトリーバーとの 50：50 の交配犬で考えてみよう。もしこの犬が危険な人物を追い払って子どもを守ったら，ニュースのなかではピットブルのパーセンテージについては黙殺されて触れられない。しかし，子どもを噛んだりすると，この犬は，ラブラドール・レトリーバーの 50%には全く触れずにピットブルとして報道されるだろう。

アメリカにおけるピットブルの数のたしかな推定と，ピットブルに帰される咬傷事件の比率は手に入れるのが難しい。シアトルにおけるピットブルの情報は，hwwright.pbworks.com/f/1.6.08PitBullPopulationgraph.doc および，www.kirotv.com/news/14354189/detail.html から収集された。

[9]　ピットブルの攻撃性の検証についての最近の注目は，2007 年にさかんに報道されたプロフットボールのクォーターバック，ミッチェル・ヴィックが違法に闘犬を催していた件での逮捕，訴追をめぐるものだった。ヴィックの事件では，逮捕時に発見された 49 頭のピットブルが耳目を引きつけた。州法廷とアメリカ動物虐待防止協会（ASPCA）の監視のもと，この犬たちは攻撃性の検査を受けた。49 頭のうち 1 頭だけがその攻撃性のため安楽死の候補と見なされた。他の 48 頭については，救済とリハビリテーション相当と判断された。これらのピットブルのうちおよそ半数は，やがてもらい受けられるのに適合と判断されてその後ペットとして歓迎する家族のところへ行った。残りの犬たちは，ヴィックの所有にあった間に度重なる虐待を被っていて，ペットとしてもらわれてうまくいくかは疑問であると判断されて，まだシェルターにいる。これらのピットブルについての評価と移転についてのより詳細な情報は，www.badrap.org/vick-dogs に見ることができる。

[10]　他のスポーツ競技のいくつかでは，審判の判断における主観性の最小化に向けて近年一段と努力をして取り組んでいる。テニス，アイスホッケー，アメリカン・フットボール，バスケットボールでは，難しい判断での主観性をできるだけ排除するように，ビデオ再生による検討が取り入れられている。スケートの事件についてのより詳細な情報は，en.wikipedia.org/wiki/2002_Olympic_Winter_Games_figure_skating_scandal にみられる。

[11]　回避的人種主義の Gaertner & Dovidio の概念とその内集団ひいきとの関係の議論は，Gaertner et al.（1997）にみられる。Brewer（1999）は，差別において内集団ひいきが重要な役割を果たしていることを同様に指摘している。マタイ効果は，Merton（1968）によって記されたものである。問題の一節は，聖書のマ

タイによる福音書（25章29節）で，「誰でももっている人は更に与えられて豊かになるが，もっていない人はもっているものまでも取り上げられる（新共同訳）」。内集団メンバーとしてのつながりをもつ者を選択的に援助する行為は，倫理的問題の主要なものとして，Banaji, Bazerman, & Chugh（2003）の「*Harvard Business Review*」の論文において取り上げている。

［12］ Levy（2009）の高齢者の健康についての研究，および（第5章で触れた）Steele, Spencer, & Aronson（2002）のアフリカ系アメリカ人についてのステレオタイプ脅威の研究を参照。

［13］ Cheryan, Plaut, Davies, & Steele, 2009.

付録1

［1］ この数値は，ラルフ・グリンツバーグ著『リンチ100年史』（1962, 1988）で引用されている「1959タスキギー研究所リンチ報告書」（モンゴメリー・アドバータイザー新聞，1959年4月26日発行）より転載している。

［2］ 人種的偏見を測定する手続きについての情報は，Bogardus（1925, 1928），Thurstone（1928），Hinckley（1932）から入手した。

［3］ 人種に対する態度調査は，国立意見研究センター（National Opinion Research Center），ギャラップ世論調査（the Gallup Poll），意識調査研究所（the Institute for Survey Research）によって定期的に行われてきた。回答者の反応の経時的変化は，Schuman, Steech, Bobo, & Krysan（1997）の本を参照されたい。図5に示した住宅や教育における人種的分離のような人種バイアスは，20世紀後半には減少してきた。しかしバイアスが依然として存在していることは，公共の場や商業施設での人種的分離の質問への反応でもみられるし，黒人の大統領候補を容認できるか，異人種間結婚を認められるか，雇用における機会の均等を支持するか，などの反応でもみられている。図6にあるような，マイノリティを優遇するような政府介入への一貫した反対という平らな線のパターンは，大学入学や雇用における黒人へのアファーマティブ・アクションに関する質問への回答にも同様にみられる。図6の2つの質問では，回答者には明確な回答をしない，という選択肢が呈示されていた。そのため，明確な回答をしなかった者を半分に分け，半数を，図中にある「反対」反応の％に入れた。

［4］ 付録2において，アメリカの競争場面は，労働，教育，医学，法律の施行などにおいて，どう見ても公平ではないという膨大な根拠を示す。

［5］ 本文において説明されている調査実験はReyna et al.（2005）で報告されている。少数者を優遇するような政府の介入に反対する保守主義観の考えはSniderman & Tetlock（1986）によって広められた。その他にも非意識的バイアス観の視点は，象徴的人種差別主義（symbolic racism; Sears, 1988），現代的人種差別主義（modern racism; McConahay, Hardee, & Batts, 1981），嫌悪的人種差別主義（aversive racism; Gaertner & Dovidio, 1977; Dovidio, 2001），あからさまでない偏見（subtle prejudice; Pettigrew & Meertens, 1995）などの研究で発展した。

［6］ 紹介した1930年代の実験はLaPiere（1934; 中国人観光者と同行した研究）とClark & Clark（1947; 黒人と白人の人形を用いた研究）である。人形研究を引用した1954年の最高裁判決は首席判事のアール・ウォーレンによって書かれた（ブラウン対教育委員会裁判，347 U.S. 483）。

[7]　人種バイアスを明らかにした「間違い電話実験」は Gaertner & Bickman（1971）で報告されている。興味深いことに，電話を受けた者が黒人であっても，援助要請者が白人であった場合（67%）の方が黒人であった場合（60%）よりも，援助率が高かった。

「失った手紙（ロスト・レター）」研究は Benson, Karabenick, & Lerner（1976）によって行われた。この研究を含めた他の研究のレビューは Crosby, Bromley, & Saxe（1980）である。より最近の間接的測度を用いた研究としては Kunstman & Plant（2008）があり，この研究では不慮の事故により負傷をした人物が白人であった場合の方が黒人であった場合よりも援助を受けやすいことが示された。

[8]　選挙前世論調査と出口調査のデータはそれぞれピュー研究センター（Pew Research Center）と cnn.com より入手した。2008 年の大統領選挙で人種への態度が重要な影響を及ぼしているというさらなる証拠は Greenwald, Smith, Sriram, Bar-Anan, & Nosek（2009）に示している。

付録 2

[1]　遺伝子が人の攻撃性を規定するという理論を公に支持することを厭わない科学者はほとんどいない。しかしながら，インターネットで「黒人　遺伝的に攻撃しやすい性質（Black genetic predisposition to violence や類似した文字列の検索）」の検索を行うと，この集団責任理論の妥当性を主張する非学術的なサイトが多数出てくる。

[2]　2000 年のアメリカ大統領選においてフロリダ州は票の集計において公的な人種差別が存在する複数の例を提供した。2001 年 7 月に米国公民権委員会は「2000 年大統領選におけるフロリダでの投票不正について」というタイトルの報告書を提出した。その内容によると，「マイノリティ人口が大きいなど，経済的に貧しい郡では，白人の多い裕福な郡よりも，票の廃棄率が高くなるような投票システムを用いていた。たとえば，ギャッツデン郡は州のなかでも唯一アフリカ系アメリカ人がマジョリティであるのだが，およそ 8 人中 1 人の投票者の投票が廃棄された。逆にレオン郡は 2 つの州立大がある裕福な地域であるが，廃棄された投票は 1000 に 2 以下であった。フロリダでは，廃棄された投票数が多かった 100 の投票区のうち 83 が黒人がマジョリティの投票区であった」（www.usccr.gov/pubs/pubsndx.htm より抜粋）。

[3]　当初より，監査研究（audit studies）は黒人やヒスパニック系検査者が受ける不利益な状況についての説明変数として，人種以外の要因をできる限り排除することを目標としていた。住居を賃貸・分譲されるかどうかの資格の判断基準として影響し得るその他の要因には，収入，資産，借金額，家族環境，過去および現在の雇用状況，学歴や学校の成績，家の好み，過去の雇用歴，信用（クレジット）記録，外見のこぎれいさ，などが含まれる。これらはすべて応募者によって異なることが許されたが，特にシステマティックな違いが生まれないように注意され，特徴が類似するペアとなった 2 人の検査者のうち片方がより良い条件とはならないようにした。

一般的に実験的コントロールが課せられる場合，うまく計画された監査研究と同様，黒人と白人のペア検査者が受けた扱いの違いに対して可能性のある原因は，人種についての次の 2 つしかない。1 つめで，より説得力の高い説明は，人種差

別である。より説得力の低い説明は，統計的偶然である。統計的偶然とは10回連続コインを投げて表面が出続けるというような，1024回に1回しかみられないような非常に珍しいことが起こるという状況のことをいう。この統計的偶然は完全に排除することはできないが，適切な実験的コントロールと，観察を多数回行うことを組み合わせれば，出現頻度を限りなく低くできる。そして，監査研究の歴史が示しているとおり，多くの研究で類似した結果が報告される場合は，統計的偶然が起こる可能性はさらに低下するのだ。

[4] 1950年代に始まった住居監査の歴史については，Yinger（1998）の報告書で説明されている。この報告書では赤線引きが行われているという記録がある。人種的に逆の形態の赤線引きが行われているという報告もあり，白人が，白人外の居住地域の家を買いたい場合にその家の保険の購入が困難になる場合もあったようだ。2000年住居差別研究の引用は，その報告書から使用した（Turner, Ross, Galster, & Yinger, 2002, p.i）。差別の「正味の推定値」として説明した値は，その報告書の添付資料3-5と3-16の「構造的」推定値（“hierarchical” estimates）のことである。ヒスパニック系の人々で集合住宅や戸建て住宅を探している人々への推定値は，それぞれ15%と5%であった。

[5] 本文で要約した雇用差別研究はBendick（2004），Bertrand & Mullainathan（2004），Pager（2003）がもととなっている。

[6] 潜在的バイアスが医療格差の原因である可能性について述べたIOMの結論は彼らの報告書p.178に記載されている（Institute of Medicine, 2002）。

[7] Green et al., 2007; Penner et al., 2010; Cooper et al., 2012.

[8] 人種別の刑務所人口の統計値はJames（2006）より取得した。交通違反取り締まりについての米司法省研究（Smith & Durose, 2006）は，「2002年警官国民接触調査」報告書に基づいている。本報告書には，この調査では「米国内の76910人に実施され，交通違反取り締まりを含めたさまざまな状況での警官との対面接触について尋ねた」と記載されている。

ニュージャージー州ターンパイクで行われた，州警官の行動についてのLamberth（1994）の研究後，ニュージャージー州検事総長事務局が行った後続の研究では「ニュージャージー州警察は人種によるプロファイリングやその他いかなる差別的行為の実施を行うよう公的な方針を打ち出したことは一度もないが，交通違反取り締まりにおけるさまざまな段階において，マイノリティ集団の運転手はマイノリティでない運転手とは異なる扱いを受けてきた」ということを指摘している（Berniero & Zoubek, 1999, p.112）。

その他入手可能な多数の報告書のなかで，本書ではあと2つだけ紹介したい。ストップ・アンド・フリスク」運動（注6）を行っていたニューヨーク市警察の逮捕についての報告書では，管轄区域内で黒人が犯罪行為を実際に行った割合に比べて，黒人が逮捕される割合は高いことを明らかにした（Office of the Attorney General, 1999）。イリノイ州全体での警察部隊の活動についての近年の報告書では，マイノリティ運転手，特にアフリカ系アメリカ人とヒスパニック系の人々に対するより厳しい規制が履行されていることについて報告している（Weiss & Rosenbaum, 2009）。

[9] タクシー運転手のチップ研究はAyres, Vars, & Zakariya（2005）に報告されている。レストランのチップ研究はLynn, Sturman, Ganley, Adams, Douglas, &

McNeal (2006) による。自動車の売値提示研究は Ayres & Siegelman (1995) による。

[10] 当事者責任的な説明を主張するためには，その説明を支持する説得力のある研究データ（証拠）を示す必要があるが，これはたいへん難しい。唯一可能な方法は，外部責任的な説明に関して考え得るすべての解釈が排除され得ることを示すことであろうが，これは不可能に近い課題である。

[11] 小さな差別行動が蓄積することによるインパクトについて社会科学者たちが注目していることは，それを表す造語が3つつくられたことからも示されている。当時マサチューセッツ工科大学のオンブスパーソンであったメアリー・ロウは1973年に小さな不公正（microinequities（注7））という言葉を使った。ワシントン大学のバーバラ・レスキン（Reskin, 2002）は，小さな差別行動（micro acts of discrimination）という概念を紹介した。小さな攻撃性（microaggressions）という概念はデラルド・ウィング・スーら（Sue et al., 2007）によって展開された。ヴァージニア・ヴァリアン（Valian, 1998）は差別の微細な行動は蓄積して女性の専門的キャリアに多大な影響を及ぼし得るという考えを展開した。社会学者ロバート・K・マートン（Merton, 1968）は，「累積的有利」（社会的有利の蓄積）の結果としてのマタイ効果について，「金持ちがさらに裕福になっていくのと同じ割合で，貧者は相対的にどんどん貧しくなっていくが，この効果は多くの社会階層のシステム内で発生している」，と説明している。

[12] キャリア継続率を計算する公式は，p を各々の評価における成功率，k をその確率が適用される回数とした場合，pk で表される。例では，集団 A の場合 p =.995, k=72（12 か月 × 6 年）とした時のキャリア継続率は .697（70%）だということである。また集団Bの場合 p=.985 で k=72 とした時のキャリア継続率は .337（34%）となる。

[13] 高校卒業率の数値は Mishel & Roy (2006) より入手した。人口統計は，米国勢調査局の 2012 年統計摘要から入手した（www.census.gov/compendia/statab/cats/population/estimates_and_projections_by_age_sex_raceethnicity.html）。本書では，3964 万人（2009 年 7 月時点での黒人アメリカ人数）の 71.5%（黒人アメリカ人のうち 18 歳以上の割合）のうちの 1%（仮想的な差別割合）の影響力を計算した。計算（.01 × .715 × 39,641,000）の結果は，283,433 人となる。

[14] アメリカ人の 10 ～ 15%が黒人への偏見をあからさまに表現するという値は，白人と黒人の結婚は法で規制すべきだという見解や，黒人は生まれつき能力が劣っているという見解を支持する割合を基に推定した（Schuman, Steeh, Bobo, & Krysan, 1997）。シューマンらの本について最新情報を記載している Krysan (2008) も参照されたい。

訳 注

1 英語ではトランプのマークのことをスーツという。
2 インドの詩人，思想家。1913 年ノーベル文学賞受賞。
3 リック・ウォルトンは，1980 年代後半から現在にかけて 90 以上の著作をもつ子どもの絵本・詩集作家である。この詩は 1995 年に出版された詩

集に掲載されているが，これまでに日本語訳は行われていない。

4　曲の内容は，恋人に向かって「64 歳になっても僕を必要としてくれるかい？」と問いかけるラブソングである。

5　スティーブン・ピンカー『暴力の人類史（上下巻)』 幾島幸子・塩原通緒訳　青土社（2015)。

6　警察官が路上で不審者を制止して行う所持品検査。

7　非意図的でかつ一瞬の行動で，行為者自身も気がつかないうちに，他人の価値を損なうようなことをすること。たとえば男女がいる講演会場で男性のみにアイコンタクトを行う，特定の性別や人種の人からの質問をより頻繁に受け付ける，同レベルであっても特定の性別や人種の人の課題のみを褒める，特定の性別や人種の人の発言を中断したりメールを無視する，などがある。原著注［11］で紹介されている他の言葉もすべて類似概念である。